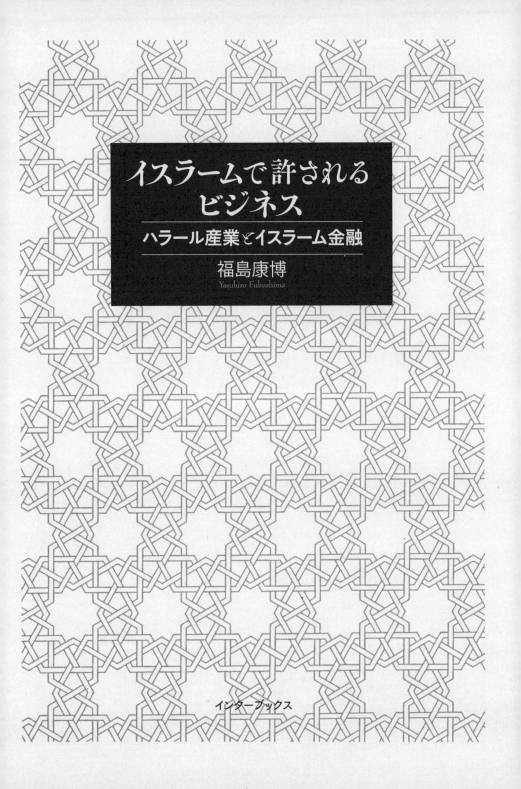

イスラームで許される ビジネス

ハラール産業とイスラーム金融

福島康博
Yasuhiro Fukushima

インターブックス

はじめに

　中東やイスラーム、ムスリム（イスラーム教徒）といえば、従来はテロや戦争など負のイメージがつきものであった。それが現在では、だいぶん様変わりしてきている。食品や衣類など日本企業が製造したものを輸入する消費者であり、また日本に旅行にやってくる観光客としてのムスリム、というイメージである。ビジネスを通じた関係といったとらえ方をすれば、1973年の石油危機（オイル・ショック）での原油をめぐるタフ・ネゴシエーターぶりの印象も強いが、現在は人と人の顔が見える関係に根づいた商売も広がっている。

　ムスリムが信仰するイスラームという宗教は、信徒の日常の細部にまで影響を及ぼしており、何を使用していいのか、食べていいのか、といった事柄まで定めている。それゆえ、こうした規定に違反しないようなムスリム消費者向けの商品・サービスを提供する産業に、注目が集まっている。詳細は本書でも検討しているが、このようなビジネス・産業に対して、ハラール産業やハラール・ビジネス、あるいはムスリム・フレンドリー・サービス、シャリーア・コンプライアンスなど、様々な表現が用いられている。こうした表現の違いはあるにせよ、意味するところはいずれもハラール、すなわち神（アッラー）によって許されたビジネスということになる。

　神に許されるビジネスであるハラール産業は、イスラームの知見と歴史から紡ぎ出されたものである。しかし同時に、西洋で誕生した近代的概念や世俗的な発想や技術、さらには現代のグローバリゼーションや国連が主導するSDGsなどの考え方も取り入れるなど、影響を受けながら変化を続けている。

　そこで本書は、ハラール産業に注目し、その歴史と現状、取り組んでいる課題について明らかにしていくことを目的とする。なお、この際に注目していることが2点ある。一つはイスラーム金融である。産業としてのイスラーム金融がどのような価値観に基づいて登場し、今日まで存在しているのか、またムスリム社会のあり方、特に政治と経済の関係、就職とキャリア・パス、さらにはジェンダー問題などを、イスラーム金融の事例を通じて明らかにする。

　もう一つ本書で注目するのは、ハラール産業とムスリム消費者に対して、日本はどのように向きあうべきか、という点である。ムスリムがムスリムであるがゆえに、日本での社会生活において困難な場面に直面することがある。そこ

1

でムスリムに何らかの配慮を行うことを、本書では「ムスリム対応」と呼ぶこととし、日本の事業者や行政などでどのような対応が可能かを検討する。ムスリム対応は、ビジネスという側面もあるが、同時に多文化共生社会の実現という側面もある。

　日本では、外国人ムスリム観光客の増加によって、このムスリム対応に注目が集まっているが、ムスリムは外国人観光客だけとは限らない。日本在住の外国人ムスリムやムスリム留学生、あるいは日本人ムスリムに対しても、同じくイスラームに違反しないように配慮が必要といえるだろう。そこで本書では、両者を視野に入れたムスリム対応を検討していく。

　章構成であるが、まず第 1 章ではイスラームがいかにハラール産業を生み出したか、またそれらがどのように連関しているのか、といった点を明らかにしていく。続く第 2 章から 5 章にかけては、イスラーム金融の事例を通じて、ハラール産業が現代ムスリム社会とどのような存在となっているのかを明らかにしていく。そして第 6 章と 7 章は、もう一つの課題である消費者であり社会生活を送るムスリムに対して、日本と日本人がどのように向きあうべきかを検討する。特に第 6 章では、ムスリムがいかに観光を行い、また何に重きを置いているかを検討する。続く第 7 章では、日本にやってくる外国人ムスリム観光客と、日本に暮らすムスリム在住者としてのムスリムに対し、ホストである日本がどう対応するのかという点を検討する。

　本書は、イスラームや異文化交流に関心がある大学生や一般読者、あるいはムスリム対応を行っている現場担当者等に向けて書かれたものである。可能な限り平易な文章で書くことを心がけているが、イスラームや中東・東南アジアに関して普段は見慣れないような専門用語が頻繁に登場する。そこで、特に重要な単語についてはグローサリーで簡単な解説をつけた。初出時には太字で強調しているので、本書を読み進める助けとしてほしい。

目　次

イスラームで許されるビジネス
ハラール産業とイスラーム金融

第1章　ハラール・ビジネス

MIHAS の日本パビリオン（撮影：筆者）

　ムスリムは世界で 16 億人ほどいるとみられているが、消費を行うイスラーム教徒、という意味のムスリム消費者という概念に、近年注目が集まっている。16 億人のムスリムを、イスラームという共通の価値観をもった人びとからなる一つのマーケットとみなせば、EU 市場や北米市場よりも大きく、企業にとって大きな魅力と映るだろう。そのためムスリム消費者がイスラームに違反することなく消費できる商品やサービスの提供に興味が集まっている。これは、イスラーム諸国はもちろん、日本のような非イスラーム諸国の企業においても同様である。

　ハラール・ビジネスとは、売買や商取引、交易・貿易などにおいて、ハラールである商品・サービスが取引の対象となるという意味である。また、特にムスリム同士のビジネスにおいては、相手を騙さない、取引内容を書面に残しておく、先方からの支払いが滞った場合は、違約金を求める前に先方の都合を聞き、払えるまで待つ、あるいは次章で扱うイスラーム金融ではギャンブル性や不確実性を排除していること、などがイスラームに適ったビジネスとされている。

　こうしたイスラームに基づく商慣行やムスリム向けの商品・サービスと、これらを担うムスリム生産者・消費者は、イスラームという宗教が誕生した 7 世

紀から存在している。その後、ムスリムによって提供されるムスリム向けの商品・サービスは、ムスリムだけの閉じた小さなコミュニティで提供される時代から、第二次世界大戦後のイスラーム諸国の独立、イスラーム諸国と非イスラーム諸国の間の貿易の活発化、さらには産業の高度化と集積化を経て、ムスリム向けの商品・サービスを提供する企業群、すなわち「ハラール産業」と呼べるものへと確立していった。

　ムスリム消費者とハラール産業へ注目が集まり始めたのは 1970 年代以降のことであり、必ずしも古いものとはいえない。この注目の表れの一つと位置づけられるのが、見本市の開催である。また、商品・サービスの適切なあり方を規定するルールの整備と、そのルールに則っているかを確認する制度が生まれた。

　本章は、ハラールである商品・サービスとその取引であるハラール・ビジネス、そしてそのような商品・サービスを生産する企業群によるハラール産業に注目し、その概要について検討していく。

1　現代イスラームとハラール産業

　初めに、イスラームの思想と歴史の観点から、なぜ現代的産業としてのハラール産業が誕生したのかをみていきたい。

シャリーアにしたがって生きること

　なぜムスリムは1日5回礼拝したり、毎年1か月間にわたって断食したりするのか。それはイスラーム法（シャリーア）に定められているからである。それではなぜ、イスラーム法を遵守して生きているのか。それは、イスラーム法に則って正しく生きていけば、来世、楽園で永遠の生を生きることができるからである。

　イスラーム法は、聖典クルアーンを第一の法源としている。より正確にいえば、唯一神アッラーによる命令が預言者ムハンマドを通じて人びとに伝えられたが、その言葉をまとめたのがクルアーンである。また、その言葉を受け入れた人びとがムスリムである。ただ、神の命令のなかには詳細が不明確な箇所もある。例えば、クルアーンには「礼拝せよ」と書かれているが、1日何回何時ごろ、どちらの方向に向かってどのような仕草で礼拝を行うべきかまでは、具

体的に記載されていない。

　そこでこうした点は、ムハンマド自身が補うことでルールを定めていった。「ムハンマドはこういう時にこういう態度をとった」「ムハンマドはこの質問にこう答えた」といった言動はスンナ（Sunnah）と呼ばれ、これをまとめた書物であるハディースは今日まで伝えられている。これがクルアーンに次ぐイスラーム法の二番目の法源となっている。

　さらに、ムスリム同士の合意事項（イジュマー）とクルアーンからの類推（キヤース）を第三・第四の根拠として、イスラーム法が形成されている。これらに従って生きていくことが、ムスリムを来世で天国に導く。

イスラーム共同体

　ムスリムがシャリーアに基づいて暮らす理由は、一つは来世で天国に行くためである。そしてもう一つの理由があるが、それはウンマ（ummah）を永続的な発展に導くことである。ウンマは「コミュニティ」や「共同体」といった意味のアラビア語だが、シャリーアでは各宗教の信徒集団を指す。宗教集団ゆえ、神の言葉を人びとに伝える預言者と神の言葉をまとめた書物も不可欠とされる。

　イスラームの場合、世界各地で暮らす16億人のムスリムが「イスラームのウンマ」や「ムハンマドのウンマ」と呼ばれる一つの共同体を形成し、唯一神アッラー、神の言葉を伝える預言者ムハンマド、神の言葉を記した聖典クルアーンを紐帯として繋がる信徒集団とみなす。

　ウンマの考え方は、イスラームと同じ神を信奉する一神教であるユダヤ教やキリスト教に対しても適用される。ユダヤ教ではモーセ（ムーサ）と旧約聖書の律法（創世記、出エジプト記などのモーセ五書）とユダヤ教徒がモーセのウンマを、キリスト教ではイエス・キリスト（イーサ）と新約聖書の四福音書とキリスト教徒がキリストのウンマを、それぞれ構成している。

　クルアーンには、「おまえたち一団〔ウンマ〕になって努めよ。これらの者こそ栄えるのである」（第3章104節）とあり、ウンマとその構成員であるムスリムが、神の言葉による規範に従って社会を運営すれば、ムスリム社会は現世が続く限り発展していくと考えられている。ムスリムにとって神の下で生きることは、自分自身の人生や来世のみならず、同じ信仰をもつ者との共同体の発展にも寄与することになる。換言すれば、シャリーアはムスリム個々人とその

集合体であるウンマの両方を導く役割を果たしているといえる。

　預言者ムハンマドによる宣教が行われた7世紀以来、武力闘争やムスリム商人による交易、あるいは移住・出稼ぎ・留学などを通じてイスラームの勢力圏やムスリムの居住地域が、アラビア半島から北アフリカ、中央・東南アジアへと拡大した。またアルコール、アルゴリズム（コンピュータの基本原理）、アルジェブラ（代数学）など科学技術の発展にも貢献するなど、中世イスラーム世界はオスマン帝国を中心として栄えた。もちろんムスリム、特にイスラーム思想家たちは「我われがイスラーム法に従って正しく生きているからこそ、ウンマは繁栄している」と考えていた。

西洋近代とイスラーム

　ウンマは、ムスリムがイスラームを実践することによって、現世が存在し続く限り繁栄していくと考えられていた。ところが、ウンマの存在を脅かす出来事が起きた。それは西洋文明との接触である。オスマン帝国の崩壊、ヨーロッパ列強による植民地支配、ユダヤ教徒の国イスラエルの建国、4度にわたる中東戦争とその敗北といった事実により、栄華を誇っていたはずのムスリムの共同体が、実はキリスト教徒やユダヤ教徒の共同体、すなわち欧米よりも科学技術や軍事、社会・経済の各分野で劣っていることを露見させた。

　現実を突き付けられたムスリムのうち、一般信徒や為政者の多くは信仰そのものから距離をおき、代わりに世俗主義・自由主義や民族主義、あるいは社会主義・共産主義などに傾倒していった。他方、イスラーム思想家たちのあいだでは、ムスリムの共同体のあり方と欧米との関係をめぐり、様々な考え方が登場した。すなわち、①自分たちの信仰は不十分であり、もっと真剣にイスラームを実践すべきだ、②自分たちの存在を脅かす欧米の異教徒や、異教徒に味方する自国の不信仰者を排除すべきだ、③欧米に追いつくためには、信仰を維持しつつも最新の科学技術を吸収すべきだ、④信仰も科学技術も、預言者が生きた理想的な時代に立ち返るべきだ、などの考え方である。

内省するムスリム

　ムスリム社会が19世紀以降西洋近代といかに接触し、彼我の差をムスリム側がどう感じたかは、地域や時期によって異なる。ただ、「イスラーム法に則って暮らしているはずのムスリムの社会、ウンマが異教徒に敗北するのはなぜ

か？　我われの共同体が永続的に繁栄するためには何をすべきか？」という自問・問題意識は、現在に至るまでイスラーム知識人のあいだで共有され続けている。実際、この問いに対しイスラーム思想家から様々な見解が示されるとともに、各地の活動家や一般信徒によって体現されている。

　信仰が薄くなっていくなかで、支持を得た対策が、「西洋の異教徒に負けたのは、我われがイスラームを真面目に信仰していなかったからである。だから我われが正しい信仰を実践すれば、ウンマは再び繁栄することになるだろう」と、自らを省みる考え方であった。

　この考えが普及したことにより、1970 年代のイスラーム諸国では、1 日 5 回の礼拝やモスクの建設、ラマダーン月の断食の実行、エジプトやサウジアラビアへの留学、メッカ巡礼などが積極的に行われるようになった。また、エジプトのムスリム同胞団（1928 年結成）や、その手法を真似たイスラーム団体が各地で結成され、クルアーンの勉強会、あるいは病院・福祉施設の運営といった社会福祉活動への取り組みも盛んになった。

　このような宣教活動は、東南アジアではダッワ運動（あるいはダーワ、ダアワ、ダクワとも表記）と呼ばれている。その一つが、かつてマレーシアのアンワル・イブラヒム元副首相がリーダーを務めたマレーシア・イスラーム青年運動（Angkatan Belia Islam Malaysia）である。

　ムスリムの共同体であるウンマの衰退の原因を自らの怠惰に求めたこの考え方は、その後、世俗主義や民族主義、社会主義に行き詰まったムスリムに受け入れられ、今日でも多くの支持を集めている。

異教徒とその内通者を排除するムスリム

　内省するムスリムがいる一方で、これとは真逆の考えがイスラーム思想家のなかから登場した。

　1906 年にエジプトで生まれた思想家、サイイド・クトゥブが示したのは、「ムスリムとウンマを守るためには、異教徒とこれに味方する不信仰者を、暴力的手段を用いてでも排除すべきだ」という過激な対応策であった。彼は、ムスリムのウンマを脅かしているのは西洋近代や欧米の異教徒であり、この勢力と結託してウンマへの侵入を許す自国の政府のムスリム政治家である、と断じた。特に、ムスリムであるにもかかわらず異教徒に味方する者は不信仰者（カーフィル）だとして強く批判した。そして、これらをウンマから排除するため

の革命や自爆テロを是認する独自のジハード論を展開した。

　彼の思想は反政府的な暴力行為を肯定するものであるため、各国政府より危険視されるとともに、その著作は現在でも多くのイスラーム諸国で発禁処分を受けている。クトゥブ自身も 1966 年にエジプト政府によって投獄・処刑された。

　しかし、フィリピンのモロ・イスラーム解放戦線（Moro Islamic Liberation Front）、やアフガニスタンのアル＝カーイダ（Al-Qaeda）など、イスラーム過激派からは熱狂的に受け入れられた。抑圧からの解放を謳って戦う過激派の武装闘争を、クトゥブが「イスラームの視点からみて正しい行為だ」と後押ししたからである。過激派が掲げる主張や行動指針の多くがクトゥブの思想を引き継いでいることから、彼は過激派の父と呼ばれることもある。

　内省よりも異教徒や不信仰者との武力闘争を選ぶ者は、ムスリムのなかでも圧倒的な少数派ではあるものの、現代社会に与える影響、物的被害は無視できないレベルにある。

西洋由来の事物をめぐって

　イスラーム共同体は、西洋近代との接触を通じて彼我の実力差を感じた。そこでムスリムは二つの課題に取り組んだ。一つはウンマの発展と個々人のイスラームの実践のあり方で、すでに触れたように内省する考え方や、異教徒や不信仰者を排除する考え方などが登場した。

　もう一つの課題は、欧米由来の事物の受け入れの可否である。イスラーム諸国では生み出しえなかった様々な事物が、近代以降の欧米で発明・開発されてきた。例えば、最新の科学技術の産物、あるいは基本的人権や資本主義・社会主義といった概念である。こうした西洋近代の産物を受け入れたり積極的に活用したりすることは、はたしてイスラームの観点から許されるかどうかが、ムスリムのあいだで問題となった。

　伝統的な思想と海外由来の科学技術との折り合いの付け方は、かつて明治時代に日本人が直面した問題に似通っている。日本の場合は、「和魂洋才」という考え方に基づき、西洋由来の様々な事柄を吸収しつつ近代化を進めるという文明開化を果たした。

　イスラーム共同体においても、同様に、イスラームの信仰を保持しつつ積極的に西洋近代の所産を受け入れ活用していこうとする立場が主流である。例え

ばハラール認証制度では、食品に豚由来の原材料が混入していないか検査するが、近年は豚のDNAを発見できる検査キットが開発され、検査に使用されている。このように、イスラームの実践には最新の科学技術が積極的に導入されている。宗教と科学は相反するものではなく、むしろ信仰実践を補完するものとして最新テクノロジーが活用されている。西洋由来の事物であっても、ムスリムの信仰やウンマの発展に貢献するのであれば、積極的に受け入れるのがムスリムの主流派の立場といえる。

　他方、イスラームに反していると認識されたものは回避している。典型的な例がカメラやテレビである。日本でもかつては「写真に撮られると魂が抜かれる」として、カメラに収まるのを嫌がる人がいた。ムスリムの場合は、写真や映像はクルアーンが禁じている偶像崇拝であるとの議論が起き、これに従って被写体になるのを嫌う者もいる。例えば、アフガニスタンの政権を担っているタリバーンの創設者ムハンマド・オマルは、写真に撮られることを嫌ったため、その姿を写した写真は生前（2013年死亡）には数枚しか知られていなかった。容姿や声が欧米メディアに登場しなかったことから、「オマルなる人物は最初から存在しない架空の人物ではないか」とささやかれたほどであった。

　とはいえ、オマルのような考え方はごく一部のムスリムのあいだで支持されているにすぎず、今日の多数派は写真や映像のもつ表現力や説得力を認め、ウンマの連帯やイスラームの布教に繋がるとして、広く受け入れている。何より、タリバーン自身がインターネットを通じた広報や連絡に熱心である点を鑑みれば、現代において写真が偶像崇拝であるとの見解がほとんど支持されていないのは明らかだ。

　イスラーム共同体は、西洋由来の事物についてイスラームに反するのではないかと疑い吟味して、問題なしと判断すれば受け入れる。ただ、写真や映像のようにムスリムのあいだでも解釈が分かれたり、時代によって評価が変化したりするものもある。この点にイスラームの多様性、およびイスラームと西洋近代の接し方の難しさをみてとれる。

ムスリムの政治的連帯

　現代のイスラーム思想とムスリム社会では、ムスリム個々人によるイスラームの実践とウンマの発展、および西洋近代の産物の受容という二つの軸を基に、イスラーム法の多様な解釈や実践が現れている。「ムスリムは一つ」とい

うウンマの認識がある一方で、多様な解釈・実践の登場はムスリム社会の分断を誘発する可能性もある。さらに、植民地時代の宗主国の意向や時の政治指導者の方針などにより、第二次世界大戦を経てムスリムが暮らす北アフリカから東南アジアの地域は、それぞれ別の国として独立したことによって、ウンマは政治的に分断された。

　ウンマの分断が起きる一方で、ムスリムの連帯を目指す動きもまた起きた。イスラーム協力機構（Organisation of Islamic Cooperation: OIC）の結成である。OICは、1969年にエルサレムで発生したキリスト教徒によるアル＝アクサー・モスクの破壊事件をきっかけに起きた、ムスリム連帯の機運を受けて誕生した国際機構である。結成に主導的な役割を果たしたのがマレーシアの初代首相であるトゥンク・アブドゥル・ラーマンで、OICの初代事務局長を5年間務めた。

　OICに加盟できるのは原則として各国政府や国際機構であるため、厳密にいえばムスリムの連帯ではなくイスラーム諸国の連帯ということになる。ただEUやASEANとは異なり、OICは経済・市場統合を目指すものではなく、年1回の外相会議と3年に1回の首脳会議を開催するにとどまっている。また、スンニ派とシーア派といった宗派間の相違、アメリカやイスラエルとの距離間など、加盟国の思惑や対立が見え隠れする国際機構である。

　信仰に根差す日常生活をすごすムスリム、彼ら・彼女らによって形成されるムスリム・コミュニティ、およびムスリムを国民にかかえる政府、それぞれの思惑が重層的に絡まり合うことによって、現代のイスラーム思想とイスラーム社会が紡ぎ出されている。

ハラール・ビジネスと現代ハラール産業

　イスラーム法は、ムスリムの日常生活全般を規定する規範である。衣食住など日常で用いる商品・サービスを使用することでイスラーム法に違反するのであれば、ムスリムはその使用を避ける。したがって、ムスリムのために商品・サービスを提供する産業であるハラール産業の誕生は、イスラームという宗教が誕生したのと同時期であるといえる。しかしながら、現代的な意味での産業として形づくられるには条件が必要となる。

　非ムスリムとの交流がなく、イスラーム共同体だけで完結している閉じた社会を想定すると、そこに暮らすムスリムに必要な商品・サービスはすべて、同

じ共同体に暮らすムスリムによって供給されている。ムスリム生産者は、ムスリム消費者のみが消費することを想定して商品・サービスを製造するため、そこにイスラーム法に反するアルコールや豚肉などが混入する余地はない。また、ムスリム同士の売買・商取引は、イスラームの教義に沿って行われる。このような社会は、少なくとも近代以前や極めて小規模なコミュニティでならば存在できるであろうが、非ムスリムとの交流が常態化した近代以降では想定しにくい。

　すでに触れたように、多くのイスラーム地域が西洋諸国からの植民地統治を受けていたことに加え、特に東南アジアにおいては華人仏教徒、南アジアではヒンドゥー教徒との交流もあったことから、西洋文明をはじめ非イスラーム発祥の商品・サービスがムスリム社会に断続的に流入した。このような貿易・輸出入の活性化の傾向は、第二次世界大戦後のイスラーム諸国の独立と東西冷戦構造への組み込み、さらには1990年代の東西冷戦崩壊以降のグローバリゼーションの進展によって加速している。また、グローバリゼーションによって人の移動も加速し、ムスリムが従来の非イスラーム地域以外へ出稼ぎ・移住、留学することなどが容易となった。

　この結果、ムスリム消費者は、ムスリムだけの閉じたコミュニティが開放されるにつれてムスリムではない生産者が製造した商品・サービスに接する機会が増加した。このことは、日常生活で商品・サービスを消費・使用するなかで、イスラーム法に違反する可能性が高まったことを意味する。そこで、ムスリム消費者の信仰を守るため、イスラーム法を遵守した商品・サービスのあり方の基準の策定と、その基準に準拠しているかどうかを確認する方法が導入されるようになる。

　ただしこの傾向は、対象となる商品・サービスによって異なる。例えば第2章で詳述するイスラーム金融においては、20世紀初頭よりイスラームに即した金融の必要性が主張されたものの、イスラーム銀行という形で結実したのは1970年代であった。他方、ムスリムのために手配された旅行であるムスリム・フレンドリー・ツーリズムは、提唱されたのが21世紀に入ってから、特にマレーシアで認証基準が提唱されたのは2010年代であり、比較的新しい商品・サービスである。

　このように、ムスリムが暮らす共同体に非ムスリムが生産する商品・サービスが流入するようになったこと、非ムスリム向けとは異なるムスリム向けの商

品・サービスに対する必要性が生じたこと、そのような商品・サービスを提供しようとする企業がイスラーム諸国だけでなく非イスラーム諸国からも起きていること、そして地域間の違いを乗り越えるためのルール作りがなされたこと、といった条件を満たすことにより、より広い現代型ハラール産業が確立した。

2　ハラール・エコシステム

ハラール産業とは

　ハラール産業という言葉は、産業界や観光庁、研究者、イスラーム知識人など、様々な立場の者が広く使用しているものの、その定義は一様ではなく、使用者によって差異がある。このため具体的にどの産業がハラール産業に含まれるか、認識の違いが生じている。

　シンプルな定義としては、「イスラームに基づく商品・サービスを提供する産業」というものであろう。ここで注意すべきは、「イスラームに基づく」という概念を、狭い意味ではなく広い意味で捉える点である。すなわち、礼拝用絨毯、クルアーンの書見台（rehal）、数珠など、宗教的儀礼に必要なアイテムだけを指すのではなく、イスラームに反する要因を含んでいない商品・サービス全般を含むものとして捉える。ムスリムにとって消費や使用することに教義上問題ないものを、イスラーム法では「ハラール」（合法）に分類するため、そのような商品・サービスを生産する産業をハラール産業と呼ぶ。

　上記の定義では、ハラール産業にはより多くの分野を含めることができる。イスラーム金融やハラール食品、ファッション、観光産業などを含めるのが一般的であるが、クルアーンや預言者ムハンマドの足跡を伝えるウェブサイトなどのIT産業や出版業、エジプトのアズハル大学への留学斡旋やイスラミック・モンテッソーリといった教育産業など、サービス業もハラール産業の一部だとみなす考え方もある。さらに、日本の家電メーカーが礼拝時間を知らせるアザーン（azan）を流すテレビをインドネシアで販売したことがあるが、ムスリム消費者のための商品を製造しているという意味で、家電製造業やエレクトロニクス産業をハラール産業と呼ぶことも可能である。

　ハラール産業の分類として、マレーシア政府の事例をみてみたい。政府の長期工業開発計画である『第3次工業化マスタープラン』（*Third Industry Master*

Plan, 2006 年発表：IMP3）の第 21 章は、「ハラール産業の発展」と題して産業振興を目指している。この中でハラール産業の対象として挙げられているのが、「食品」「医薬品、健康商品、医療用品、化粧品、衛生品を含めた食品以外の製造業」「物流、梱包、ブランディング、マーケティング、出版・電子メディア、旅行を含めたサービス業」の 3 分野である。

　他方、企業側の分類を表しているのが、後述するハラール・ビジネスの見本市であるマレーシア国際ハラール・ショーケースの出展傾向である。出展者は食品メーカーが中心で、化粧品や医薬品、衛生品メーカーが続き、パッケージング関連メーカーも若干出展している。また、IMP3 の定義のうち旅行業者は出展していない一方で、これに含まれないイスラーム金融機関による出展もあった。

　IMP3 の定義にイスラーム金融が含まれていないのは、IMP3 が国際貿易産業省の管轄であり、財務省・中央銀行の管轄である金融とは異なること、またイスラーム金融に対する長期計画は中銀の『金融部門ブループリント 2011–2020』（*Financial Sector Blueprint 2011–2020*, 2011 年発表）で示されているためであろう。また、IMP3 で挙げられている旅行業者がマレーシア国際ハラール・ショーケースに参加していないのは、旅行業界最大のイベントであるマッタ・フェアー（後述）でメッカ巡礼やムスリム・フレンドリー観光のパッケージ・ツアーが取り扱われているからだと考えられる。

名称の問題

　ここまでハラール産業という呼称を用いてきたが、業界によっては異なる呼称が用いられることがある。例えば、マラ工科大学のハーフィズ・ハナフィーア（Hafiz Hanafiah）准教授の調査では、ムスリムのためにアレンジされたツアー観光に対し「イスラーム観光」「シャリーア観光」「ハラール観光」「ムスリム・フレンドリー観光」など名称が統一されておらず、旅行者や観光業者自身の混乱を招いていると指摘されている。

　イスラームとは、アラビア語で「神への帰依」という意味で、礼拝や断食などの六信五行のみならず、日常生活の中で実践されるものとされる。この普段の生活の細部にまで至るルールであるシャリーアは、「行わないと罰せられる」「義務ではないが自主的に行うと神から報奨が与えられる」など、強制力や賞罰の有無により分類される。このうち、少なくとも「行ったから」という

理由では罰が与えられない行為、およびそのような行為を導く物事がハラール（halal）と呼ばれる。逆に、行ったことを理由として罰せられる行為はハラム（haram）と呼ばれる。

　以上の点をふまえれば、イスラーム観光／シャリーア観光／ハラール観光／ムスリム・フレンドリー観光とは、ムスリム観光客が旅行中に遵守すべき規範をどう呼称しているかという点が異なることになる。また、このような観光を、東アジアやヨーロッパなど非イスラーム諸国の旅行業者が設定したものは、ムスリム・フレンドリー観光と呼ばれる。イスラームの規範に完全準拠していないかもしれないが、ムスリムにとって親しみやすいよう対応している、という意味だ。また、ホスト側の視点からみた場合、ムスリム観光客に対して何らかの対応をとることは、ムスリム対応やハラール対応と呼ばれる。いずれも内容に本質的な差はないとはいえ、こだわりをもって使い分ける者がいる一方、観光客と観光業者の間で誤解が生じる余地がある。

　名称の違いやそれによるニュアンスの違いが生じるのは、観光産業だけでなくイスラーム金融も同様である。ムダーラバ契約（→ 64 頁）を用いている、アルコールや豚に関する企業に融資を行わないなど、イスラームに準拠した金融は、現在ではイスラーム金融（Islamic finance）と呼ばれる。またこの文脈においては、イスラーム式ではない既存の金融は従来型金融（conventional finance）と呼ばれる。

　こうした現状に対して、イスラーム金融が普及し始めた当初は、最大の特徴である「利子がない」という点に注目が集まったため、無利子金融（interest-free finance）と呼ばれることも多かった。実際マレーシアでも、1993 年に中央銀行によって導入された従来型銀行がイスラーム銀行部門を営むための仕組みは、無利子銀行スキーム（Skim Perbankan Tanpa Faedah）と名付けられた。その後、イスラームへの準拠とは、単に利子がないだけではないとの理解が深まったため、1998 年にイスラーム銀行スキーム（Skim Perbankan Islam）へと名称が変更された。

　イスラーム金融は、ハラール金融やムスリム・フレンドリー金融と呼ばれることはほとんどないものの、シャリーア・コンプライアンスという表現は頻繁に用いられる。イスラーム法であるシャリーアを遵守（compliance）するという意味だが、法令遵守が強く求められる金融業界のあり方を反映した表現といえよう。

他方、観光や食品分野では、ハラール認証という制度が普及している。金融では法令に遵守していることが肝要であるのに対し、観光・食品分野では外部審査に合格していることが重要であることの違いを反映しているといえよう。

ハラール・エコシステム

ハラール産業には、食品や金融など多様な商品・サービスの生産業者が含まれるが、それらは相互に連関しているとみなす考え方がある。マレーシア政府を中心に提唱されているのが、ハラール・エコシステム（halal ecosystem）という概念である。ここでいうエコとは、エコロジー（生態）ではなくエコノミー（経済）を指しているが、重要な点は経済・産業に関わる諸分野がイスラームの価値観で一体化していると認識することにある。その際、イスラームの中心概念となるのがハラールである。

ハラールであることにより、経済の諸側面は結びつくことができる。ハラール食品を例に挙げると、原材料から完成品になるまでの過程において、アルコールや豚肉の混入・接触を避けなければならない。そのため、農場から食卓まで、すなわちサプライチェーン全体がハラールであるという一貫性で結びついている。マレーシアでは、こうした連関をハラール・エコシステムやハラール・バリューチェーン（halal value chain）と表現している。言い方を変えると、農業、水産業、畜産業、食品加工業、レストラン業、運送業、卸業、小売業が、それぞれハラールに則った商品・サービスを提供することにより、ハラール食品が成立するのである。

ハラール・エコシステムは、企業・産業界だけではなく多様なステークホルダーも巻き込む。すなわち、官公庁や中央銀行など市場を管轄する監督官庁、イスラームのあり方を示すイスラーム法学者、商品開発や検査、人材育成を担う大学・研究機関が、ハラール・エコシステムの中でそれぞれの役割を担っている。

このようにハラール・エコシステムは、各企業や経済に関わる主体をイスラームの価値観から捉え直すもので、アルコールや豚肉などを生産・分配・消費の過程から排除しながら、イスラームを紐帯とする各ステークホルダーの有機的な繋がりを重視する考え方といえよう。

ハラール産業の市場規模

　市場規模を知る手がかりとなるのが、アメリカのトムソン・ロイター社とディナール・スタンダード社がハラール産業の最新動向をまとめたレポート「グローバル・イスラーム経済レポート」（State of the Global Islamic Economy Report）である。同レポートは、イスラーム金融をはじめイスラームに基づく商品・サービスを提供する各種のハラール産業も扱っているため相互に比較が可能である。

　表1は2014～2019年の世界のハラール産業の市場規模である。このうち最新の2019年のデータを見てみると、もっとも市場規模が大きいのはイスラーム金融である。約2.88兆米ドルは、他の産業の総額を上回っている。なかでもイスラーム銀行が約2兆米ドルでその中心にある。歴史的にも、市場規模からも、また資金提供を行っているという意味でも、イスラーム金融はハラール産業におけるリーディング産業といえる。

　二番目に市場規模が大きいのがハラール食品産業で、イスラーム金融の4割に匹敵する1.17兆米ドルである。次いで2,000億米ドル規模が観光、ファッション、メディア・娯楽の各産業である。そして、さらにその半分程度である600～1,000億米ドルほどの市場規模なのが、医薬品と化粧品の両産業である。以上のハラール産業の2019年の市場総額は4兆9,030億米ドルであった

表1　ハラール産業の市場規模

（単位：10 億米ドル）

産業	2014年	2015年	2016年	2017年	2018年	2019年
ハラール食品	1,128	1,173	1,245	1,303	1,369	1,170
イスラーム金融	1,814	2,004	2,202	2,438	2,524	2,880
└ イスラーム銀行	1,346	1,451	1,599	1,721	1,766	*2,016
観光	142	151	169	177	189	194
ファッション	230	243	254	270	283	277
メディア・余暇	179	189	198	209	220	222
医薬品	75	78	83	87	92	94
化粧品	54	56	57	61	64	66
合計	3,622	3,894	4,208	4,545	4,741	4,903 （前年比103.42%）

*推計値

出典：“State of Global Islamic Economy Report”

が、2018年は4兆7,410億米ドルであったため、1年間で3.42%成長したことになる。

ハラール産業と非ムスリム

　第一次産業から第三次産業まで、物流の川上から川下まで、そして生産者と消費者とを、ハラールというイスラームの教義で繋いでいるのがハラール産業である。このような価値観の下では、利子や不確実性、豚肉やアルコールといったイスラームから許容されない要因が、商品・サービスから確実に排除されている。そこで、ハラール産業に非ムスリムの従業員や企業が関与することは不可能か、また非ムスリムの消費者はハラールの商品・サービスの利用から排除されるのか、という疑問が浮かぶ。

　まず生産者側の場合であるが、確かに、ムスリムではない者がイスラーム銀行に就職して支店のカウンターに座る、という状況は考えにくい。他方、ハラール食品では、例えばマレーシアの場合、工場やレストランなどが最低2名以上ムスリムの従業員を雇用していれば、非ムスリムが製造を行うことは認証機関である首相府イスラーム開発局（JAKIM）（→ 38頁）によって認められる。そのため、2009年の統計データによれば、JAKIMへのハラール認証の申請1,907件のうち、ムスリムであるマレー人と少数民族が経営する企業を指すブミプトラ企業からの申請は全体の32.6%（622件）にすぎず、むしろマレーシアにとって移民の子孫である華人やインド人および外国人が経営する非ブミプトラ企業の申請のほうが3分の2を占めている。すなわち、ハラール食品の生産に熱心なのは華人やインド人、外国人といった非ムスリムであり、彼ら・彼女らの協力がない限りハラール市場は維持できない構図だ。

　次に消費者の側では、キリスト教の教会の建設のためにイスラーム銀行からの融資は避けるであろうし、ベジタリアンはそもそも肉類を消費しない。しかしながら、中華レストランがハラール認証を取得することで、ムスリムと華人とが同じ食卓を囲むことが可能となる。

　ハラール・エコシステムは、非ムスリム排除の論理ではなく、多文化共生と国民統合を推進する原理として機能しているといえる。

ハラール・エコシステムにおけるイスラーム金融の役割

　イスラーム金融がハラール産業に対して果たす第一の役割は、企業に対する

資金の出し手としての役割だ。例えばハラール・レストランや観光業者が、店舗拡充や運転資金の確保のためイスラーム銀行から融資を受けることにより、ハラール産業が拡大しムスリム消費者の選択肢が拡大する。

　この背景には、イスラーム銀行による融資の選考基準がある。イスラーム銀行は、イスラームの教えに反しているビジネスへの融資は行わない。例えば、ムスリムはアルコールや豚肉を口にしないため、これらの製品を扱う食品加工業者やリカーショップ、小売業者への融資が忌避される。こうしたイスラーム銀行による融資の特徴が、そのまま融資先の傾向に反映されていると推察される。

　既存の商品・サービスからイスラームに反する要素を排除してイスラームに適うものとする仕組みは、ハラール産業で共通する手法である。ハラール食品であれば、豚やアルコール由来の成分の排除や、ムスリム・フレンドリー観光のパッケージ・ツアーであれば、神社仏閣をツアーのコースに組み込まないといった手法が、イスラーム金融での利子等を排除するのと同じ構造になっている。

　そのため利用者にとってのイスラーム金融は、イスラームに反する要因が含まれない金融手法を提供する存在となる。もしもイスラーム金融を利用できないのであれば、ビジネスにおける金融分野にてイスラームに反する行為を行わざるをえない。しかし、イスラーム金融と金融商品・サービスが存在することにより、ハラール産業の企業は、自社商品・サービスがハラールであるのと同様、金融分野でもイスラームに基づいた活動を行うことができるようになる。

　イスラーム金融が果たす第二の役割は、イスラーム金融が貿易金融を提供することで、ハラール産業の貿易が活性化する、というものである。輸出を行う際に信用供与を提供する貿易金融がイスラーム金融において占める割合は、現状ではわずか1.5%にすぎない。ハラール産業を拡大するためには、貿易拡大の手段であるこの貿易金融に力を入れるべきであり、そのためにはハラール産業開発公社（Halal Industry Developement Corporation: HDC）のような政府機関による積極的な推進が必要だとの指摘が、マレーシアのイスラーム法学者からなされている。

ハラール・ビジネスに参入する企業に対するイスラーム金融の積極支援
　ハラール・エコシステムの中でイスラーム金融が果たす三つ目の役割は、ビ

ジネスで培った企業との関係を活用してビジネス・マッチングを行うことである。ハラール・エコシステム推進の一環として、2020年7月、ハラール認証取得のコンサルティング会社とイスラーム銀行が連携して中小企業の認証取得を支援するプログラムがマレーシアで立ち上がった。「ハラール・イン・ワン」と名付けられたこの支援プログラムを実施するのは、マレーシアのアライアンス・イスラーム銀行（Alliance Islamic Bank）とHQCコマース社（HQC Commerce Sdn. Bhd.）で、2020年10月に覚書の調印式が行われた。

　同銀行のウェブサイトによると、プログラムではJAKIMのハラール認証を取得するためのアドバイス、事前の書類チェック、模擬監査などが受けられるとともに、認証取得後はHQCコマース社の所有するメディアを通じて、宣伝や商品レビューの掲載などが受けられるという。プログラム自体には、同銀行からの融資が含まれているわけではないものの、同銀行の利用実績があればプログラムの割引料金が適用される。

　同銀行幹部によれば、グローバルなハラール産業の市場規模は、2023年までに3兆米ドルまで拡大することが予想されている。しかしながら、ハラール認証を取得しているマレーシアの中小企業は、2018年時点で10%程度だという。そのため同プログラムは、中小企業の認証取得の支援を積極的に進め2020年中に3,000社以上の利用を目指すという。ハラール市場への参入を希望する中小企業へのこうした積極的支援については、本事例以前の2019年11月にも、CIMBイスラーム銀行が最大1億リンギの融資枠を設定すると表明している。

　アライアンス・イスラーム銀行とHQCコマース社による覚書調印式にはJAKIMも出席しており、このことからもハラール産業の裾野の広がり、特に中小企業によるこの分野への参入に、認証団体、ひいてはマレーシア政府が強く関心をもっているといえよう。

　同銀行はさらに2020年10月、HDCとハルネックス社、およびイギリスのハラール・ストリートUK社の3社と覚書を締結し、同銀行の顧客が各社の提供するサービスを活用できることになった。HDCが提供するソーシャルネットワークやeコマース市場の活用が期待できる。ハルネックス社は、ハラール産業に特化したコンサルティング会社で、特に中小企業のハラール認証の取得に強みがあるとされる。そしてハラール・ストリートUK社は、イギリスのオンライン・ハラール市場においてBtoCやBtoBを手がける企業であり、こ

れらのルートを有効活用することで海外への販路拡大が期待できる。

インドネシアの新ハラール認証制度でのイスラーム銀行の役割

インドネシアでは、2019年10月から新ハラール認証制度が始まり、イスラーム銀行の役割が明確になった。従来の制度では、インドネシア・ウラマー評議会（Majelis Ulama Indonesia: MUI）の傘下にある食品・薬品・化粧品研究所（LPPOM-MUI）が認証を行っていた。これが新制度では宗教省に新設された組織であるハラール製品保証実施機関（Badan Penyelenggara Jaminan Produk Halal: BPJPH）が中心となる。同組織に認定されたハラール検査機関（Lembaga Pemeriksan Halal）が製品の審査を行い、審査結果に基づき MUI がファトワー（法学裁定）を発行することで、当該製品がハラールと認定される。

この制度は2014年に可決・成立したハラール製品保証法（Halal Product Assurance Law）に基づくもので、5年かけて実施にこぎつけた。このように、専門組織が商品・サービス内容を審査して MUI がお墨付きを与える仕組みは、イスラーム銀行の制度に類似している。むしろ、イスラーム銀行のやり方をハラール製品全般に拡大したといえよう。

BPJPH 幹部が語ったところによると、同組織の指定銀行として BRI シャリーア銀行（Bank BRI Syariah）、MEGA シャリーア銀行（Bank Mega Syariah）、シャリーア BJB 銀行（Bank BJB Syariah）、DKI シャリーア銀行（Bank DKI Syariah）の四つのイスラーム銀行と契約を結んだ。これらイスラーム銀行の役割は、審査料の振込先、同組織の預金先、および投資資金の運用担当である。審査料は、対象企業の規模によって異なるが、中小企業であれば100万ルピア（約7,961円）からとなる。国内には6,000万社の中小企業があるため、政府関係者によれば審査料だけで年間約 22.5 兆ルピア（約 1,800 億円）の収入があるだろうと見込んでいる。

BPJPH は、イスラーム銀行を通じて審査料収入を運用・投資することで、国内のハラール産業、特に中小企業の振興を図りたいとしている。また、これを通じてイスラーム銀行の国内市場シェア率を、向こう5年で8%から15%まで引き上げることを目指している。

ハラール認証の対象となるべき商品・サービスが拡大するに伴い、イスラーム銀行から融資を受ける事業者やイスラーム意識が高まった消費者によるイスラーム銀行への預金増加が期待される。

3　発展を目指すハラール産業の見本市

　ハラール・ビジネスの振興や消費者へのアピールなどを兼ねて、見本市が各地で行われている。マレーシアでは、毎年3〜4月に開催されるマレーシア国際ハラール・ショーケース（MIHAS）、8〜9月に開催される HALFEST が著名であるが、同様のイベントは各国でも開催されている。ただ 2020 年以降は、コロナの影響で中止・順延やオンライン開催が増えている。

マレーシア国際ハラール・ショーケース

　マレーシア国際ハラール・ショーケース（Malaysia International Halal Showcase: MIHAS）は、ハラール・ビジネスに従事する企業や業界団体、あるいは官公庁等がブース出展し、自ら提供する商品・サービスを展示する、どちらかというと Bo to B の色彩の強いイベントである。実際、期間中に入場できるのは事前登録したビジネス関係者に限定されており、最終日のみ一般来場者が入場可能となっている。

　MIHAS は、2004 年に初めて開催されて以来、コロナ禍の時期を除き毎年開催されている。年によって形式が異なるものの、ハラール産業に関する一連のイベントであるハラール・ウィークの一環に位置づけられている。ハラール・ウィークは、MIHAS 以外にも、企業や研究者によるプレゼンテーションやディスカッションからなる世界ハラール・フォーラム（World Halal Forum）や、各国のハラール認証団体の会合である国際ハラール認証団体会議（Halal Certification Bodies Convention）などによって構成されている。会場は、2010 年まではマレーシア貿易開発公社（Malaysia External Trade Development Corporation: MATRADE）の MATRADE 国際展示会議場で開催されていたが、2011 年からはクアラルンプール・コンベンション・センターでの開催となっていた。その後、新しく建設されたマレーシア国際貿易展示センターが 2018 年に開業したのを受け、同センターに開催地が移った。

　ブース出展は、マレーシアや東南アジア諸国をはじめ、中東や南米の自治体や食品メーカーが中心であったが、なかにはパッケージング機械のメーカー、工業地帯や物流拠点、そして中央銀行であるバンク・ヌガラ・マレーシア（Bank Negara Malaysia）や証券委員会といったイスラーム金融機関や監督官

25

庁も出展した。このように、ハラール産業は食品だけでなく梱包業や物流業、そしてイスラーム金融までも含んでいる。

　近年は、国ごとにまとまったパビリオンの出展が目立つようになった。インドネシア、タイ、中国、台湾といった従来の参加国に加え、サウジアラビアやモロッコといった中東・北アフリカ諸国、そして日本、韓国、南アフリカなど非イスラーム諸国も参加している。日本パビリオンには常に人だかりができており、日本の商品がアピールされていた。ブース出展だけではなく、業界団体や旅行会社などが企画した視察ツアーも日本から来ており、会場のあちこちで日本語が聞こえるようになってきている。

　開会式やトークイベントには閣僚級の人物が招かれている。2016年に登壇したカイリー・ジャマルディン青年・スポーツ相は、「若者・ライフスタイル・ハラール」と題する基調講演の中で、ムスリム消費者の傾向について興味深い見解を披露した。すなわち、「例えその料理がハラールであったとしても、味が悪くて傷んでいれば誰も食べはしない。ハラールであり、なおかつ品質の良い競争力がある商品開発こそ必要である。その点、イスラーム金融がマレーシアで普及できたのは、金融機関が競争力のある商品を開発できたから」であるという。マレーシアの目の肥えた信心深いムスリム消費者は、イスラームに則りなおかつ高品質な商品・サービスを求めている。そのような商品・サービス開発こそ、ハラール産業の発展をうながすことになるという指摘だ。2019年には、アフマド・ザヒド副首相やペラ州スルタンのナズリン・シャーらが登壇するなど、政府がこの分野に力を入れていることを象徴していた。

　MIHASの出展ブース数や参加人数は拡大する一方、年によって開催内容に特徴があり、その時々のハラール産業の傾向を表しているといえる。例えば2016年のフォーラムでは、欧米でここ数年の爆弾テロ事件や難民問題の発生でイスラーム恐怖症（Islamophobia：イスラーム教への嫌悪感、詳細は第6章で説明）が台頭しており、ハラール産業の障害になるのではとの懸念が、登壇者のあいだから相次いだ。他方、期待を集めていたのが日本の動向である。観光立国化へ舵を切ったことと、2020年の東京五輪開催が日本のハラール産業の振興の後押しになっていることなどが、発表者から指摘された。ハラール食品を増やしたり空港に礼拝室を設置したりと、ムスリム観光客の受け入れ態勢を整えている日本の動きに好感が寄せられる一方で、その期待の高さゆえにペースの遅さへの不満も同時に表明された。

2017年は、MIHASと並行して、期間中を通じて一般ムスリム消費者が来場できるB to Cのマレーシア国際イスラーム・ライフスタイル（Malaysia International Islamic Lifestyle）が実施された。この一環として、会場内ではファッション・ショーやメイキャップ教室が実施開催された。

HALFEST

MIHASと並びマレーシアで著名なハラール産業の見本市として、HALFESTを挙げることができる。いずれもハラール産業開発公社が主催するイベントであるが、MIHASがメーカーと小売・貿易業者を繋げるB to Bイベントの色彩が強い一方、HALFESTはB to C、すなわちブース出展企業が見本品を展示するとともに、来場者に商品を販売することを大きな目的とするイベントであるといえる。

例年は8月下旬に、クアラルンプール郊外に位置するマインズ・リゾートのマレーシア国際エキジビジョン・コンベンション・センターにて開催される。会場に足を運ぶと、大きなカートを無料で貸し出すサービスを行っており、会場全体がさながら巨大なショッピングモールのようである。飲食物の製造業者のほかにも、マレーシア中銀やイスラーム銀行、タカフル保険会社などイスラーム金融機関が6社ブース出展を行っていた。いずれも、預金や住宅ローンなど家庭・個人向けのイスラーム金融商品の紹介に力を入れている様子だった。

2017年は、ハラール産業推進の立役者であるアブドラ前首相やハラール産業開発公社のジャミルCEOが来場して講演を行うなど、ハラール産業のための重要な見本市として位置づけられていることをみることができた。

ペナン国際ハラール・エキスポ

クアラルンプール以外でも、ハラール産業に関する見本市が開催されている。2017年2月には、ペナン島バヤン・ルパスのスパイス・アリーナでペナン国際ハラール・エキスポ（Penang International Halal Expo）が開催された。

この年で8回目となる同エキスポ

HALFESTでのファッション・ショー
（撮影：筆者）

は、食品や医薬品、化粧品・ファッション、ホテル・旅行業、金融など、ハラール産業の国内外企業や地方自治体など約200のブース出展があったが、地方都市ペナンの独自性を出すため様々な趣向が凝らしてあった。

エキスポと並行して国際会議も開催された。宗教・貿易・消費者担当州大臣による基調講演の後、5本のプレゼンテーションが行われた。テーマは「ハラール・ライフスタイル」で、ムスリム一人ひとりにとってイスラームに則った生活とはどのようなものであり、それに対して企業はどのような貢献ができるのかに焦点を当てた内容となった。

ハラール・ビジネスは中小企業の活性化や女性のエンパワーメントに有効という議論が出た一方で、あたかも宗教を切り売りするかのような行為への疑義も出るなど、成熟しつつあるマレーシアのハラール産業の今後を示唆する会議となった。

マッタ・フェアー

マレーシアの観光産業にとって最大のイベントとして知られるのが、マッタ・フェアー（Malaysian Association of Tour and Travel Agents Fair: MATTA Fair）である。これはマレーシア旅行業協会が主催し、国内各地で実施されるイベントであるが、なかでも毎年9月にクアラルンプールのプトラ・ワールド・トレード・センターで開催されるものは、3日間でおよそ10万人を集客する、最大規模のものとなっている。マレーシア国内外の旅行業者や観光協会、宿泊施設、レジャー施設、交通機関などがブース出展するもので、近年は日本からも地方自治体などが音頭をとって日本パビリオンとして出展する一方、企業が単独で出展する事例も増えている。

日本のツーリズムEXPOジャパン（旧名称：JATA旅博）も似たイベントではあるが、マッタ・フェアーの最大の特徴は、会場にて旅行商品・サービスを実際に購入できるところにある。航空会社のチケット、レジャー施設の入場券、あるいはツアー旅行などが、マッタ・フェアー特別価格などと称して、通常の店頭販売よりも大幅に安く販売されることがある。そのため来場客は、旅行に関する情報収集だけではなく、実際に商品を買うことを前提に来場している。この結果マッタ・フェアーは、同国で旅行関連商品・サービスを販売する最大のチャンネルとみなされている。

このうち、ムスリム観光客向けに発売されている旅行商品が、ウムラ（メッ

カ巡礼）のパッケージ・ツアーと、ムスリム観光客用に手配されたムスリム・フレンドリー観光のパッケージ・ツアーである。特に前者については、近年は専用フロアーが設けられてウムラ・パッケージ・ツアーを扱う業者がブースを並べている。後者については、通常の旅行業者が多様な旅行商品の一つとして扱っているのが一般的である。

各国パビリオンにおいては、マレー・ムスリムによるインバウンド観光を狙った誘客に力が入っている。例えば2019年マッタ・フェアーの台湾パビリオンにおいては、「サラーム台湾」というムスリム観光客向けキャンペーンを実施しており、それに関連づけたパンフレットなどが配布されていた。

インドネシアの状況

マレーシアのMIHASやHALFESTに相当するようなハラール産業の見本市は、他のイスラーム各国でも開催されている。ここではインドネシアで開催されている二つのイベント、JASHFESTとISEFについてみてみたい。

ジャカルタ・シャリーア・ハラール・フェスティバル（JASHFEST）は、毎年3月上旬にジャカルタ・コンベンション・センターを会場として開催される。

JASHFESTは、ファッションや食品の出展・展示が中心だが、イスラーム金融機関やタカフル保険会社のブース出展もあった。また業者によるトークショーやヒジャブのファッション・ショーが実施され、会場を盛り上げた。ただ出展数自体は数十程度で、マレーシアのMIHASやHALFESTに比べれば、小規模なイベントである。

他方、インドネシア・シャリーア経済フェスティバル（ISEF）は、2021年10月にジャカルタの実会場とオンラインを併用して開催された。イスラーム金融やハラール食品、ファッションなどをはじめとするハラール産業のメーカーや業界団体、研究者、イスラーム団体、国際機関、行政の関係者らが集まり会合や展示を行うイベントだ。

ISEFは、インドネシア銀行などが主催、ディナール・スタンダード（Dinar Standard）やサラーム・ゲートウェイ（Salaam Gateway）などのメディアが共催し、「イスラーム経済・金融をインドネシアの国内・国際政策の中心に据える」ことをビジョンとして掲げている。

イスラーム法学者でもあるマアルフ・アミン副大統領によるオンラインでの

開会宣言の後、6日間にわたって開催された。企業によるブース出展やファッション・ショーなどは、JASHFESTと同じくジャカルタ・コンベンション・センターを実会場とした。

　様々な会合やイベントでは、具体的な成果が上がった。イスラーム金融の分野では、インドネシア国際イスラーム大学、国連開発計画、イスラーム開発銀行が、国連の掲げるSDGsの目標を達成するためのイスラーム金融のあり方を検討する研究拠点（CoE）を設置することで合意した。

　ファッション・ショーにおいても、近年のファスト・ファッションが環境に負荷をかけているとして、「新しい日常における持続可能なファッション」をテーマに掲げ、持続可能な素材を用いたファッションを、157名のデザイナーが提案した。いずれも、イスラームに基づく産業が、インドネシアだけでなく世界をリードすることを目指したイベントとなった。

イスラーム金融の国際機関と国際会議

　ハラール食品を中心とする見本市と同様、イスラーム金融産業においても多様なイベントや会議が各地で開始されている。ここでは、イスラーム金融機関が加盟する国際機関の会議と、一般投資家・消費者向けのイベントの様子をみてみたい。

　2019年11月12日から14日にかけて、イスラーム金融機関の国際機関であるイスラーム金融サービス委員会（Islamic Financial Services Board: IFSB）の第14回サミットが開催された。毎年加盟団体の持ち回りで開催されており、この年はインドネシアの中央銀行であるインドネシア銀行がホストとなり、インドネシア証券取引所に程近いジャカルタ・コンベンション・センターを会場として実施された。

　IFSBはクアラルンプールに本部を置き、イスラーム銀行やイスラーム金融機関をはじめ、各国の中央銀行や通貨庁、業界団体も加盟している。また、国際通貨基金（IMF）や世界銀行といった非イスラームの国際金融機関もメンバーに名を連ねている。

　サミットでは、イスラーム金融に関わる重要人物が次々と登壇し、議論を展開した。まずIFSBのベロ事務総長は、イスラーム金融の将来性に向けての議論を今回のサミットの目的に掲げるとともに、実体経済との関係性、環境問題への意識、そして技術革新が、今のイスラーム金融を変えるだろうと指摘し

た。ただしこれらを健全な方向に導くためには、適切で強力な規制が必要であるとし、その役割は IFSB が担うことを提起した。

　ホストであるインドネシア銀行からはペリー総裁が登壇、技術革新に直面しているイスラーム金融発展のためには、①デジタル化への支援、②フィンテックの連携、③イノベーションのスタートアップ支援、④決済システムのインフラ整備、⑤加盟金融機関間の国境を越えたコラボレーション、という五つの戦略が必要としている。

　他方マレーシアからも、マレーシア中銀のゼティ元総裁が登壇するとともに、マハティール首相がビデオでメッセージを寄せた。このうちゼティ元総裁は、技術革新を歓迎する一方、マネーロンダリングやサイバー犯罪のリスクも同時に発生するため、IFSB が国境を越えた対応をとる際に重要な役割を果たすだろうと指摘した。

シャリーア投資フェアー

　マレーシアの証券市場であるブルサ・マレーシア（Bursa Malaysia）は、2018 年 7 月、クアラルンプール・コンベンション・センターにてイスラーム資本市場への投資促進のための一般向けイベント「シャリーア投資フェアー」を開催した。イスラーム金融機関など 40 近い団体がブース出展を行い、2 日間で延べ 1 万 1,000 人以上の参加者を集めた。

　ブルサ・マレーシアが監督官庁となっているイスラーム資本市場は、シャリーア適格株式やこれを組み込んだイスラーム投資信託、スクークなどを含んでいる。これらに対する一般投資家からの投資を増やすことがこのイベントの目的であり、さながら MIHAS のイスラーム金融版といえよう。

　ブース出展を行ったのは、イスラーム銀行やタカフル保険会社、投資信託会社などの民間企業のほか、従業員積立基金（Employees Provident Fund）やザカート徴収機関である PPZ（Pusat Pungutan Zakat）など、およそ 40 団体・企業である。会場には講演スペースが設けられ、出展企業団体の幹部によるイスラーム式の投資のあり方や、イスラームに適した資産運用のあり方などの講演が行われた。

　初日のオープニング・セレモニーでは、財務相のリム・グアンエンが登壇した。リム財務相といえば、長らく野党であった民主行動党（Democratic Action Party）の最高幹部にして、2018 年 5 月の政権交代によって初めて入閣した人

物である。マレーシアは「政治の世界はマレー人が、経済の世界は華人が主
導権を握っている」というイメージが強く、財務相ポストをめぐっては、トゥ
ン・ラザク政権期（1970–76年）以来42年ぶりに華人が就任したことが話題に
なった。そのリム財務相のスピーチであるが、「長期の資産運用を行うために
は、適切なスキルを身に付けるのが重要」と、必ずしもイスラーム金融への直
接的な言及はなかったものの、より幅広い意味で金融への正しい知識と経験の
必要性を説いた。

ドバイ・エキスポ2020

　ハラール産業に限定するものではないが、近年のイスラーム諸国にとって最
大の催し物となったのが、ドバイ・エキスポである。当初は2020年開催予定
であったが、コロナ禍で1年延期となり、2021年10月1日に開催にこぎつけ
た。中東・アフリカで初めての万博で、190か国以上からパビリオンを出展し
ている。

　例えば日本館は「アイディアの出会い」をコンセプトとして、伝統文化やア
ニメの映像を上映、館内に霧を発生させるアトラクションを行った。さらに館
内レストランとして回転寿司チェーン店のスシローが出店、ハラールの食材・
調味料を使用した寿司を提供している。

　万博には多くのスポンサー（パートナー）が参加している。なかでもステータ
スが高いのがプルミエール・パートナーで、日本の日産自動車などが認定され
ている。ほかにも、エミレーツ銀行が公式銀行、同銀行の系列であるエミレー
ツ・イスラーム銀行が公式イスラーム銀行に認定されている。また、マスター
カードが公式決済手段パートナーであることから、両銀行とマスターカードが
提携した万博公式クレジットカードを発行している。

　銀行と万博の関係だが、エミレーツ銀行グループのCEOはアフマド・ビ
ン・サイード・アル＝マクトゥームという人物で、ドバイ首長国を統治するマ
クトゥーム家出身であり、モハメド・ビン・ラシード・アル＝マクトゥーム現
首長の叔父にあたる。そしてこのアフマドCEOが、万博準備上級委員会の議
長を兼任している。ちなみに、万博公式航空会社であるエミレーツ航空の創設
者も彼だ。国と王族と企業とが一体化して推進するドバイ万博は、2022年3
月末までの開催期間に2,500万人の来場客を見込んでいる。

4　ハラール認証制度

地域によって異なるムスリム向け商品・サービス

　ムスリム向けの商品・サービスであったとしても、地域や時代、あるいはメーカーによってその様相が大きく異なる場合がある。その典型が女性のファッションである。クルアーンには、「女性の美しい部分は隠せ」と記載があるものの（第 24 章 31 節）、隠すべき美しい身体の部位が具体的にどこなのか、またそのような部位をどうやって隠すべきか、といった点が明確には記されていない。この結果、「これこそイスラームに適う女性のファッション」だと、地域や時代によって異なる服飾が主張されるに至っている。

　地域や時代ごとにファッションの多様性が生まれる理由として、いくつかの点を指摘できる。まず一つ目は、地域による気候環境の違いである。アラビア半島を発祥とするイスラームだが、現代は 16 億人とも 20 億人ともいわれるムスリムが、世界各地で暮らしている。赤道直下の蒸し暑い地域に暮らすムスリムと、白夜や極夜を経験するような寒冷地に暮らすムスリムとでは、おのずと着用する服装の形態や素材が異なってくる。

　二つ目は、上述のようなクルアーンやハディースの解釈の違いである。これはスンニ派かシーア派という伝統的なイスラーム法学派以外にも、例えば現代のイスラーム運動に影響を与えているエジプトのムスリム同胞団の影響をどの程度受けているか、という点にも関わる。

　三つ目は、その地域にイスラームが布教される以前から存在していた文化が、現代においてどの程度残存しているか、という点である。イスラームが普及したからといって、その地域の文化や生活がすべてアラビア半島と同質化されるわけではなく、伝統的な文化が継承されている場合もある。また、地域ごとにイスラーム以前の文化が異なるため、現代においてもその差異が残存している。

　四つ目は、近代以降の傾向として、欧米など非イスラーム地域との交流によってもたらされた物品・文化を、各地がどの程度受容しているかによって、差異が生まれる。例えばマレー・ムスリムにおいては、結婚式での新婦の衣装は、伝統的に黄色い装束が着用されているが、近年は、欧米式の白いウエディングドレスとマレー・ムスリムの伝統の折衷的なものが用いられるようになっ

てきている。

　五つ目は、同じ国・地域であっても時の政権によってイスラームに適するとされる規範が変化することがある点である。例えばイランにおいては、髪の毛を露出させる女性を宗教警察がどの程度厳しく取り締まるかをめぐり、ホメイニー最高指導者（1979–89 年）やアフマディネジャド大統領（2005–13 年）の政権時は厳しかった一方、ハータミー大統領（1997–2001 年）やロウハーニー大統領（2013–21 年）の政権期にはゆるやかであったとされ、この時期は前髪を出している女性も多かった。

　そして六つ目は、クルアーンやハディースの解釈を世界全体で統一するための権限をもつ機構が、イスラームには存在していない点である。このことは解釈の多様性を許容することで、地域や時代の実情に即したイスラームの実践を可能にしている。しかしながら同時に、解釈をめぐる主導権争いや、地域や宗派を越えた宗教実践を困難にする不便を招くことにもなる。

　これら要因の内容と要因ごとの影響力の強さが、様々に絡み合って、ムスリム向けファッションの多様性を生み出しているのである。

認証制度の必要性

　日常生活を通じてイスラームを実践するムスリムにとって、特に日常で使用する商品・サービスがイスラームに反しているもの（＝ハラム）であると、それを利用したことをもってイスラームに違反する行為を行ったとみなされる。そのため商品・サービスがイスラームに適っているか（＝ハラール）否かが、ムスリムにとっての関心事となる。

　ハラール認証制度への必要性が生まれた背景の 1 番目としては、身の回りの商品・サービスがハラールか否かという点について、ムスリム消費者の関心が高まっていることを指摘できる。前述のように、1970 年代以降イスラーム復興運動が高まるなかで、「自分はムスリムなのだから、ムスリムとして、よりムスリムらしく生きていきたい」と、自らのアイデンティティをイスラームに求めるムスリムが増加したためである。

　2 番目は、イスラームと商品・サービスに関する知識の専門化の進展である。現代においては、ムスリムの身の回りにある商品・サービスのすべてが、必ずしもムスリムによってムスリム消費者向けに製造・提供されているわけではない。また、誰が作ったものであるにせよ、現代における科学技術の発展に

よって、食材や料理などに使用されている原材料・調味料が何に由来するものであるかわかりにくい。他方、クルアーンやハディースの解釈は精緻に至るものがある。

そのため、一般的なムスリム消費者にとって、イスラームおよび商品・サービスに関する一般的な知識のみでは、目の前の商品・サービスがイスラームに適っているのか否か判断が難しくなってきている。そのため、各商品の専門家とイスラームの専門家がイスラームに則っているかを判断したほうが、より正確なものとなる。この結果生まれたのが、ハラール認証制度である。

3番目の背景は、生産者側からの必要性が生じた点である。たとえ自社商品・サービスをイスラームに則って提供していると自認していたとしても、上述のようにイスラームのあり方に地域によって違いがあるため、各地のムスリム消費者からイスラームに反していると判断されてしまう可能性もある。そのため生産者にとっては、権威ある団体がハラールであることを担保してくれる仕組みがあったほうが、消費者からの信頼をより獲得しやすくなるだろう。

認証制度とハラール産業の関係

消費者と生産者からのニーズを背景として、統一された商品・サービスのルールを整備するとともに、各商品・サービスがそのルールに従っているかを、しかるべき権威のある団体によって判定を行うことが提唱されている。このルールがハラール認証基準であり、基準に基づいて認定を与えるのがハラール認証団体である。そして、この認証基準と認証団体は、まとめてハラール認証制度と呼ばれる。

ハラール認証制度は、個別の商品・サービスを規制することにより、そのような商品・サービスを提供する企業群がハラール産業を形成すると同時に、ムスリム向けではない商品・サービスを提供する産業との差異化を生む。

ハラール産業の存在は、国境を越えた多くの企業群と世界で16億人以上のムスリムからなる巨大でグローバルな市場を形成する現代的な現象といえる。ムスリム消費者のニーズに適う商品・サービスの基準が明示されており、一個人・一企業が単独で行うのではなく複数の商品・サービス、企業が市場に参入し競争状態にあるマーケットが形成されていて初めて、ハラール産業と呼ぶことができるだろう。

このように、ハラール産業においては認証制度があること、すなわちどのよ

うに生産すれば商品・サービスがイスラームに違反していないといえるのかについて、認証基準が存在し、それに適っているか判断する団体が存在することが重要な点となっている。しかしながら、先のファッション産業のように、地域差があるため認証基準が作りにくい産業や商品・サービスがあることも指摘できる。

　また、ある企業がムスリム向けと称してはいるものの、他の企業がそれに追従しないため、ハラール産業としてクラスター化していない業種も存在する。先行する一社だけが開発したハラールの商品・サービスをもってハラール産業が成立したとはみなしにくい。

　さらに、どのような商品・サービスがイスラームに適っているのか、イスラーム法学者の側からの議論が尽くされたうえで基準化がなされない限りは、認証のあるハラール産業とは呼びにくい。「イスラームに則ったテレビ」「イスラームに則った湯沸かし器」「イスラームに則った自動車」など、家電・自動車・エレクトロニクス産業でどのような商品形態がイスラームに則っているといえるか、十分な議論が尽くされているとはいいがたい。そのため、こうした産業をハラール産業だとみなすのは難しい。

誰が認証を行うか

　各企業が生産する商品・サービスがイスラームに準拠しているか否かを判断する際、大きな問題となるのが、はたして誰が何の権限をもって商品・サービスがイスラームに則っていると判断するのか、という点である。

　既述のようにイスラームには、キリスト教のヴァチカンのような中央集権的な意思決定機関は存在せず、したがって誰かが正しいイスラームを決定する権限を占有しているわけではない。よって第一義的には、当該商品・サービスを生産している企業自身が、イスラームに準拠していると考えているかによっている。そこで、その判断の客観性を保つためにも第三者による認定制度を求める動きが、生産者側からも起きることになる。

　商品・サービスがイスラームに準拠しているか判断するにあたっては、少なくとも二つの知識が必要となる。一つはイスラームに関する知識であり、もう一つは食品や金融など当該商品・サービスに関する知識である。したがって判断を行う認証団体には、イスラームの専門家と当該分野に関する専門家の双方が存在し、それぞれの観点から審査が行われるべきであろう。その際、各分野

の専門性を保持している根拠としては、当該分野の専門教育を受けており、業界認定を受けているか、博士号を保持している、といったことが客観的な証明となりうるだろう。

　また審査にあたっては、専門的な知見に基づく審査の一環として化学検査が実施されることがある。例えばハラール食品の場合、豚の遺伝子が含まれているかどうかを判定する検査キットを活用する団体もある。認証団体が、このような検査キットを含め、どのような検査設備を保有しているかが、認証の公正性・公平性への評価を左右するといえるだろう。

　また人的資源や資金の多寡など認証団体の規模が、そのあり方を定めることになる。国内外の企業を対象とする大規模な団体もあれば、モスク周辺の小さなコミュニティのみを範囲とする団体もある。

　もう一つ重要なことは、ハラール認証の法的な位置づけである。例えば、企業がハラール認証を偽造した場合、はたしてその国の法律で裁くことができるのか、という点である。国や自治体が行っている認証制度であるならば、制度への違反は国や地方自治体に対する不法行為であり、行政罰や刑事罰の対象となるだろう。これに対して民間の認証団体が行う認証制度の場合には、その団体に違反者を罰する法的権限が付与されているか、その違反を罰する法律が存在している場合でなければ、偽造者を取り締まれず認証制度が崩壊する可能性をはらんでいる。日本の場合、ハラール認証の偽造に対しては、景品表示法の優良誤認表示に該当するとみなされる場合もある（詳しくは第7章で説明）。

　現実のハラール認証団体は、様々な形態がある。すなわち、①マレーシアの連邦政府首相府イスラーム開発局や中央銀行であるバンク・ヌガラ・マレーシアのような官公庁や監督官庁、②一部の東南アジア諸国や日本のようにNPO・NGO法人や宗教法人の形態をとるイスラーム団体、③観光や食品などの業界団体、④民間のコンサルティング企業などに大別される。また、政府への信頼が高いため政府系認証団体のみが存在する国もあれば、日本をはじめ非イスラーム諸国のように国や行政が認証を行わないため、複数の民間団体が併存している事例もある。

マレーシアの認証団体

　ハラール認証制度の実例として、マレーシアの状況をみてみたい。同国のハラール産業とハラール認証については、金融とそれ以外の分野とで、制度の運

営や管轄官庁が大きく異なっている。まず、金融以外の状況について明らかにしていく。

　マレーシアにおける、金融産業を除く各産業でハラール認証を行うハラール認証団体は、マレーシア連邦政府首相府イスラーム開発局（JAKIM）である。JAKIM は、独立した団体というよりも政府省庁の一部局であり、マレーシア・イスラーム宗教問題全国評議会（Majlis Kebangsaan Bagi Hal Ehwal Ugama Islam Malaysia）の事務局として、連邦政府のイスラーム行政を担っている。評議会は、同国で唯一ファトワーを発行できる機関である全国ファトワー評議会（National Fatwa Council）を組織しており、JAKIM は評議会の委員であるムフティーが発するファトワーに関連する行政も担っていることになる。また、宗教問題担当首相府相は大臣職であり、連邦議会の与党議員が就くのが通例である。

　もともとマレーシアではイスラームは国が管轄する事柄であり、JAKIM はマレーシアにおけるイスラーム行政を担う省庁である。イスラームに関する事柄であるハラール認証審査を JAKIM が行うことについて、国民は一定の理解を示している。2008 ～ 2009 年の一時期、認証業務が JAKIM から財務省傘下のハラール産業開発公社に移管されたことがあったものの、「認証の信頼性は公社よりも官庁の方が高い」との世論の反発があり、認証が JAKIM に再移管したことがあった。

マレーシアの認証基準

　マレーシアにおいて、審査の根拠となるハラール認証基準はマレーシア基準局が制定している。マレーシア基準局はマレーシア基準法（Standards of Malaysia Act 1996, Act 549）に基づき 1996 年に科学技術革新省の外局として設立されたが、現在は国際貿易産業省に移管されている。

　基準局は、マレーシアにおいて様々な基準を制定する機関であり、ISO の加盟機関の地位にある。基準局が制定する基準は、マレーシア基準（Malaysia Standard: MS）と呼ばれ、「MS0000」と通し番号がつけられる。ハラール認証基準も、この一連のマレーシア基準の中に位置づけられている。

　実際の条文作成や改訂作業に際しては、基準局は認証基準の対象に合った業種の関係者を招聘し、ワーキング・グループを組織して、編集作業にあたらせている。例えば食品を対象とする MS1500：2019 の場合は、① JAKIM、農

業・農業関連産業省、国内取引協同組合消費者省、保健省、国際貿易産業省、財務省といった官庁、②ハラール産業開発公社やマレーシア基準の普及を図るマレーシア工業標準所（SIRM）などの政府系機関、③消費者団体であるマレーシア・ムスリム消費者協会、④業界団体であるマレーシア製造業連盟、および⑤マレーシア国民大学、マレーシア・プトラ大学、マレーシア国際イスラーム大学、マラ工科大学といった各大学の関係者らが、委員として基準制定・改正にあたった。また、観光産業を対象とするMS2610:2015においては、業界団体からマレーシア・ホテル協会やマレーシア観光ガイド協議会の代表者が参画した。

　表2は、基準局が制定するハラール産業に関連するハラール認証基準の一覧である。各基準はおおむね10年前後で改正されており、基準の下4桁が最後

表2　マレーシア基準局が制定するハラール認証基準

番号	名称	対象となる主な物品・サービス
MS1500:2019	Halal Food	食品
MS 2424:2012	Halal Pharmaceuticals	医薬品
MS 2634:2019	Halal Cosmetic	化粧品
MS 2200-2:2012	Islamic Consumer Goods - Part 2: Usage Of Animal Bone, Skin And Hair	動物の骨・皮膚・体毛
MS 2400-1:2019	Halal Supply Chain Management System - Part 1: Transportation	物流：運輸
MS 2400-2:2019	Halal Supply Chain Management System - Part 2: Warehousing	物流：倉庫
MS 2400-3:2019	Halal Supply Chain Management System - Part 3: Retailing	物流：小売
MS 1900:2014	Shariah-Based Quality Management Systems	マネージメント
MS 2300:2009	Value-Based Management System	マネージメント
MS 2393:2013	Islamic And Halal Principles	用語の定義
MS 2565:2014	Halal Packaging	梱包
MS 2594:2015	Halal Chemicals For Use In Potable Water Treatment	水
MS 2610:2015	Muslim Friendly Hospitality Services	ホテル、旅行会社、ツアー・ガイド
MS 2627:2017	Detection Of Porcine DNA	遺伝子検査

注 : "MS 2200-1:2008-Islamic Consumer Goods Part 1: Cosmetic and Personal Care-General Guidelines" はMS 2634に改編
出典：マレーシア基準局ウェブサイトをもとに筆者作成

に改正された年を表している。

　各基準の対象をみてみると、商品・サービスを対象とする基準とマネジメントシステムを対象とする基準に大別できる。このような構成は、ISO に類似しているといえる。このうち商品・サービスを対象とする基準としては、食品、医薬品、化粧品、動物の骨・皮膚・体毛、物流（運輸、倉庫、小売）、梱包、水、観光（ホテル、旅行会社、ツアー・ガイド）、および遺伝子検査である。

　前述した「グローバル・イスラーム経済レポート」がハラール産業とみなしている業種のうち、食品・医薬品・化粧品・観光について、マレーシアでは認証基準を設けたうえで認証を行っていることになる。他方、同レポートで示されているハラール産業のうち、ファッションとメディア・娯楽に対して、基準局は認証基準を示していない。そのため JAKIM も、これらの分野でのハラール認証は行っていない。

マレーシアのイスラーム金融産業の事例

　マレーシアのハラール産業のうち、基準局と JAKIM によるハラール認証が実施されていないのが、イスラーム金融産業である。これは、マレーシアのイスラーム金融に対してはイスラームの観点からの監査を誰も行っていないことを意味するのではなく、JAKIM とは別の機関による監督が行われているからである。

　イスラーム金融産業のうち銀行と保険は、同国の中央銀行であるバンク・ヌガラ・マレーシアが監督官庁である。マレーシア中銀は、イスラーム金融サービス法（Islamic Financial Services Act 2013）に基づいて、イスラーム法やイスラーム金融を専門とする社外委員 10 名程度によって構成されるシャリーア助言委員会（Shariah Advisory Council）を組織し、イスラームの観点から市中のイスラーム銀行やタカフル保険会社を管轄している。なかでも、イスラーム銀行業やタカフル保険業（→ 62 頁）を営むためのライセンスの発行に際しては、シャリーア助言委員会が各金融機関をイスラームの視点から審査を行うことになっている。また商品開発についても、イスラーム銀行やタカフル保険会社は、シャリーア助言委員会が作成する各種のガイドラインに沿って行わなければならない。

　他方、イスラーム式債券であるスクーク、シャリーア適格株式、イスラーム投資信託などを管轄するのは、証券取引所であるブルサ・マレーシアを監督す

る証券委員会（Securities Commission）である。このうちイスラームに関連する事柄については、中銀と同様にイスラーム法やイスラーム金融を専門とする社外委員10名前後によって構成されるシャリーア助言委員会が、イスラームの観点から認定を行っている。またシャリーア助言委員会は、これらのイスラーム資本市場に関する各種基準を整備するとともに、イスラーム式の債券や投資信託等の認定を行っている。

　中銀や証券委員会のシャリーア助言委員会とJAKIMには、制度上の上下関係はなく、相互に独立している関係にある。すなわち、同じハラール産業とはいえ、イスラーム金融機関やイスラーム金融市場は、金融の監督官庁からのガバナンスで完結している。これに対して、食品や観光など他のハラール産業は、イスラーム以外の点については製造業やサービス業に関わる監督・規制が働くと同時に、イスラームに関する点についてはJAKIMの管轄下にあるという、二元的な管理下に置かれることになる。換言すれば、マレーシアにおけるイスラーム金融に関してのみ中銀と証券委員会に権限が委譲されている。ただ、全国ファトワー評議会の委員（ムフティー）が、離任後に中銀や証券委員会からシャリーア助言委員会に選任されることは禁じられていない。省庁間では関係はないものの、個人レベルではイスラーム法学者による人の移動は存在しうるものである。

　ハラール産業にあって、金融産業のみJAKIMの管轄を離れて独自のガバナンスが行われていることに対しては、いくつか理由が考えられる。一つ目は、イスラーム金融に限らず銀行業と保険業を監督する中央銀行と、証券業と債券業の監視監督庁である証券委員会には、公正な市場の監督の実施と政府からの干渉の排除のため、高度な透明性と独立性が保たれていなければならない。この点はイスラーム行政に関しても同様であるため、両シャリーア助言委員会ともJAKIMの傘下には入っていない。

　もう一つは、イスラーム金融に関連するイスラームの議論が極めて精緻に至るものであることが挙げられる。そのため、イスラーム金融商品・サービスを提供するイスラーム金融機関と監督官庁の双方にシャリーア助言委員会を設けることで、イスラームに関する高度な検討を行うことが可能である。また、食品業や観光業と比べて金融業に属する企業数自体が少ないため、監督官庁も個別のケースについて詳細に検討することが可能であるともいえる。

認証が有効な範囲——生産者と消費者の認識

　イスラームに基づく商品・サービスと称していても、その内容は地域の実情に即して異なっている可能性があることは、すでに触れた通りである。そこで問題となるのが、ある商品・サービスがある国の認証団体からハラール認証を取得した場合、どの程度の地理的範囲で信頼性を獲得できるかという点である。

　この問題は三つの側面に分けて考えることができる。一つ目は、例えばA国の認証団体からハラール認証を取得したとして、A国内ムスリム消費者が当該商品・サービスを本当にハラールであると信頼して消費するかという問題である。もし信頼されないのであれば、企業はA国で認証取得する必要はなく、またA国のイスラーム団体のなかからより信頼できる認証制度を創設しようという動きが生まれ、認証団体の乱立を招く可能性もある。他方、A国の団体への信頼性が高いのならば、認証団体が乱立するような動きは生じず、A国内では国内の認証制度のみが有効にされることになる。

　二つ目は、A国でハラール認証取得した商品を他国に輸出した場合、輸入国側のムスリム消費者がその商品を正しくハラールであると信用するかどうかの問題である。周辺国のなかに極めて信頼性の高いハラール認証団体が存在するならば、自国内での認証よりも、その団体の認証を信頼するムスリム消費者が現れる可能性もある。このことが進展すれば、国内から認証団体が消滅する可能性もある。もちろんこうして最終的に認証制度が収斂されれば、世界統一のハラール認証制度を生むことも可能となるだろう。

　統一の認証基準に基づき、世界中どこでも同じ認証団体から認証を取得した商品・サービスがあれば、世界のハラール市場でイスラームの観点から均質化された商品・サービスが流通することになる。ただこれを実現するためには、各国のイスラームの特徴とそこから生じる差異をすべて捨象しなければならない。そのような統一作業を行う権限を誰が有するかという点も含めて、世界統一認証制度が実現していないのが現状である。

　三つ目は、例えば、B国を原産地とする食材をA国で輸入し、A国のレストランがB国料理としてお客に提供する場合、はたしてA国の認証団体からハラール認証が取得できるのかという問題である。B国内にA国のハラール認証団体が存在していればこうした問題は生まれないが、国ごとに認証団体が存在し、なおかつ認証団体が他国に出向いて認証を行う機会がそれほど多くはない

現状では、こうした問題が発生している。

　そこでこの問題を回避するため、マレーシアの JAKIM はマレーシア国外の認証団体への認定を行っている。この認定を得た国外の認証団体から認証を取得した商品・食材ならば、輸入したのち国内で加工した食品も、JAKIM からハラール認証を取得できる。すなわち JAKIM からハラール認証取得する場合、その食材は JAKIM ないしは JAKIM が認定した認証団体からハラール認証を取得していればよい、ということになる。

　2020 年 2 月現在で、JAKIM は 46 か国の 84 団体・機関を認定している。この認定制度を導入することで、マレーシア政府が海外に直接拠点を設置する必要はなくなる。もちろん、国外の認証団体を認定するにあたっては、認証基準の内容や認証団体の検査能力が適切か審査が必要だ。また、各国の認証団体との交流も定期的に行っており、前述のハラール・サミットで国際会議を実施している。

JAKIM の信頼性

　認証団体の信頼性についてマレーシアの事例をみてみると、同国内で組織的・体系的に行われているハラール認証は、金融分野を除けば、JAKIM によるもののみである。ただし雑誌やウェブサイトなどが独自の基準でレストランやホテルに対して、そのムスリム対応の充実度を評価するような事例はある。また JAKIM が MS2610:2019 に基づいてホテルに対する認証を開始する以前には、民間団体が独自の評価・認証を与えていたこともあった。

　マレーシア国内でイスラームに基づいた商品・サービスが流通するにあたって、JAKIM の認証は独占的・排他的なものではなく、JAKIM から認定されていない国外の認証団体から認証を取得したことを示すロゴが輸入商品に添付されていても、それは違法な商品とはみなされない。

　他方、イスラーム金融においては、中銀ないしは証券委員会からしかるべきライセンスを取得していない限り、イスラーム金融商品・サービスは提供できない。特に銀行については、1997 年のアジア通貨危機以降、マレーシア政府と中銀が市場開放に慎重な態度をとっており、銀行市場への参入が制限されている。もとより金融業は規制産業であるため、食品や観光、化粧品などと比べると、市場の開放性は大きく異なっている。

　マレーシアの消費者・生産者とも、JAKIM による認証は、国内でもっとも

権威あるイスラーム組織による認証であり、なおかつ政府によるものであるという点から、他国の認証団体によるものよりも高い信頼を寄せている。そのため新たに国内で認証団体が設立されたり、あるいは国外で認証取得したほうが人気商品になったりすることは考えにくいであろう。

　マレーシアの認証基準と認証団体のクオリティの高さが、マレーシア国内だけでなく各国のムスリム消費者にも信頼されている。そのため JAKIM は、実費負担が申請企業側からなされれば、国外に審査官を派遣して認証の審査を行うとしている。また上述のように、国外の認証団体に対して認定を与えることで、マレーシアの認証制度の普及にも積極的に取り組んでいる。

　マレーシア発の認証制度が各国に広まれば、各国ともそれに応じた商品づくりが行われることになる。そうなることで、マレーシアの製品が各国に輸出しやすくなる。この考え方は、「ルールを制するものがマーケットを制する」といったマーケティングの手法にも合致するものといえる。ただし、マレーシア発の認証制度が普及するには、イスラームに関する解釈が世界で統一しているか、少なくともマレーシアの解釈が世界のムスリムに受け入れられる必要がある。もちろん、マレーシアだけでなく他国の解釈についても同様である。この点について、次章で検討していく。

第2章　イスラーム金融とは何か

バンク・ヌガラ・マレーシアの本店（撮影：筆者）

　ハラール産業のなかでも比較的歴史が古く、なおかつハラール・エコシステムの中でも資金の出し手という重要な役割を担っているイスラーム金融について、本章で取り上げる。まずイスラーム金融のうち、最初にイスラーム銀行が誕生した歴史的経緯とイスラーム法学の解釈について検討していく。次に、イスラーム金融が有する、従来型金融とは違う、イスラームに準拠した特徴を確認するとともに、イスラーム金融を構成する銀行業、保険業、債券・証券業、フィンテックのそれぞれの特徴を明らかにする。第三に、イスラーム金融のうちイスラーム銀行の預金と融資に注目し、各種の預金や融資を形づくっている伝統的な契約形態を明らかにする。そして最後に、イスラーム銀行やタカフル保険会社などのイスラーム金融機関が融資先や投資先を選定する際の基準となるシャリーア・コンプライアンスについて検討する。これは、ハラール食品やムスリム・フレンドリー・ツーリズムにおける認証基準に相当するものであり、イスラーム金融が企業のビジネスについてどのような見解をもっているのかを知るうえで、重要な指標となるだろう。

1 イスラーム金融の誕生

イスラーム世界に現れた西洋式銀行制度

　東南アジアから北アフリカにかけてのムスリムが暮らす地域は、その多くがヨーロッパの植民地を経験している。その際、欧米由来の制度や概念、生産物などがもたらされたが、近代銀行・金融制度もその一つであった。例えばインドでは1820年代、マレー半島では1840年代、北アフリカのエジプトでは1890年代に、それぞれヨーロッパ資本や中国資本の銀行の支店が設置された。現地では、西洋通貨と現地通貨の両替や本国からの送金が主に利用されていたが、預金や融資も実施されていたようだ。

　このような機能を有する銀行制度は、イスラーム世界にも似た仕組みはあったものの、西洋発祥の新奇なものと映った。そのため銀行制度がイスラームの教えに適うものであるか、受け入れることは個々人の信仰生活やウンマの発展に資するかといった点が、イスラーム法学者の議論の対象となっていった。

　イスラーム法学者が関心をいだいたのは、預金や融資の際に発生する利子であった。金銭の貸し借りを行う際、一定期間を経過すると元本以上の額の授受が発生する仕組みは、クルアーンやハディースで、「増加」などを意味するものとして禁止が明言されているリバーに相当するのではないか、という議論である。

　20世紀初頭、当時のエジプトでイスラーム法学者の最高位である大ムフティー（grand mufti）の職にあったムハンマド・アブドゥフは、銀行利子は受け入れられるとしたのに対し、その弟子ラシッド・リダーは禁止されるとして師に反論した。この論争は、著名な雑誌『灯台』(*Al-Manār*) によって広くイスラーム世界に知られるようになり、マレー半島のように眼前に西洋の銀行がある地域のムスリムにとっては、その利用の可不可が大きな関心事となった。

イスラームからみた銀行利子──三つの見解

　西洋発祥の銀行制度の受け入れに対する20世紀初頭のエジプトでの議論は、それがムスリムの生活やウンマの発展に資するかという問題と、そのままの受け入れかあるいはイスラームの教義に適うような改変を要するかという問題の二点であった。その際、大ムフティーのムハンマド・アブドゥフやその弟子ラ

シッド・リダーなど当時の最高峰のイスラーム法学者たちが関心を寄せ、各人の見解が割れたのが利子の扱いであった。

　利子論争は、後者の銀行制度の改変のうちもっとも特徴的なものとなった。クルアーンやハディースにおいては「リバー（riba）を禁じる」という文言が存在する。ただ、アラビア語で「増加」や「成長」を意味するこのリバーという語の定義があいまいなため、「いったいどのようなことが、クルアーンやハディースが禁じているリバーなのか？」という疑問と議論が、イスラーム思想史の早い段階から存在していた。そのようななか、西洋から登場した銀行利子が禁じられたリバーに相当するのではないかとの議論が展開した。

　西洋発祥の金融制度に接した際、イスラーム法学者たちは銀行利子肯定派、一部否定派、全否定派に分かれた。肯定派は、クルアーンには銀行利子を禁ずる直接的な記載はないとして、西洋発の銀行制度をそのまま採用することはイスラーム法上問題ないとする立場である。一部否定派は、原則として銀行利子は認めるものの、弱者救済などクルアーンの趣旨に則り、ある種の利子を禁ずるという立場である。そして全否定派は、いかなる形態の銀行利子であれクルアーンが禁止を明言しているリバーに該当するとして、西洋の金融制度をイスラーム世界に導入するのであるならば、利子を排除すべきという立場である。

統一見解を定める機関が不在のイスラーム

　クルアーンやハディースで禁止が明示されているリバーの概念、とりわけ銀行利子との関係をめぐっては、すべての利子や特定の利子のみ認める立場やまったく認めない立場など、多様な解釈が存在すると述べた。しかしよくよく考えてみれば、一つの価値体系に収斂されているはずの宗教で、教義や信仰実践に多様性が存在するのは奇妙ではある。

　イスラーム法学の興味深い点は、クルアーンやハディースの解釈や見解の統一を図る公的機関が、ウンマには設置されていないことにある。すなわち、各イスラーム法学者が自由に解釈を行うことができ、ムスリム個々人もどの法学者の見解を支持するかは原則として自由である。例えばヴェールならば、マレー人女性のなかでもトゥドゥンのように髪や首筋、耳は隠す一方で顔の前面を露出させるものを着用している者もいれば、ニカブという眼以外の顔の前面を覆う布を用いる女性もいる。どちらがより正しいかではなく、いずれもイスラームに適していると主張され、着用されている。銀行利子についても、同じよ

うに多様な解釈・考え方が登場した。

　イスラーム地域に西洋由来の金融がやってきた19世紀以降、各地でイスラーム知識人が議論を担った。まず伝統的法学派は、大きくスンニ派とシーア派とに分かれる。スンニ派はさらに、アラビア半島のハンバル学派、北アフリカのマーリク学派、中央・南アジアのハナフィー学派、そして東南アジアのシャーフィイー学派の四大法学派を中心に構成される。他方、イランやイラクの一部などで信仰されているのはシーア派で、世界のムスリムの1割ほどが属しているとされる。さらに、イスラーム神秘主義であるスーフィズムや、ハンバル学派の改革勢力でサウジアラビアの国教であるワッハーブ派なども、主要法学派とみなされている。伝統的法学派は、クルアーンやハディースに対する精緻な読み込みを幾世代にもわたって行い、とりわけリバー概念に対する厳密な解釈を行ってきた。このような議論の蓄積がある一方で、新規の事象ほど議論が分かれる特徴がある。

　これに対して近・現代のイスラーム知識人たちは、特定の法学派に依拠するのではなく、むしろ「○○学派はこう、××学派はこう述べているが、私はこう解釈する」と過去の蓄積を縦横に参照したうえで議論を行う傾向にある。そのため、伝統的な各法学派の考え方の違いがそのまま各地のイスラーム金融のあり方の差となって表れているのではなく、伝統的な各法学派の議論の蓄積が、近代以降の金融制度に関する議論の礎となったとみることができる。

　多様な解釈が共存する背景としては、すべてのイスラーム法学者による解釈や意思の統一を定め、それをすべてのムスリムに定着させる権限をもつ機構が存在していないことが挙げられる。これは、教義を定めるための公会議を実施するキリスト教や、法を定めてそれを履行し、違反する者は裁くという三権を有する近代国家と大きく異なる点である。そのため、イスラーム法学者たちは己の知識・見識に基づき、自由な解釈や見解を表明できる。このように示される解釈・見解はファトワー（法学裁定）と呼ばれる。

　ただ、あまりにも多種多様な見解が無分別に表出されても、ムスリムの現実の生活に支障が生じるため、国によっては制限が加えられている。マレーシアでは、各州政府と連邦政府がそれぞれファトワー評議会を組織し、それ以外がファトワーを発行するのを禁じる一方、法律ではないためムスリムへの法的拘束力はなく、非ムスリムには当然効力がない。2016年8月、連邦直轄領のファトワー評議会が『ポケモンGO』を禁止するファトワーを発行し話題となっ

たが、少なくともムスリムではない日本人がスマートフォンを持ってクアラルンプールの街中を歩きまわっていたとしても、イスラーム法上の罰則を受けることはなかった。

従来型銀行とイスラーム銀行の併存

　西洋で誕生した事物や制度、概念を、ウンマの発展や個人の日常生活に役立つとしてムスリムが取り入れて利用するには、そこにイスラームに反する要因が含まれていればそれを取り除く必要がある。現代においてイスラームに適ったものとは、クルアーンやハディースに言及されたイスラーム世界発祥の「イスラーム的なもの」のみならず、非イスラーム世界に由来していたり、聖典に言及されていなかったり、あるいはムハンマドの死後に発見・発明されたりしたものであっても、「イスラームに反していないもの」とみなされれば、それもまたイスラームに適ったものとなる。

　それでは、利子を認める解釈と認めない解釈とが併存しているイスラーム法をめぐる状況は、現実の銀行制度にどのような影響を与えるだろうか。それは、利子がある銀行とない銀行とが併存する状況を生み出している。すなわち、高利などでなければ利子はイスラームに反していないという解釈の立場に立って存立しているのが従来型銀行であり、利子は禁止されるから代わりに伝統的な契約形態を用いているのがイスラーム銀行である。イスラームとして唯一の公式な見解を定める制度を欠いていることが、この背景となっている。

　その結果、どちらの銀行もそれぞれ利子をめぐるイスラーム法学者たちの見解に立脚していることになる。イスラーム金融機関の経営者や利用者からみれば、「イスラームでは利子が禁止されているからイスラーム金融が生まれた」と主張する。しかし利子の一部ないしは全部を肯定する立場からみれば、従来型銀行の利用者や従業員がイスラーム違反者や不信仰者というわけではない。

　シャリーアの見解の相違は、それぞれに基づいた事物や信仰のあり方を生む。銀行利子以外にも、女性のファッションやハラール食品、さらには礼拝方法などをめぐり、解釈の対立や信者の行動様式の違いが存在している。

政治からみたイスラーム金融

　イスラーム金融は、多くの立場の人びとの関与によって成り立っている。このうち、イスラーム金融の誕生から発展にかけて尽力した人びとをイスラーム

金融推進者と呼び、どのような者がこれに該当するか検討してみたい。

19世紀に欧州からやってきた金融制度に対し、ウンマの発展に資するか否かイスラームの視点から議論したのは、20世紀初めのイスラーム法学者であった。それから1960年代までに、銀行利子を否定し代わりにムダーラバやムラーバハ（後述）といった伝統的な契約形態を採用することで独自のシステムを提案したイスラーム法学者たちは、間違いなくイスラーム金融推進者の代表格といえよう。

イスラーム金融の推進には、宗教界だけでなく経済的視点に基づいた検討・推進も行われた。マレーシアでは、ゼティ・アクタル・アジズ・マレーシア中央銀行元総裁の父でマラヤ大元学長のウンク・アブドゥル・アジズが、メッカ巡礼のための貯蓄機関を創設しイスラーム式で資金運用を行うよう経済の視点から政府に提言を行った。これが後のタブン・ハッジ（Tabung Hajji）となり、イスラーム金融の先駆けとなった。

イスラーム金融機関を営むためには、それに先立ってイスラーム金融機関に関する法律が存在していなければならない。法律は、国会議員によって構成される国会によって可決・成立される必要がある。したがって、政治家も法律成立に尽力する形でイスラーム金融の推進に貢献している。マレーシアでは、国民戦線（Barisan Nasional）のマハティール政権がこれに該当しよう。

そして、この法律に則って実際にイスラーム金融機関を創業する銀行経営者や、監督官庁である中央銀行バンク・ヌガラ・マレーシア（Bank Negara Malaysia）や証券委員会も、イスラーム金融の発展に貢献している。先述のゼティ前総裁は、父親とともにマレーシアにおけるイスラーム金融推進の立役者である。

イスラーム諸国がイスラーム金融を導入するのは、経済的にはムスリムの資金需要・供給を活性化させることが主な目的といえる。また同時に、ムスリムによる日常でのイスラーム実践の支援という宗教的側面や、イスラーム化政策の導入でムスリムからの支持を得たい政治家の戦略的意味合いが含まれる場合もある。

イスラーム金融導入に戦略的意味合いが濃い事例が、パキスタンとイランである。パキスタンでは、陸軍参謀長のムハンマド・ジア＝ウル＝ハクが1977年にクーデターで政権を掌握、大統領に就任すると、ブット前政権が進めた社会主義的政策に代わり、イスラーム化政策を実施した。シャリーア法廷の設置

やハッド刑の導入とともに、1979 年にイスラーム金融を導入した。

　イランでも、ソ連との対立関係から親米政策を導入していたパーレビ王朝に対し、シーア派イスラーム法学者のルーホッラー・ホメイニーを中心とするイラン・イスラーム革命が 1979 年に発生、イスラーム共和国が発足した。ムスリム女性のチャドル（ヴェール）の着用の義務化などイスラーム化政策を施行、金融では同年に銀行を国有化して利子のないイスラーム式の金融制度を導入した。

　両国の事例で共通しているのは、西側か東側に近い旧政権を打倒して誕生した新政権が、代わりにイスラーム化政策を掲げ、その一環としてイスラーム金融を導入した点である。イスラームの実践のうち、1 日 5 回の礼拝や断食の実施などはプライベートの側面が強く他人には目に付きにくい。他方、女性の服装や銀行は社会的に容易に可視化されるため、これらが義務化・増加すれば「この国はイスラーム化した」と目に見えてわかる。イスラーム金融は、1970 年代よりイスラーム化の象徴としての役割を担うよう為政者から期待されている存在であるといえる。

イスラーム金融への批判

　これまで論じてきたように、イスラーム金融はイスラームの思想に基づいて生まれたため、その宗教的存在意義自体について、ムスリムから強く批判される場面は比較的少ない。代わりに、経済的な役割に関する点や、政治的文脈の中で批判が向けられることがある。

　イスラーム金融に対する批判の例の一つとして、1990 年代のパキスタンの裁判のケースを指摘できる。これは、後述するムラーバハのような利幅（マークアップ）を上乗せして再販売する方式を「イスラームに基づく」と称してイスラーム銀行が融資を行っていたことに対し、シャリーア裁判所最高裁判所が、イスラーム法に反するとして差し止める判決を下した、という事例である。この裁判は 10 年近くの歳月が費やされるとともに、結審後は同国のイスラーム金融制度の大幅な変更をもたらした。

　これとは別に、パキスタン財務省は 2020 年、財政不足の対策としてイスラーム式の債券であるスクークの起債を検討してきた。中央銀行やイスラーム金融の専門家らを交えての調査と会議を重ねた結果、9,300 億パキスタン・ルピー（約 6,000 億円）のスクーク・イジャーラを発案した。

スクーク・イジャーラとは後述するように、資金需要者がスクーク発行体に資産を売却するとともにリース料を支払うことで資産を継続的に使用する一方、このリース料をスクーク購入者への配当にする仕組みである。ポイントとなるのは、売却される資産がスクークの発行額に見合うかであるが、財務省の調査の結果、適切な国有資産としてイスラマバードのファーティマ・ジンナー公園、通称F-9パークに白羽の矢を立てた。

　同公園はパキスタン建国の父、ムハンマド・アリ・ジンナーの妹の名にちなんだ国立公園で、建国記念日などでは大規模なイベントが開催されるなど、国民に広く親しまれている公園である。これまでにも、カラチのジンナー国際空港や各地の高速道路などをスクーク・イジャーラの担保に設定した実績があり、首都開発局から「問題なし」とのお墨付きを事前に得ていた。

　こうした経緯をへて財務省は2021年1月、内閣に対して同スクークの発行許可を求めた。ところが本件がメディアで報じられると、「国の象徴であるF-9パークが売却される」「外国企業に購入されたら商業利用されるに違いない」など、国民からの強い反発が巻き起こった。そのため翌日にイムラン・カーン首相が会見を開き、国民に悪い印象を与えたとしてF-9パークを担保とすることを認めず、代わりに政府所有の高級スポーツクラブ、イスラマバード・クラブを担保とするよう指示した。内閣の決定について、財務省関係者は「マスコミの報じ方が悪い」「9か月間の議論が無駄になった」などと不満を露わにしたものの、世論の動向には抗えなかったようだ。

　他方マレーシアでは、イスラーム金融は当時の政府与党の強い意向で導入された。そのためイスラーム金融への批判には、政府与党への批判の意図が含まれていることがある。マレーシアにあって親イスラームの立場をとり、なおかつ反政府与党の立場をとる政党として知られるのは全マレーシア・イスラーム党（Parti Islam Se-Malaysia: PAS）である。同党は、1978年に与党連合の国民戦線から離脱して以降、統一マレー国民組織（United Malays National Organization: UMNO）への反発が強まる一方で、党是としてマレーシアのイスラーム化を掲げていた。

　そこでPASは、イスラーム金融導入に対し、マハティール首相とマレーシア・イスラーム青年運動（Angkatan Belia Islam Malaysia: ABIM）からUMNOへ転じたアンワル副首相府相への反発として、批判的な立場をとった。しかし1983年に同制度が導入され、多くのムスリムが利用して個々人の生活の向上

やマレーシア経済の発展に資することが明らかになると、批判の声は小さくなった。時折聞こえる声も「障害や貧困に苦しむムスリムへの融資を積極的に行え」「好調な利益は社会に還元せよ」といった経営のあり方やムスリム社会に関係するものに関心が絞られてきている。

非ムスリムによるイスラーム金融の利用

　イスラーム金融は、イスラームの外で生まれた従来型の金融を、イスラーム法に合うように改良したものといえる。イスラーム金融が存在することで、ムスリムによる経済・金融活動がイスラーム法に違反することがなくなるとともに、ウンマの発展に貢献できる存在として認識されている。

　マレーシアのような多民族国家では、華人やインド人など非ムスリムがイスラーム金融機関の周辺に存在している。そのため、非ムスリムによる利用を認めるべきか否か議論の対象となっている。結論からいえば、イスラーム金融機関は非ムスリムの利用者をムスリムと同じく受け入れている。厳密には、利用者が信仰している宗教が何かよりも、融資を受けた資金が何に使用されているか、イスラームに反するビジネスに用いられていないかという点が重要で、同じく預金者についても、民族や信仰対象が問われることはない。正確な調査データはないものの、マレーシアの各イスラーム銀行の預金者の半数は華人とされている。思想面はともかく、金銭的にはイスラーム金融の少なからぬ部分が非ムスリムによって支えられているとみなせる。

2　イスラームに準拠する金融

イスラーム金融とは？

　イスラーム金融は、一般的には「イスラームに基づく商品・サービスの開発・提供、資金運用、企業運営等がなされている金融」と定義できよう。この定義には注目すべき点が三つある。すなわち、「イスラームに基づく」「商品・サービスの開発・提供、資金運用、企業運営」「金融」である。

　まず「イスラームに基づく」とは、従来型金融からイスラームに反しているとみなされる要因を見つけ出してこれを排除し、代わりによりイスラーム的であるとみなされる手法・考え方を組み込むことを指す。

　このことは、2点目の「商品・サービスの開発・提供、資金運用、企業運

営」と密接に関連する。金融機関にとってイスラームが適用されうる範囲とは、金融機関が提供する金融商品・サービスのみならず、銀行であれば融資先企業の利用目的、スクークならば調達した資金の使用目的、タカフル保険会社の保険商品、また債券や株式、金融商品といった資産運用の対象、フィンテックの仕組み、さらにはイスラーム金融機関の広告内容や従業員の服装に至るまで、いずれもイスラームの観点から適切であり、イスラームに反する要素を排除することが求められている。

　そして3点目の「金融」は、歴史的経緯からみれば、イスラーム金融は銀行業、すなわちイスラーム銀行の創設から始まったのであるが、イスラーム銀行で用いられている考え方・仕組みが、その後他の金融業にも応用されるようになり、イスラームに基づく保険業（タカフル保険）、債券業（スクーク）、証券業（投資信託など）、フィンテック、質業（アル＝ラフヌ）などが誕生した。今日においては、イスラーム不動産投資信託やイスラーム式のクレジットカード、フィンテックといった商品・サービスも登場し、多様なイスラーム金融商品・サービスによって市場は活況を呈している。以上の要点をふまえたものがイスラーム金融である、といえよう。

イスラーム金融のイスラーム的要素

　イスラーム金融は、基本的には従来型金融のフレームワークに準拠している。しかしながら、従来型金融の仕組みのうちいくつかの点は、一部のイスラーム法学者から「イスラームに反している」とみなされており、これらの代わりに「よりイスラーム的である」とされる考え方・手法を導入することによって、イスラーム金融独自の仕組みを構築している。

　イスラーム金融のイスラーム的要素として、以下の点を指摘できる。すなわち、①リバーの排除、②ハラールであるものを対象とした取引の実施、③ガラル（→56頁）の排除、④投機性の禁止、⑤イスラーム銀行やタカフル保険会社といった企業としてのイスラーム金融機関によるザカートの負担、⑥シャリーア委員会の設置、および⑦実体経済から乖離した取引の禁止、の七つの要素を指摘できる。

　上記の特徴から明らかになるように、イスラーム銀行は自身の経営形態から提供する金融商品・サービスに至るまで、いずれもシャリーアに基づいていなければならない。こうしたシャリーアへの準拠は、シャリーア・コンプライア

ンスと呼ばれている。すなわち、シャリーアというイスラームのルールを遵守することが、イスラーム金融の要諦といえよう。もちろん、マレーシアのイスラーム金融機関は会社形態をとっているため、会社法やイスラーム金融サービス法といった連邦議会で可決・成立した法律を遵守しなければならないが、同時にイスラームに基づくビジネスを行う経済主体として、シャリーアへの遵守もまた、必須となっている。

①リバーの排除
　クルアーンの第2章275節には、次のような記述がある。
　「リバーを食う人びとは、悪魔にとりつかれて打ち倒された者のような起き上がり方しかできない。というのは、彼らが『商売も、リバーを取るのと同じではないか』などと言うからである。神は商売を許し、リバーを取るのを禁じたもうた。」
　先にも述べた通り、リバーは「成長」「増加」といった意味の単語だが、具体的に何を指すかはクルアーンには明記されていない。そのため、リバーが意味するところをめぐり、後世のイスラーム法学者のあいだに議論が巻き起こった。20世紀に入ると、西洋発祥の金融システムの利子が禁じられたリバーに該当するのではないか、という論争に発展した。
　この論争において代表的な意見は、次の通りである。①どのような形態であれ利子を認める（全肯定派）。②高利は認めないが、低利は認める。③複利は認めないが、単利は認める。④実質金利（名目利子率からインフレ率を引いたもの）が0%以下ならば認める。⑤個人に対する消費目的の融資での利子は認めないが、企業に対する生産目的の融資での利子は認める（以上、②～⑤はいずれも一部否定派）。⑥すべての利子を認めない（全否定派）。
　イスラーム金融は、⑥の「どのようなものであれ、すべての利子は禁じられたリバーに該当する」という全否定派の立場に立つ。言い方を変えれば、すべての利子を禁じるという立場の人たちが構築したものが、現在のイスラーム金融である。他方、①から⑤のいずれかの見解を採用すれば、利子はすべて、あるいはそれぞれの条件の範囲内ならば容認される。したがって、利子のある従来型金融システムも許容されることになる。
　クルアーンの解釈の違いが利子の扱いの違いとなって表れるため、「イスラームでは利子が禁止されている」という表現は必ずしも適切ではない。正しく

は、「イスラーム金融（推進論者）は『利子は禁じられる』という立場を採用している」とすべきであろう。

②ハラールであるものを対象とした取引の実施

　イスラーム金融では、提供する金融商品・サービスからイスラームに反する要素を排除しているが、同時に、融資先や投資先についても、シャリーアに照らし合わせて選別を行っている。この点が特に重視されるのが、イスラーム銀行の融資先とイスラーム投資信託の投資対象資産である。

　イスラーム銀行が融資を行わない例として、融資先がイスラームに反している場合や、融資された資金の利用目的がイスラームに反する物品の購入である場合を指摘できる。前者は、豚肉やアルコール等を製造・販売する企業や他宗教の団体への融資を指す。後者は、例えば小売業者の場合、小売業自体はイスラームに反してはいないものの、融資によって得た資金で豚肉やアルコールを仕入れる状況を指す。イスラーム銀行は、融資が誰によってどのように使われるのか、細心の注意を払っている。

　他方、イスラーム投資信託においては、イスラームには馴染まない企業の株式を投資対象としていない。マレーシアの場合、証券取引所であるブルサ・マレーシア（Bursa Malaysia）の監督官庁である証券委員会が、上場株式に対してイスラームの視点からの投資適格性の認定を行っている。認定基準は2点あり、一つは主要業務の適格性、もう一つは財務の適格性である。前者はその企業の本業がイスラームに適しているか否かを問うものであり、後者はイスラームに反する事柄から得られる収益の割合の多寡で判断される。例えば、有利子銀行への定期預金から得られた受取利息は、本業の売上高や税引き前利益の5%を超えるとイスラーム投資適格の認定が得られない。

③ガラルの排除

　ガラル（gharar）とは、アラビア語で「不確実性」を意味し、ハディースにガラルを禁止する旨が記されている。

　ハディースによると、不確実性が含まれるものとして、「熟していない果物の売買」「生まれていないラクダの胎児の売買」「他の契約の履行を前提とする契約の締結」などが挙げられている。ポイントを整理すると、まず果実やラクダは、本来は成熟したり出産したりした後に売買されるべきものである。その

ため、成熟や出産を見越してそれらを売買するのは、不適切な行為とみなされる。同様に、将来において契約が履行されるのを見越して、そのことを別の契約に含めることも、不適切だとされている。果実の成熟、ラクダの出産、別の契約の履行に共通するのは、将来において起きることを現時点で予想したうえで契約を結んでいる、という点である。

　イスラームでは、将来何が起きるかはアッラーのみぞ知るところであり、人間（ムスリム）が勝手に想定したり、ましてやそれらを見越して契約を結んだりするのは、アッラーに対する越権行為だと考えられている。それゆえ、将来の出来事を含める契約は、不確実性が含まれるとして禁止されている。

　このことを現代金融に当てはめると、将来売買できる権利を現時点で取引する金融先物取引や商品先物取引には、ガラルが含まれているとみなされる。そのため、これら金融商品はイスラーム金融では認められない。

　また、将来死亡するか怪我をした場合にお金を得られる権利である従来型の生命保険や損害保険も、同じくガラルが含まれているとみなされている。そこでイスラーム金融では、不確実性を含まないタカフル保険が開発されている。

④マイスィル（投機性）の禁止

　シャリーアでは賭け事、すなわちギャンブルが禁じられている。この点は、クルアーンの第5章90節で次のように明記されている。

　「なんじら信仰する者よ、まことに酒と賭け事、偶像と賭け矢は、忌み嫌うべき悪魔の業である。これを避けよ。おそらくなんじらは成功するであろう。」

　続く91節では、賭け事を禁止する理由を「なんじらの間に、敵意と憎悪を起こさせ、なんじらがアッラーを念じ礼拝を捧げることを妨げようとする」と説明している。

　クルアーンに出てくる賭け事とは、アラビア語ではマイスィル（maisir）という。上記のようにマイスィルはクルアーンで禁じられているが、問題は、現代においてはどのような行為がマイスィルに該当するか、という点である。競馬や賭け麻雀、宝くじが賭け事に該当するのは明らかであるが、イスラーム金融の場合には、投機性の高い金融商品もマイスィルに該当するとみなされている。

　投機性のある金融商品としてイスラーム法学者から槍玉に挙げられているのが、レバレッジ効果（少額の元本で高額の取引が行えること）の高い金融商品、

とりわけ FX 取引（外国為替証拠金取引）である。実際マレーシアでは、2012年2月の全国ファトワー評議会において、金融機関で売買される、個人によるFX 取引がイスラームに反するとのファトワーが示された。ファトワーには法的拘束力はないものの、ムスリムにとっては一定の影響力があるため、このファトワーには注目が集まった。

　イスラーム法学者は、FX 取引はお金がお金を呼ぶハイリスク・ハイリターンなマネーゲームであるとして、クルアーンで禁じられたマイスィルとみなしている。そのため、イスラーム金融においては、こうした投機性の高い金融商品の提供を行わない。

⑤ザカートの負担

　ムスリムには、五つの義務（五行）が課されている。すなわち信仰告白、礼拝、断食、制度的喜捨、メッカ巡礼の五つを指すのだが、このうち4番目の制度的喜捨がザカート（zakat）である。シャリーアによれば、この世の万物はすべてアッラーに最終的な所有権があり、ムスリムが所有しているものや稼ぎ出したものも、その一部を差し出すことによって、イスラーム社会の発展に貢献しなければならない。

　所有するもののうちどの程度を拠出すべきかは、所有している物品ごとに細かく規定されている。例えば、農作物は収穫量の10%、牛は30頭につき1頭、羊は40頭につき1頭、金銀・商品ならば2.5%、といった具合である。ただし、ザカートの拠出の対象となるのは、1年以上にわたって一定水準以上を所有した者のみであり、生活に困窮している者はザカートの支払い義務が免除される。

　拠出された金品は、その使用目的がクルアーンの第9章60節に定められている。それによると、貧者・困窮者、ザカートの管理者、イスラームへの改宗者、奴隷解放、負債者、イスラームの道のために努力する者（兵士・軍人、イスラーム法を学ぶ学生など）、旅行者のためだけに、ザカートは用いられる。

　現代においては、イスラーム銀行をはじめイスラーム金融機関もザカートを拠出している。ザカートは、損益計算書に基づいて、各社のシャリーア委員会が算出する。ここで注目すべきは、ザカートを負担しているのはイスラーム金融機関自身であるという点である。すなわち、従業員や預金者、株主といった関係者を代表して拠出するのではなく、あくまでも法人としてのイスラーム金

融機関がザカートを負担しているのである。イスラーム金融機関は、イスラームに基づく経済主体であり、その売上に応じてイスラームに則した社会貢献を実施しているといえよう。

⑥シャリーア委員会の設置

　イスラーム金融機関は、適切なシャリーア・コンプライアンスを常に心掛けなければならない。そこで、この監督役を担っているのがシャリーア委員会である。イスラーム銀行によりシャリーア・コミッティ（Shariah Committee）、シャリーア・カウンシル（Shariah Council）、シャリーア・ボード（Shariah Board）など名称はまちまちであるが、その役割は同じである。

　イスラーム金融機関は、シャリーア委員会をそれぞれ独自に設けることが義務づけられている。イスラーム金融やイスラーム商法に詳しい社外の専門家数名によって構成されているため、イスラームの視点からの外部監査を実施する組織といえる。委員には、「利子はすべて禁じられるリバーに該当する」や「不確実性や投機性は排除すべきである」といったイスラーム金融の理念を理解している者のみが選ばれる。

　マレーシアの場合、同一企業グループ内での兼任（Ａイスラーム銀行の委員とＡタカフル保険会社の委員）は認められるものの、同業他社との兼任（Ａイスラーム銀行の委員とＢイスラーム銀行の委員）は認められない。これに対して多くの中東湾岸諸国では兼任を認めているため、一人で数十のイスラーム銀行の委員を務める「人気イスラーム法学者」なる人物もいる。

　ハラール・ビジネスを行う企業が、自らイスラームの専門家からなる委員会を組織して外部監査を行うシステムは、イスラーム金融産業独自のものである。これに対してハラール食品産業の場合、イスラームに基づくハラール認証基準は連邦政府によって定められてはいるものの、社内運用は正規雇用のムスリム従業員からなる内部監査チームが対応している。そのため、専門の高等教育を受けた者を監査人として外部から招聘する必要はない。イスラーム金融におけるシャリーア・コンプライアンスには、専門家による厳しいチェック機能が働いているのである。

⑦実体経済から乖離した取引の禁止

　ＦＸ取引など投機性の高い金融商品は、シャリーアで禁じられる賭け事に該

当するためイスラーム金融では認められないという点はすでに触れた。これに関連して、イスラーム金融では金融商品の裏付けとして実物資産を介在させる方法が一般的である。

　例えば、顧客が自動車を購入する場合、従来型銀行では自動車購入資金を顧客に融資する代わりに、貸付金利を受け取ってこれを銀行の利益とする。他方、イスラーム銀行では、顧客が希望している自動車をイスラーム銀行が購入、購入原価にマージンを上乗せして顧客に割賦販売を行う（ムラーバハ融資）。このマージンが、利子に代わるイスラーム銀行の儲けとなる。すなわち自動車の売買契約の形態をとることで、イスラーム銀行は利子を発生させずに利益を得ている。

　イスラーム金融が提供する金融商品・サービスの裏付けとして実物資産取引があるわけだが、この点こそイスラーム金融の「強さ」の理由だと指摘する実務家や政治家も多い。すなわち、投機性の高い金融商品を排除しつつ物品売買を介在させることにより、イスラーム金融市場はその国の実体経済に見合った市場規模を保つ。そのため、実体経済とは乖離した状況で発生する金融危機が起きにくいといえる。

　2007年にアメリカに端を発したサブプライム・ローン問題は、低所得者向けの住宅ローンを証券化した金融商品を各国の投機筋が活発に売買したため、影響が世界規模に拡大した。これに対してイスラーム金融では、ローンを証券化した金融商品は投機性が高く賭け事に該当するとして、その組成や売買が禁じられている。そのため、こうした金融商品に起因する金融危機は起きない。もっとも、実体経済そのものが悪化した場合にはイスラーム金融も影響を受けるため、イスラーム金融の行方は実体経済の動向次第ともいえよう。

イスラーム銀行業

　イスラーム金融のうち、マレーシアにおけるイスラーム銀行に関する法律上の定義は、2013年イスラーム金融サービス法で定められている。同法は、1983年イスラーム銀行法と1984年タカフル法の双方を廃止したうえで、2013年3月に施行された法律である。

　同法の第2条によると、同法の下でライセンスを取得したイスラーム銀行が行う固有の業務「イスラーム銀行ビジネス」として、以下の4点が挙げられている。すなわち、①イスラーム式の当座預金口座、通知預金口座、貯蓄預金口

座、あるいは類似する預金口座を受け入れることで、顧客による小切手の支払いや受け取り業務の有無は問わない、②投資口座に現金を受け入れること、③融資を実施すること、および④同法第3条に規定されているその他の業務、である。第3条が定めるその他の業務とは、国際イスラーム銀行ビジネス、イスラーム金融仲介活動、イスラーム・ファクタリング（債権買取）ビジネス、イスラーム・リース・ビジネス、およびイスラーム金融アドバイザリー・ビジネスである。

　この規定によれば、イスラーム銀行は預金の預け入れと融資の実施が主たる業務ということになる。この点を、従来型銀行と比較してみたい。1989年銀行および金融機関法等を廃止したうえで、上記のイスラーム金融サービス法と同時期に施行された2013年金融サービス法の第2条は、「銀行ビジネス」とは預金口座の受け入れ、小切手の支払いと受け入れ、融資の実施と規定している。

　両法を比較すると、小切手の扱いについて相違があるものの、預金と融資という点では共通している。他方、イスラーム銀行と従来型銀行の最大の違いは、イスラーム銀行においては、預金も融資もイスラームに基づいている、という点にある。

　イスラームに基づく融資の方法として、後述するムダーラバやムシャーラカといった損益共有型の融資方法（→ 64–65 頁）と、ムラーバハやイジャーラなどの商品介在型の融資方法（→ 66–67 頁）がある。これらは、従来型銀行における利子の発生を回避するために開発された融資形態である。同じく預金金利も認められないため、イスラーム銀行による運用益の分配、あるいは預金に対するギフトという形で、利子に代わるものが預金者に提供されているのが現状である。ただしこれも、「預金に対して年何％のリターンを提供する」とイスラーム銀行が預金者に明示してしまうと、それは禁じられたリバーとなるため、注意が払われている。

　融資先についても、イスラーム銀行独自の規定が存在する。アルコール製造業者の工場建設やキリスト教の教会改築といった、イスラームには合致しない企業や団体に対しては、融資が行われない。ただし、融資先がブミプトラ企業やムスリム個人に限定されるのではなく、非ムスリムや日系企業でも、使用目的がイスラームに反していない限り、融資を受けることは可能である。預金も同様で、非ムスリムによる預金口座を開設することは可能である。

金融商品・サービス以外の面でも、イスラームに基づいた特徴的な点が存在する。例えば、女性行員のトゥドゥン着用などの服飾規定を設けているイスラーム金融機関もある。また、ハリラヤの際ムスリムの子供たちに対してお小遣いを配るため、イスラーム銀行がポチ袋（sampul duit raya）を用意している。華人が春節に使う紅包（ang pow）に似ている

ラマダーン月に大人が子供にお小遣いを渡すためのポチ袋（撮影：筆者）

が、紅包が真っ赤であるのに対し、イスラーム金融機関のものは緑色を基調としてアラビア語をあしらったものが多く、この点もイスラームのイメージに沿ったものとなっている。

タカフル保険業

　イスラームに準拠した保険は、タカフル保険、あるいは単にタカフル（takaful）と呼ばれる。タカフルとは、アラビア語で「相互扶助」の意味である。従来型保険とタカフル保険の違いであるが、従来型保険は基本的に「怪我や不幸があったらいくらもらえる」という発想に基づいている。これは、「将来において起きるかもしれないこと」を契約の内容に含めるものであり、イスラーム法学者はガラルに該当するとみなしている。

　そこでタカフル保険は、保険加入者で一つのコミュニティを形成しているとみなし、コミュニティ内に困ったこと（病気・ケガ、死亡）に直面している者がいるならば、コミュニティ全体で支えるという発想で、掛け金に応じて便益が受けられる仕組みになっている。この場合、土台となる契約形態は、主にムダーラバ契約が用いられる。

　なおタカフル保険も従来型保険と同様の区分がなされており、生命保険はファミリー・タカフル、損害保険はゼネラル・タカフルと呼ばれている。

債券業と証券業

　証券会社や投資銀行が取り扱う業務である債券業や証券業においても、イスラーム式の金融商品・サービスが存在する。ここでは、イスラーム式の証券で

あるスクーク、イスラーム式の投資信託であるイスラーム投資信託（Islamic Unit Trust）をみていく。

　国債や地方債、社債、私募債などの債券は、イスラーム金融ではスクークと呼ばれる。スクークはアラビア語で「契約証書、小切手」といった意味だが、単数形であるサック（sakk）は、同じく「小切手」を意味する英語の check、フランス語の cheque の語源になったともいわれている。

　従来型債券のうち利付債には利札（クーポン）が付いており、これが実質的に利子として機能していることから、イスラーム法学者たちから、禁じられたリバーに該当すると指摘されている。現代はペーパーレス化が進んでおり、実際に券面で印刷される機会は大幅に減少しているものの、基本的な仕組みは変わっていないとみなされている。

　そこでイスラーム式債券であるスクークは、銀行の預金や融資などと同様リバーが発生しない仕組みを構築している。いくつかの形式が知られているが、資金需要者と発行主体を分け、土地のリース契約等を介在させることで従来型債券と同様の機能を果たすスクーク・イジャーラ（→ 67 頁）が人気である。

　他方、イスラーム式の証券業として、イスラーム投資信託が存在する。詳細は第 4 節で検討するが、概略としては証券会社、取引所などのシャリーア委員会が、投資先をイスラームの観点から投資対象を吟味したうえで選定する投資信託のことである。また投資対象は株式だけではなく、イスラーム不動産投資信託やイスラーム船舶投資信託も存在する。

3　イスラーム銀行の預金と融資

利子のない融資と預金のための独自の契約形態

　銀行にとって本来の業務は、預金業務と貸付業務である。従来型銀行は、資金余剰者から預金金利を対価として現金を調達し、それを原資として融資を行う。その際、融資の額や期間に応じて貸付金利を借り手に課すが、これが銀行にとっての売上であり、預金金利との差額が銀行の利益となる。銀行のこのようなビジネス・モデルは、「魚屋が 100 円で魚を仕入れて 300 円で販売することで、差し引き 200 円が利益となる」という仕組みと基本的には同じである。

　このビジネス・モデルをイスラームの視点からみると、金銭を預かったり貸したりすること自体はシャリーアには抵触しない。従来型銀行の仕組みのうち

問題視されるのは、禁じられた利子が伴う点である。従来型銀行では、預金や融資に利子を課すことでビジネス・モデルが成立している。そのためイスラーム銀行では、利子を排除しつつ顧客に従来型銀行と同等の金融商品を提供し、イスラーム銀行自身も利益を得なければならない。

そこでイスラーム銀行が着目したのが、伝統的に使用されてきた契約形態である。預言者ムハンマドは、もともとは商人の家系に生まれた人物で、アッラーの啓示を受けて布教活動を始める以前は、隊商（キャラバン）に参加して交易を行っていた。当時は、隊商に対してスポンサーが資金を提供し、それを元手に商品を購入、ラクダに載せて砂漠を旅して各地で販売し、そこで得た利益を隊商とスポンサーとで折半するのが一般的であった。この際に隊商とスポンサーとの間で交わされた契約が、現代のイスラーム金融に援用されている。

イスラーム銀行が使用する主な契約は、①損益共有型契約、②物品介在型契約、③役務に対価を支払う契約の三つに分類できる。このような各種の契約形態は、利子に代わって金融商品を形成する契約方法としてイスラーム銀行に採用されており、その名称がそのまま金融商品に名付けられている。例えば、ムダーラバ融資やムダーラバ預金といった具合である。そのため、イスラーム金融商品を理解するには、その背景にある契約形態の仕組みを理解する必要がある。

ムダーラバ契約

イスラーム金融商品の土台となる契約形態は、主に損益共有型契約と物品介在型契約とに大別されるが、ムダーラバ（mudharabah あるいは mudarabah）契約は前者の典型例である。

ムダーラバ契約とは、ある事業を対象として二者間で結ばれる契約で、一方は資金を提供し、他方は労働力や生産手段を提供する。資金提供者と労働力提供者による共同事業という形をとるわけだが、利益が発生した場合は、まず資金提供者が提供した資金を差し引き、残額を事前に定めておいた分配率に基づいて両者間で分配する。損失が出た場合には、その分を提供された資金で補填する。

ムダーラバ契約のポイントは、利益が発生した場合の分配率を事前に定めておくところにある。資金提供者が得られる利益は、提供した資金の額や期間ではなく共同事業の成果に左右される。もちろん、労働力提供者側の利益も同様

である。これに対して損失が生じた場合は、労働力提供者ではなく資金提供者が全額を負担するリスクを負う。

ムダーラバ契約に基づいたイスラーム金融商品の代表例が、ムダーラバ融資である。これは、借り手企業のビジネスを対象として、イスラーム銀行が資金提供者、借り手企業が労働力提供者となる。そして、借り手企業のビジネスの利益に応じて、事前に定められた分配率に基づき、利益を折半する。従来型銀行の融資では、借り手企業のビジネスの成功如何にかかわらず、銀行は元本と利子を受け取ることができるが、ムダーラバ融資では、イスラーム銀行もビジネス失敗のリスクを負いつつ、固定金利ではなく事業の成功に応じて利益が分配される。

同様に、ムダーラバ預金もムダーラバ契約に基づいている。こちらは、預金者を資金提供者として、イスラーム銀行が労働力提供者となりイスラーム銀行のビジネスを契約対象とする。これにより、イスラーム銀行のビジネスの成功に応じて、預金者は分配金を受け取る。

ムシャーラカ契約

ムシャーラカ（musharakah）契約は、イスラーム金融商品を構成する各種の契約のうち、ムダーラバ契約と同様、損益共有型に分類される契約形態である。なお、ムシャーラカはアラビア語で「協働」の意味であるが、同じ語源をもつ派生形の単語シャリーカには、「会社」という意味がある。

基本的には、ムダーラバ契約と同じく資金提供者と労働力提供者とが共同事業の形をとり、得られた利益を事前に定めた分配率に応じて折半する仕組みを用いている。ただし、ムシャーラカ契約がムダーラバ契約と大きく異なるのは、当該事業に対する資金を資金提供者（イスラーム銀行）だけでなく労働力提供者（借り手企業）も拠出するという点である。

借り手企業が新規事業を計画、必要な資金の総額を算出したうえで、イスラーム銀行から融資を受けるとする。ムダーラバ融資では全額をイスラーム銀行からの融資で充当するのに対し、ムシャーラカ融資では、資金の一部を借り手企業が内部留保等で賄い、不足分をムシャーラカ融資で補う。これにより、当該事業は、借り手企業とイスラーム銀行それぞれが出資している格好になる。この事業から発生する損益であるが、ムダーラバ融資の場合は利益ならば事前に定めた分配比率に基づき両者で分配、損失はイスラーム銀行が負担する。こ

れに対してムシャーラカ融資では、損益ともその時の資金の出資比率に応じて分配される。

　融資期間が複数年にわたる場合、借り手企業が融資元本を定期的に分割返済することもできる。この場合、事業総額に対する両者間の出資比率が返済ごとに変化したとみなし、その割合に応じて両者の損益分配比率も変化する。こうした方式は、ムシャーラカ・ムタナキサ（musharakah mutanaqisah）と呼ばれており、ムシャーラカ契約の派生形といえる。

　損益共有型のムダーラバ融資とムシャーラカ融資は、借り手だけでなくイスラーム銀行側も対象事業の失敗によって生じるリスクを負う形式であるため、従来型銀行の融資とは大きく異なる。ただ、借り手企業とイスラーム銀行との共同ビジネスという形態をとるため、物品購入のための自動車ローンや家計・個人部門向けの教育ローンなどには向かない。こうした目的の融資については、物品介在型の契約形態に基づいた融資が行われている。

ムラーバハ契約

　イスラーム金融商品で用いられている契約形態には、ムダーラバ契約やムシャーラカ契約といった損益共有型の契約とともに、物品介在型の契約が存在する。その典型例が、ムラーバハ（muarabahah）契約である。

　例えば、自動車をローンで購入するとしよう。従来型銀行では、顧客は銀行から融資を受けて自動車を購入し、借りた額に利子を上乗せして銀行に返済する。ここでは、顧客と自動車販売会社間の売買契約、および顧客と銀行間の融資契約がそれぞれ成立している。これに対してムラーバハ融資は、イスラーム銀行が顧客の希望する自動車を購入し、その自動車を顧客に再販売する。その際イスラーム銀行は、自動車の購入原価にイスラーム銀行自身の儲けを上乗せした価格で顧客に割賦販売を行う。顧客は、イスラーム銀行に購入代金を毎月支払うことになる。

　ムラーバハ融資では、自動車販売会社とイスラーム銀行間、およびイスラーム銀行と顧客間という二つの売買契約が結ばれることになる。そのため、イスラーム銀行の資金が直接顧客にわたらないにもかかわらず融資という名称が用いられていることに対して、違和感がないわけではない。しかし、即金で自動車を購入できない顧客にとっては、月々の支払いで自動車を入手できるという点で、従来型銀行もイスラーム銀行も同様である。イスラーム銀行にとって

も、物品の仕入れ値に利益を上乗せして再販売するため、利子がなくとも利益を得られる。もちろん、自動車販売会社からみれば、顧客がどのような融資を受けていようとも、売上額は同じである。

タワッルク契約

ムラーバハ融資のような物品介在型の融資では、借り手が真に必要なのは契約の対象となっている物品であり、現金そのものではない。しかしながら現実には、借り手が現金そのものを必要とする場合もある。教育ローンや医療費が典型例であろう。

このような顧客ニーズに応えるのがタワッルク（tawarruq）融資である。仕組みであるが、まずイスラーム銀行が、価値が安定していて換金性の高い物品を例えば1万リンギで購入、イスラーム銀行の利益2,000リンギを上乗せして、借り手に総額1万2,000リンギで割賦販売を行う。物品を入手した借り手は、すぐさま当該物品を第三者に1万リンギの価格にて即金で売却する。これにより、借り手には1万リンギの現金が入る半面、イスラーム銀行に対する当初の購入代金1万2,000リンギの支払い義務が生じる。もちろん、商品は手元には残らない。この後借り手は、イスラーム銀行に購入代金1万2,000リンギを分割払いで行う。

タワッルク融資はムラーバハ契約を応用したもので、借り手に担保となりうる実物資産がなくても資金を調達できるメリットがある。しかし、本来必要ない物品の売買を繰り返すことによって、シャリーア違反を回避しようとするこの手法に対しては、一部のイスラーム法学者から批判の声が上がっている。ただ、経済的な需要を満たす側面もあるため、マレーシアでは中央銀行から正式に認められた融資形態とされている。

イジャーラ契約

イジャーラ（ijarah）契約は、イスラーム金融商品を形成する契約形態のうち、物品介在型に分類されるものの一つであり、リースに近い形態をとる。また、スクークで好んで用いられる傾向にある。

資金が必要なA社がスクーク・イジャーラを発行する例を考えてみよう。A社は、B社という特別目的事業体（special purpose vehicle）を設立、保有する土地をB社に売却する。その際B社は、スクーク・イジャーラを発行して投

資家に販売し、調達した資金を土地購入資金に充てる。これにより、A社は土地を手放す代わりに資金を調達できる。ただし、A社にとって土地は商売に必要であるため、B社との間でイジャーラ契約を結ぶ。これは、A社がB社の土地を借りる契約で、対価としてA社は土地のリース料を支払う。このリース料は、B社のスクーク・イジャーラを購入した投資家に対する配当として用いられる。B社がスクーク・イジャーラを償還する際は、A社が土地を買い戻すためにB社へ支払った代金を投資家に払い戻す。

スクーク・イジャーラでは、A社は実質的には土地を担保に債券を発行して資金を調達したことになる。投資家に対する配当は、債券に付随する利子ではなく、特別目的会社B社へのリース料が原資である。このように、リース契約と売買規約を組み合わせることにより、利子の発生を巧妙に避けている。

イスラーム銀行では、イジャーラ契約に基づいたイジャーラ融資が存在する。これは、コピー機や自動車などを必要とする顧客に対し、イスラーム銀行が当該機器を購入して貸し出し、リース料を徴収する手法である。契約終了後は、当該機器はイスラーム銀行が引き上げた後に中古市場に売却することで、コストの一部を回収する。なお、顧客が買い取ってもよく、その場合買い取りまで含めた契約はアイタブ（AITAB）融資と呼ばれている。アイタブは、「リース後の買取」を意味するアラビア語の「Al-Ijarah Thumma Al-Bai'」の頭文字に由来する。

イスティスナー契約

これまで物品介在型の契約形態を紹介してきた。イスティスナー（istisna'）契約もこの一種として分類されるが、最大の違いは契約を結ぶ時点では対象物品が存在していない、という点にある。

シャリーアでは、存在しない物品の売買契約はガラルであるとして、原則として認められない。しかしながら、イスラーム銀行からの融資が必要な状況においては、存在しない物品の売買が行われることがありうる。例えば、航空機や医療機器、船舶などは、単価が高いため受注生産方式を採用せざるをえず、メーカー側にとって「作り置き」は過剰在庫となり大きな負担となる。自動車やコピー機などよりもはるかに高額な物品の購入に際し、「対象物品が現存しないから」という理由でイスラーム銀行から融資を断られると、借り手側にとっては、イスラーム銀行は利便性の低い資金調達手段だと判断せざるをえない

だろう。そこでイスラーム銀行は、存在していない物品に関する詳細な資料や製造計画などの提出を求め、資金提供によって物品化が可能と判断した場合には、現存する物品と同等とみなしてイスティスナー融資を行う。

　具体的なプロセスとしては、まず、対象物品の購入契約をイスラーム銀行がメーカーと結ぶ。メーカー側は受け取った代金で当該物品を製造し、完成後にイスラーム銀行に納品する。イスラーム銀行は、納品された物品の代金にイスラーム銀行自身の利益を上乗せした価格で、借り手に割賦販売を行う。

　イスティスナー融資は、メーカーからの物品購入と借り手への割賦販売の差額によってイスラーム銀行が利益を得るという点で、ムラーバハ融資に類似している。両融資の違いは、イスティスナー融資の場合は存在しない物品が対象であること、受注生産される物品であること、および融資期間が長期間に及ぶこと、といった点にある。

ワディーア契約

　イスラーム銀行においては、損益共有型契約に基づく金融商品や物品介在型契約に基づく金融商品のほかにも、特定の役務に対する対価が伴う契約から成り立つ金融商品・サービスも存在する。ワディーア（wadia）契約はその一種である。

　ワディーアとは、アラビア語で「保管、管理」といった意味である。ワディーア契約は、Aが所有する物品をBに預けることが基本形となっているが、いくつかバリエーションがある。一つは、BはAから預かった物品に手を付けてはならず、預かったままの状態を維持する義務を負う契約である。この場合、Bは保管のための費用をAに請求できる。もう一つは、BはAから物品を預かるが、預かったものを使用する権利、すなわち用益権が得られる契約である。換言すれば、物品の所有権はAが保持したまま、現物と用益権が一定期間Bに移転する契約といえよう。

　これらのワディーア契約は、イスラーム銀行の各種業務を支えている。前者の契約は、貸金庫業務にて用いられている。イスラーム銀行は、顧客から宝石や金品を有料で預かるが、当該金品を勝手に使用・処分することはできない。現状のまま保管することがイスラーム銀行の業務である。

　これに対して、後者の用益権が認められる契約に基づいているのが、ワディーア預金である。イスラーム銀行は顧客から預金を託されるが、預かった現金

への用益権が認められるため、融資や投資に使用して利益を上げることが認められる。ただし預かった現金は、その全額が保証されなければならない。すなわちワディーア預金は、ムダーラバ預金とは異なり、元本保証がなされる。

ワディーア預金は、従来型銀行の預金に類似しているが、イスラーム銀行は預金金利を支払うことはできない。ただし、現金と用益権を提供してくれたことに対するお礼ヒバー（hibah）を、預金者に支払うことは認められる。これが、実質的には預金金利と同様の機能を果たしている。

ウジュル契約

ウジュル（ujr）契約は、提供される労働・サービスに対してそれに見合った対価を支払う契約のことである。ウジュルとは、アラビア語で「料金」を意味し、イスラーム金融に限らず各種サービス業において使用される一般的な契約である。

イスラーム銀行は、融資や預金だけではなくさまざまな金融商品・サービスを提供している。イスラーム銀行であれば、公共料金の自動引き落としや口座振替、小切手や手形、トラベラーズ・チェック、外国為替、貿易金融といった金融商品・サービスが存在し、それらは支店のほかにも ATM（現金自動預払機）や CD（現金自動支払機）、あるいはインターネット・バンキングを通じて提供されている。これら商品・サービスは、イスラーム金融機関のリソースをもって提供されるものであり、サービスの利用者に対し労働力の対価として料金・使用料を請求することができる。こうしたサービスの際に用いられるのが、ウジュル契約である。

契約形態と金融商品

イスラーム金融において提供される商品・サービスは、いずれも近代以前よりイスラーム世界において使用されてきた伝統的な契約形態が用いられている。これらを使用する理由は、イスラーム金融商品・サービスが、リバーやガラルといったシャリーア違反にあたらないようにするためである。すなわち、シャリーアに抵触しない合法な契約手法を組み合わせることによって、従来型の金融商品・サービスと同等のものを開発・提供している。

同等というのは、イスラーム金融の商品・サービスが従来型金融のものとあまりにもかけ離れた仕組みや利用方法・利用価値であるならば、消費者が混乱

したり比較検討が困難なものとなったりする。そのため、あえて「融資」や「預金」といった同じ名称を用いることで、消費者への負担を低減させているという側面がある、という意味である。

　他方、イスラーム銀行からみれば、利子が発生するか否かが重要であるため、①ムダーラバ契約やムシャーラカ契約という損益共有型の契約、②ムラーバハ契約やイジャーラ契約などの物品介在型の契約、および③ワディーア契約やウジュル契約といった提供された役務に対する対価を支払う契約、といった伝統的契約形態を用いて、イスラーム金融商品・サービスを構築している。

　こうした背景があるため、イスラーム金融商品・サービスを理解するためには、契約形態の理解が必要といえる。

4　シャリーア・コンプライアンス

　イスラーム金融では、シャリーア・コンプライアンスという表現がしばしば用いられる。これは法令遵守のコンプライアンスに、ムスリムにとって遵守すべき規範であるシャリーアを組み合わせた表現で、イスラーム法遵守といった意味である。ハラール産業はシャリーアに準拠した商品・サービスを提供するので、シャリーア・コンプライアンスはハラール産業全般に適用されるといえる。

　イスラーム金融におけるシャリーア・コンプライアンスとは、一つは預金・融資・保険・投資信託・公社債・質屋などシャリーアに準拠したイスラーム金融商品・サービスのあり方を指し、もう一つは投資や融資を行う際にその対象となる相手や利用目的がシャリーアに適っているか、という2点において適用される。

　ここでは、後者について、マレーシアの証券取引所ブルサ・マレーシアを監視する証券委員会が上場企業に対して、イスラーム投資信託の投資対象となりうる企業を選定するシャリーア適格基準を検討することで、シャリーア・コンプライアンスを検討していきたい。

シャリーア適格株式

　シャリーア適格株式（Shariah compliant securities）とは、証券委員会が組織するイスラーム法の専門家からなるシャリーア助言委員会（Shariah advisory council）が、ブルサ・マレーシアに上場している企業に対して行う適格認定である。上場企業が取り扱う商品やサービス、経営状態などについて、イスラームの視点から検討を行い、基準を満たしていればシャリーア適格株式とみなされる。

　企業のビジネスがイスラームに則っているか否かの判断基準と、それに基づく認定制度の実施は、さまざまな形で利用することが可能である。典型例が資産運用である。保険会社や年金基金、投資信託運用会社などいわゆる機関投資家が資産を運用する際、一定の条件を設けているものがある。例えば、エコファンドと呼ばれる投資信託では、環境に配慮したビジネスを行う企業や企業の社会的責任（Corporate Social Responsibility: CSR）活動の一環で環境保護活動を行う企業の株式をファンドに組み込んでいる。

　これと同じ発想で、イスラームに準拠しないビジネス・業務を行っていない企業に対して積極的に投資を行うのが、イスラーム投資信託である。その具体的な投資先の選定基準として、シャリーア適格株式が活用されている。また、こうした企業の株価の動向を指数化したイスラーム・インデックスもあり、個人投資家向けの情報として提供されている。

　各企業の株式が投資先として適格かを判断したり、またそのような判断基準を作成したりするのは、中東や欧米では投資顧問会社やコンサルティング会社の役割であるが、マレーシアでは証券委員会自身がその役割を果たし、また基準や対象企業等の情報公開をしている。こうした仕組みは、1995 年に初めて導入された。監督官庁自身によるシャリーア適格認定としては、世界に先んじた体制といえる。

株式に対するシャリーア適格基準

　証券委員会のシャリーア助言委員会は、ブルサ・マレーシアに上場している企業に対し、イスラームの視点からチェックを行い、一定の基準を満たしている場合は当該株式にシャリーア適格株式の認定を与えている。

　認定基準は、①特定ビジネスからの収益の割合、および②財務状態の二つによって構成されている。まず①であるが、イスラームの教義を遵守せずムスリムにとって不適切な商品・サービスから生じる収益と利益が、それぞれ総収益と税引き前利益に対し一定の比率を下回っていなければならない。

　具体的な比率は、ビジネス内容によって 5% 以下と 20% 以下とに分かれて

いる。5% 基準が適用されるのは、従来型銀行・保険業、ギャンブル、アルコール・豚肉・タバコおよびこれらに関連する業務、ノン・ハラールの飲食物、イスラームにはそぐわないエンターテインメント、従来型銀行の口座からの利子、などである。これに対して 20% 基準が用いられているのは、ホテル業とリゾート業、株式取引、株式仲買ビジネス、シャリーアに準拠していない業務から得られる賃貸料、などのビジネスである。

　他方、②の財務状態については、従来型銀行への預金が総資産の 33% 以下であることと、有利子負債が総資産の 33% 以下であること、という二つの基準を設けており、双方を満たすことがシャリーア適格認定の条件である。いずれも、当該企業の従来型銀行への依存度を測るものであり、財務諸表に基づいて算出される。

　以上のシャリーア適格株式の認定基準は、いわば企業がイスラームを遵守しているか否かを数値で判断しようとするものである。なお、こうした量的基準を補うものとして、シャリーア助言委員会は当該企業のイメージなど質的側面も考慮に入れたうえで判定を行うとしている。

　シャリーア助言委員会によるシャリーア適格認定の基準は、どのようなビジネスがイスラームに適うかを示しており、いわばハラール・ビジネスのアウトラインといえよう。ただし、ムスリム従業員の比率や、社内に礼拝スペースがあるかどうか、ハリラヤに十分な休暇を与えているか、などの点は審査対象から外れている。ビジネスの内容と財務体制からイスラームへの順応をみるための審査といえよう。

マレーシアのシャリーア適格株式の市場規模

　証券委員会は、2013 年発行の『年次報告書』(*SC Annual Report 2013*) でシャリーア適格株式の市場規模について報告を行っている。このデータは 2012 年に同委員会が公表した「シャリーア適格株式リスト」(List of Shariah-Compliant Securities as at 30 November 2012) の情報が基になっている。そこで、双方を参考にしながら市場規模を検討していく。

　証券委員会のシャリーア助言委員会は、ブルサ・マレーシアに上場している企業の株式やファンド、特別目的会社等をシャリーア適格の審査対象としているが、2013 年に上場している 914 の株式のうち、適格認定は全体の 71% にあたる 653 であった。2012 年は、全上場 923 の株式等のうち 89% にあたる 817

が認定を受けていた。ここ1年で164減少したことになるが、その背景にはシャリーア適格の認定基準の変更が影響を与えたと考えられる。

　上場企業のうち、業種によって適格株式の認定比率に著しく開きが出ている。認定が少ない業界は金融（36社中2社）とホテル業界（4社中0社）で、認定比率が80%を超える業界としては鉱業（100%）、プランテーション業（87%）、インフラ業（83%）、建設業（82%）、消費者商品業（80%）が挙げられる。業界間の比率の差は、扱う商品・サービスがイスラームに適っているか否かに左右される。例えば従来型金融機関は、取り扱う主たる商品が有利子であるため、シャリーア適格株式の認定が受けられないことになる。

　シャリーア適格株式の認定を取得した株式の市場価値は、2013年末現在、1兆7,021.5億リンギで、全上場株式の市場価値の60.5%に相当する。市場価値ベースでの比率（60.5%）が株式数ベースでの比率（71%）を下回っている理由としては、非認定企業、特に従来型金融機関の市場価値が高いからだと推察される。

イスラーム投資信託

　投資信託は、投資家から資金を集めたうえで株式や公社債等を売買しその運用益を投資家に分配する。この基本的な枠組みはイスラームの観点からは問題視されない一方、運用対象となる資産がイスラームに適っているか否かが重視される。

　そこで、イスラームに適う投資信託として、イスラーム投資信託が考案された。これは、イスラームに反するビジネスを行っている企業の株式、有利子とみなされている従来型スキームを用いた公社債、投機性が高くギャンブルとみなされる金融・商品先物を投資対象に組み込まない投資信託である。いわばシャリーア適格株式のみを組み込んだ投資信託といえる。

　投資信託を含め一部のファンドでは、資産運用の際、「地球環境に配慮している企業」や「女性に優しい企業」といった特定の価値観を運用益や値上がり率の高低よりも重視するものがある。なかでも社会正義に根差した投資活動は、社会的責任投資（Socially Responsible Investment: SRI）と呼ばれている。

　SRIの考え方は、もともとは1920年代のアメリカのあるキリスト教会が基金を運用する際、キリスト教の教義に反する商品・サービスを扱う企業の株式を運用対象から外した（ネガティブ・スクリーニング）ことが発端とされてい

る。イスラーム投資信託も、このキリスト教会と同様、自らの信仰とその教えに従って投資先を選択している。

　マレーシアで初めてのイスラーム投資信託は、エー・エム銀行のグループが1993年1月に立ち上げたタブン・イッティカール・アラブ・マレーシアである。以来マレーシアでは、イスラーム投資信託について30年近い歴史を有している。

　イスラーム投資信託の運用対象となる主要な資産の一つが、シャリーア適格株式であり、認定を受けた株式が、イスラーム投資信託に組み込まれている。国外の証券市場の株式については、その国のコンサルティング会社等による適格判定を用いる場合や、投資信託の運営会社が独自に組織するシャリーア委員会が認定を行う場合もある。

　イスラーム投資信託にとってもう一つの主要な投資対象は、スクークである。スクークは、イスラームに基づいたスキームによって起債される債券であるため、イスラーム投資信託には適切な投資対象である。マレーシア国内で起債されたものだけでなく、中東・北アフリカ諸国で起債されたスクークも投資対象となることがある。

マレーシアのイスラーム投資信託の市場規模

　証券委員会が発行した『年次報告書』および『統計要旨 - 投資信託』（*Unit Trust Fund Summary of Statistics*）に掲載されているデータを基に、マレーシアにおける2013年のイスラーム投資信託市場の状況をみていきたい。

　2013年には、前年よりも9本多い178本のイスラーム投資信託が運用された。投資信託全体では595本だったため、ほぼ3割がイスラーム式で運用されていることになる。金額ベースでみてみると、純資産価値は428.2億リンギであった。これは、投資信託全体の12.8%ほどである。ここからイスラーム投資信託は、従来型投資信託に比べて資産規模が小さいものが多いと推察される。

　次に投資対象別にみてみると、株式を投資対象とするものが91本で純資産価値は285.5億リンギ、スクークを対象とするものが26本で45.5億リンギ、両者をミックスしたものが25本で21.1億リンギ、その他が36本で76.2億リンギである。マレーシアのイスラーム投資信託は、本数ベース、金額ベースとも、シャリーア適格株式が主な投資対象になっていることがわかる。

シャリーア適格株式への認定の意義

　投資対象を選別するためのイスラームの視点からのスクリーニングは、イスラームに適ったビジネスとは何かを提示するとともに、そのことによってハラール産業のあり方や全体像を浮かび上がらせている。この点が、イスラーム金融、とりわけ証券業によるハラール産業への貢献といえよう。

　そして、同じくこのスクリーニングによって果たされているのが、企業の情報提供である。ムスリムの個人投資家、年金基金、あるいはタカフル保険会社などのイスラーム機関投資家は、資産運用にあたってイスラームに反する投資対象への投資を回避する。

　ただ、現代においてはビジネスが複雑化・多様化しており、当該企業が本当にイスラームに適っているのかが判断しにくい。そこで活用されているのがシャリーア適格株式認定である。認定を受けている企業は、イスラームに適うビジネス内容であり財務状態であるため、イスラームに沿った資産運用を行う個人・団体、あるいはイスラーム投資信託にとって、投資先の選択には重要な情報となる。もちろん、この情報は広く一般に公開されており、だれでも利用可能である。

　シャリーア適格株式の認定を受けることによって、企業はその株式がムスリム投資家の投資対象となり、市場で資金調達も容易となる。投資家としても、もとよりそのような株式の売買を通じての資産運用を望んでいる。シャリーア適格株式の認定は、イスラーム銀行の預金・融資と並んで、資金を余剰部門から不足部門へと融通する機能を担っているといえよう。

第3章　ハラール産業のステークホルダーたち

マレーシアでは総選挙になると街中に政党の旗がひしめきあう（撮影：筆者）

　ハラール産業は、様々な立場から多くのステークホルダーたちが関与している。本章では、主にマレーシアのイスラーム金融を例に挙げながら、ハラール産業のステークホルダーたちの特徴を明らかにしていく。

　まずステークホルダーの第一として、ハラールである商品・サービスの提供者であるイスラーム銀行に注目する。特に、マレーシアをはじめイスラーム諸国の資本と、日欧米を中心とする非イスラーム諸国の資本とに区別して検討していく。次にイスラーム銀行の利用者に注目する。ここでは、預金者と融資を受ける借り手についてそれぞれみていく。続けて、イスラーム金融業に従事する従業員について注目する。とりわけ大学・大学院にて行われているイスラーム金融教育と、就職後のキャリア形成の事例をみていく。

　ハラール産業やその市場は、当然のことながら法律や省令などによって規制されるとともに、行政によって監督される。そのため、行政府や立法府によるイスラームやハラール産業への考え方が反映されることになる。その意味では、ハラール産業は政治的文脈にも位置づけられる。そこで、マレーシアの与野党の政治家らの発言を追っていく。そして、行政とともにハラール産業の規制を課しているもう一つの当事者、すなわちイスラームの視点からハラール産業に関与するイスラーム法学者たちについても検討する。

1　イスラーム諸国の企業と非イスラーム諸国の企業

イスラーム銀行の形態

　イスラーム銀行とは、前章で触れたように、イスラーム式の預金と融資を扱う銀行のことを指す。イスラーム式というのは、利子を含まず、代わりにイスラーム地域で伝統的に用いられてきた契約形態をとることで、従来型銀行の預金や融資と同等の機能をもたせたものである。伝統的契約形態とは、貸し手と借り手が共同経営の体裁をとるムダーラバ契約やムシャーラカ契約、物品の売買を介在させるムラーバハ契約、タワッルク契約、イスティスナー契約、リース方式のイジャーラ契約、AITAB 契約、物品の補完契約であるワディーア契約などである（→ 64–70 頁）。これらに基づいた預金や融資を、イスラーム銀行が扱っている。

　これらイスラーム銀行商品・サービスを扱う銀行は、大きく分けて 2 種類ある。すなわち、イスラーム式の預金と融資のみ取り扱う銀行と、利子のある従来型の預金と融資もあわせて取り扱う銀行である。前者は、利子のある預金と融資を取り扱っていないイスラーム銀行業専業銀行という意味で、狭義のイスラーム銀行である。これに対して後者は、銀行自体は従来型銀行であるものの、社内にイスラーム銀行部門を設けたうえで、従来型預金を原資としてイスラーム式融資に用いないなど、財務諸表を独立する独立採算式で業務を行うのが一般的である。このような銀行の支店に行くと、従来型銀行部門の窓口とイスラーム銀行部門の窓口が分かれていることがある。このことから、この形態はイスラーム窓口と呼ばれている。そして前者と後者を合わせたものが、広義のイスラーム銀行になる。

　イスラーム諸国の中央銀行の統計データをみてみると、イスラーム銀行といった場合多くは専業銀行とイスラーム窓口を合計したデータを指すが、資料によってはこの広義のイスラーム銀行を明確に区分して記載している場合もある。そのためここでは、特段明記しない限り、イスラーム銀行といった場合はイスラーム銀行業専業銀行とイスラーム窓口の両方を指すこととする。

マレーシア資本のイスラーム銀行

　マレーシアのローカル資本によるイスラーム銀行業専業銀行は、大きく三つ

に分類できる。一つは、設立当初より独立したイスラーム銀行として出発した
もので、二つ目は、従来型銀行のイスラーム窓口が業務を拡大していき、イス
ラーム銀行業専業銀行として従来型銀行から分社化したうえで、従来型金融グ
ループにおけるグループ企業の一員となる場合である。そして三つ目が、従来
型銀行がイスラーム銀行を買収することでイスラーム銀行に転業したパターン
である。

　一つ目の、既存の金融グループには属さず独立したイスラーム銀行として起
業した銀行は、2022年1月現在で、2行ある。設立順でみると、初のイスラー
ム銀行は1983年に開業したバンク・イスラームである。バンク・イスラーム
は、イスラーム銀行法が施行された年に、国内でイスラーム銀行ビジネスが解
禁されたのを受けて設立された。株式会社形態ではあるが、創設当初は連邦政
府や各州の宗教委員会が主要な株主であった。現在は、メッカ巡礼を取り仕切
る公社であるタブン・ハッジや従業員積立基金といったイスラーム色の強い機
関投資家が、主要株主となっている。

　次に登場したのがバンク・ムアーマラートで、1998年にブミプトラ銀行や
コマース銀行等の合併時に、各行のイスラーム窓口が一つになって会社化し
た。その際、バンク・ムアーマラートはブミプトラ・コマースの金融グループ
の傘下に入らず、現在は独立した金融グループを形成している。

　他方二つ目の、イスラーム窓口が従来型銀行から分社化して誕生したイスラー
ム銀行業専業銀行であるが、その起源は1993年にマレーシアの中央銀行で
あるバンク・ヌガラ・マレーシアによって導入された無利子銀行スキーム（の
ちにイスラーム銀行スキーム）にさかのぼる。中銀が示したこのスキームに応じ
て、主要なローカル資本の従来型銀
行は、イスラーム窓口を設けていっ
た。続く2005年になると、同じく中
銀によってこれらイスラーム窓口の
分社化が促進され、各金融グループ
はこれに応じた。

　この間、1997年にアジア通貨危機
が発生したため、マレーシアでは金
融機関の基盤強化を目指して金融グ
ループの再編が進められた。現在マ

マレーシア初のイスラーム銀行であるバンク・
イスラーム（撮影：舛谷鋭氏）

レーシアの金融機関は、8大グループに収斂されているが、これら各金融グループはイスラーム銀行を子会社として傘下に置いている。この結果、このタイプのイスラーム銀行業専業銀行は、8行存在している。

　そして三つ目は、買収によるイスラーム銀行化という経緯をたどった銀行である。これは、マレーシア・ビルディング・ソサエティ社（MBSB）とアジアン・ファイナンス銀行が、2018年2月に合併した事例を指す。

　MBSBは、住宅金融や不動産開発、ホテル経営などを行う1950年創業のノンバンクで、従来型の有利子スキームとイスラーム式のスキームそれぞれの融資と預金を扱っていた。その後イスラーム式スキームに特化することを目指したが、その方法としてアジアン・ファイナンス銀行買収という方法をとった。これには二つの側面がある。一つは、MBSBにとっては念願のノンバンクからイスラーム銀行業専業銀行への転換である。自ら新規にイスラーム銀行業者のライセンスを取得するよりも、ライセンス取得済の銀行を買収したほうが、販路拡大や社員増員といった点で短期間かつ効率的に転業できると判断したようだ。もう一つの側面は、中東資本のマレーシア市場からの撤退である。特にアジアン・ファイナンス銀行の3分の2の株式を保有しているカタール・イスラーム銀行にとっては、2017年6月に起きたカタール危機の影響を受けての海外業務の縮小といえる。

　2018年2月に合併が行われ、イスラーム銀行業専業銀行であるMBSB銀行が誕生した。主要金融グループには属さない独立系国内資本イスラーム銀行として、バンク・イスラーム、バンク・ムアーマラートに次ぐ3番目の存在となった。

中東・北アフリカ資本のイスラーム銀行

　マレーシアでイスラーム銀行ビジネスを行う銀行には、マレーシアのローカル資本だけでなく外国資本のイスラーム銀行も含まれる。中東・北アフリカ資本、日欧米資本、東・東南アジア資本の三つに分けて検討してみたい。

　そもそもマレーシア中銀は、イスラーム銀行・従来型銀行を問わず、外国資本の金融機関への内国業務のライセンス発行に対しては、基本的に慎重な姿勢を示している。これは、マレーシア国内の金融市場を安定させる目的もあるが、ブミプトラの株式保有比率を30%以上と定めるブミプトラ政策との整合性と関連する問題である。しかし、国内市場のさらなる活性化や中東諸国との

経済的な結びつきの強化を目指して、2004年にイスラーム銀行法を改正、外国資本によるイスラーム銀行の設立を認める方針に転じた。

　この改正に応じてマレーシアに進出した外国資本のイスラーム銀行のうち、3行が中東・北アフリカ資本であった。一つ目はクウェート・ファイナンス・ハウスで、1977年にクウェート政府と民間が共同出資した、中東湾岸諸国を代表するもっとも古いイスラーム銀行の一つである。二つ目はアル＝ラージヒー銀行で、本社はサウジアラビアにある。そして三つ目が上述のアジア・ファイナンス銀行で、カタール・イスラーム銀行を中心にサウジアラビア、イエメン、バハレーンの金融機関による共同出資によってマレーシアに設立された。しかしながら2018年に、BMSBによって買収された。以上3行は、いずれもクアラルンプールに本店を設けていたが、とりわけ前2行はペナンやクランタン、ジョホールバル、コタキナバルなどマレーシア全土に支店網を展開して現在に至っている。

　このほかにも、外国通貨によるイスラーム銀行業務を行うことができる国際イスラーム銀行というライセンスが2007年に設けられた。これに基づきバハレーンのアル＝ハイル国際イスラーム銀行とエラフ銀行の2行が進出したものの、現在はマレーシア市場から撤退している。現在は、後述するインドネシア資本のバンク・ムアーマラート・インドネシアのみがこの資格を有している。

日欧米資本のイスラーム銀行

　マレーシアで国内業務を行うライセンスを取得している日欧米資本の銀行は、2022年1月現在で12行ある。これらはいずれも従来型銀行だが、イスラーム銀行ビジネスの実施状況は、銀行ごとにまちまちである。

　まず、日欧米資本の銀行の子会社として設立されたイスラーム銀行業専業銀行が2行ある。一つはイギリスに本社があるHSBCの子会社であるHSBCアマーナである。アマーナとは、アラビア語で「信託」のことである。もう一つは、同じくイギリス資本のスタンダードチャータード銀行のイスラーム銀行子会社であるスタンダードチャータード・サーディック銀行である。サーディクとは、アラビア語で「正直、信頼」といった意味をもつ単語である。いずれのイスラーム銀行とも、マレーシアだけでなくイスラーム諸国でイスラーム銀行ビジネスを展開している。

　次に、イスラーム窓口を設けている従来型銀行が5行ある。すなわち、フ

ランス資本のBNPパリバ、アメリカ資本のシティバンク、そして日系の三菱UFJ銀行、三井住友銀行、みずほ銀行である。これらはいずれも、1993年に導入され、1998年に改正されたイスラーム銀行スキームに基づき、イスラーム窓口を設けている。

無利子銀行スキームは、当初はローカル資本の従来型銀行に対してイスラーム銀行市場への門戸を開くために導入された。しかしながらこれらのイスラーム窓口はいずれも、後にイスラーム銀行として子会社化した。そのため現在では、実質的には外国資本の従来型銀行がイスラーム銀行ビジネスを提供するためのスキームとして機能している。

他方、欧米資本の銀行のなかには、イスラーム銀行ビジネスに参画していないところもある。バンク・オブ・アメリカ、ドイチェ銀行、JPモルガン・チェース銀行、ノヴァ・スコシア銀行の4銀行である。これらの銀行は、本国ではイスラーム銀行ビジネスは行っていないものの、マレーシア以外のイスラーム諸国ですでに経験済みであり、今後のマレーシア国内での業務展開に注目が集まっている。

東・東南・南アジア資本のイスラーム銀行

中国など、日本を除く東アジア諸国、インドネシアやシンガポールなどの東南アジア諸国、およびインドなど南アジア諸国の銀行もマレーシアに進出している。

まずマレーシアの近隣諸国、すなわちタイやシンガポール、インドネシア資本の従来型銀行のうち、マレーシアにも支店を設けているところは、意外にも数が少ない。タイ資本のバンコク銀行、シンガポール資本のOCBC銀行およびユナイテッド・オーバーシーズ銀行の3行だけである。このうち、イスラーム銀行ビジネスを行っているのはシンガポールの両銀行で、ユナイテッド・オーバーシーズ銀行はイスラーム窓口を設ける一方、OCBC銀行はOCBCアル＝アミン銀行というイスラーム銀行子会社を有している。アル＝アミンとは、アラビア語で「信用、信頼」といった意味の言葉である。

また、国際イスラーム銀行のライセンスをもつのが、インドネシア資本のムアーマラート銀行である。同銀行は、1991年に設立されたインドネシア初のイスラーム銀行であり、イスラーム銀行としてはインドネシアで2番目の資産規模を有している。なお、マレーシアにもムアーマラートという名称のイスラ

ーム銀行があるが、インドネシアのものとは資本関係にはない。ムアーマラートとは、アラビア語で「人間関係」の意味であり、イスラーム法において重要概念の一つである。両銀行ともこれにちなんで名付けられたのであろう。

東南アジア諸国を繋ぐイスラーム銀行という意味では、マレーシア資本のイスラーム銀行による国外進出のほうが盛んだ。一例を挙げると、CIMBグループは近隣諸国への進出やそのためのローカル資本の銀行買収に熱心であるが、インドネシアには2002年に進出を果たした。その後、CIMBニアガ・シャリープという名称で、イスラーム銀行ビジネスを実施している。東南アジアでのイスラーム銀行普及においては、マレーシアの役割が期待されている。

他方、中国からは中国銀行、中国建設銀行、中国工商銀行の3行が、インドからはインド国際銀行の1行がマレーシアに進出しているが、いずれも本国、マレーシアともに従来型銀行業務のみを行っている。

開発金融機関

マレーシアには、民間資本ではなく政府主導によって設立された金融機関が存在する。これは、開発金融機関と呼ばれるもので、2002年施行の開発金融機関法を根拠としている。これらは、マレーシア政府の成長戦略に基づき、特定の産業分野を振興する目的で政府資本により設立され、マレーシア中銀の管轄下に置かれているのが特徴である。

2022年1月現在、同法の規定に準拠している開発金融機関は、①国民に貯蓄を奨励する人民協力銀行（人民銀行とも）、②農業向けのアグロバンク、③製造、サービス、建設業界の中小企業を対象とする中小企業銀行、④輸出入や海外事業のための信用供与を行う輸出入銀行、⑤小口預金者を対象とする国営貯蓄銀行、および⑥資本集約産業やハイテク産業に対し中長期間の融資を行う開発銀行、の6行である。

6行はもともと従来型の開発金融機関ではあったが、イスラーム窓口を設ける従来型とイスラーム式を兼業する金融機関へと転換した。さらに人民協力銀行は2002年に、アグロバンクは2015年に、イスラーム銀行業専業の金融機関に転換し現在に至る。

このように、民間資本の銀行ではきめ細かいサービスが行き届きにくい分野を政府系金融機関が補完することによって、国内産業の多角的発展を目指すのがマレーシア政府の狙いであり、ハラール・ビジネスがその一翼を担っている。

店舗網の展開

　イスラーム銀行のグローバルな展開をみてみると、ドバイのような中東産油国、イギリスのような金融センター、そしてハラール・ビジネスが盛んなマレーシアなどに集中している。それでは、一国内でも支店の地域偏在は起きるのだろうか。起きるとするならば、人口分布、経済発展、イスラームへの信仰の熱心さといった点が要因となるのだろうか。この点について、パキスタンのメディアが同国の状況について興味深い報道を行っている。

　同国には、5つのイスラーム銀行と17のイスラーム窓口をもつ商業銀行が、113の都市で2,913の支店を展開している。このうちほぼ40%にあたる1,149の支店がカラチとラホールの二つの都市に集中していることがわかった。カラチはパキスタン随一の商業都市であり、人口は約1,500万人で、ここには全国最多の679支店が集中する。これに次ぐのがインド国境沿い都市ラホールで、人口1,100万人のところに470支店が存在する。パキスタンの総人口が約2億800万人であるため、両都市へのイスラーム銀行の集中度合いは人口に比してはるかに高いことがわかる。ちなみに、首都イスラマバードは147支店で3番目に多い。他方、イスラーム銀行の支店が1店舗しかない都市が11、10店舗以下は50都市以上となっている。

　パキスタンの事例が示唆するところは、イスラーム銀行の分布は必ずしも人口によるのではなく、その都市がいかにビジネス・商業活動が活発であるか、という点にある。同国はムスリム人口比が9割超であるため、多民族・多宗教共生国家のマレーシアとは異なり、ムスリム人口の偏在がイスラーム銀行の支店展開に影響を与えることはないだろう。

　報道は、都市ごとに複数のイスラーム銀行の支店が存在することで競争が生まれ、質の良い金融商品が顧客へ提供されることになり、イスラーム銀行産業の発展に繋がると指摘している。

銀行口座保有率

　イスラーム銀行の利用者が増えるためには、その国で銀行制度がどの程度普及しているかが重要となる。世界銀行は、2018年4月に各国の15歳以上の人口に占める銀行口座保有者の割合をまとめた「Global Findex Database 2017」を公表した。同書は、ほかにも男女間、都市・地方間の違いなどを分析するなど、興味深い内容となっている。

表1は、東南アジア各国と日本における15歳以上での銀行口座保有者の比率を示している。まず目につくのは、島嶼部側と大陸側の国々の間のギャップである。おそらく、両地域間の経済発展の違いが銀行口座保有率の違いとなって表れているのであろう。

ムスリム人口比の高いマレーシアとインドネシアに着目すると、マレーシアでは保有率が85%に達しており、おおむね必要としている者には行きわたっているといえよう。他方、インドネシアでは、人口の半分程度にとどまっている。イスラーム銀行の普及でいえば、マレーシアでは従来型銀行の利用者をイスラーム銀行へいかに振り向かせるかが課題であり、インドネシアの場合は初めて銀行口座を持とうとする層をメイン・ターゲットとする戦略が必要であろう。

他方、表2は中東から東南アジアにかけてのイスラーム諸国における口座保有率について、全体、女性、地方ごとに表している。この事例において興味深いのは、マレーシアとインドネシアを除いて、全体と地方の間のギャップよりも、全体と女性との間のギャップのほうが大きい点である。

この典型例がサウジアラビアだ。女性による自動車運転免許の取得が2018年になって初めて解禁となったこの国では、銀行口座の普及率の低さもまた、

表1 東南アジア諸国と日本における銀行口座の保有率（15歳以上）

国	2011年	2014年	2017年
フィリピン	27%	31%	34%
インドネシア	20%	36%	49%
マレーシア	66%	81%	85%
シンガポール	98%	96%	98%
タイ	73%	78%	82%
ベトナム	21%	21%	31%
カンボジア	4%	22%	22%
ラオス	27%	-	29%
ミャンマー	-	23%	26%
日本	96%	97%	98%

出典：Global Findex Database 2017

表2 中東・イスラム諸国と日本における銀行口座の保有率（15歳以上、2017年）

国	全体	女性	地方
サウジアラビア	72%	58%	79%
UAE	88%	76%	80%
レバノン	45%	33%	44%
トルコ	69%	54%	65%
エジプト	33%	27%	29%
チュニジア	37%	28%	28%
イラン	94%	92%	95%
パキスタン	21%	7%	19%
バングラデシュ	50%	36%	50%
マレーシア	85%	82%	81%
インドネシア	49%	51%	47%
日本	98%	98%	97%

出典：Global Findex Database 2017

女性の社会進出が好まれていないことを象徴する。同じイスラームの国でも、副首相から夜の屋台までムスリム女性が元気に働いているマレーシアとは、大きな隔たりを感じるところだ。

　それでも、サウジアラビアの場合は女性の過半数が銀行口座を保有しているのに対し、4人に一人、あるいは1割以下の国も存在する。もっとも、そのような国では全体での口座普及率も低いため、まずは国内全土に銀行の支店網が行きわたることが肝心であろう。

2　利用客

　金融機関は各種の金融商品・サービスを提供している。この点は、イスラーム銀行も従来型銀行と同様である。預金、融資、振込・送金、為替、小切手など、様々な金融商品・サービスに対して、それぞれ利用客がいるわけであるが、ここではイスラーム銀行の融資と預金の利用状況に焦点を当てたい。分析にあたっては、マレーシア中銀が毎月公表している「月例統計報告」（Monthly Statistics Bulletin）に掲載されているデータを基にしていく。

市場規模

　イスラーム銀行はマレーシアではどの程度利用されているのか、預金と融資の規模をみてみよう。2021年11月現在、マレーシアの銀行部門における預金残高は1兆7,811億リンギである。ちなみに、マレーシアの2022年の国家予算はおよそ3,321億リンギなので、その5.36倍に匹敵する。このうち、従来型銀行への預金残高が1兆1,124億リンギ、イスラーム銀行への預金残高が6,434億リンギである。ここから、マレーシアの預金残高に占めるイスラーム銀行の割合は、36.1%である。

　他方、融資のほうであるが、同じく2021年11月現在、マレーシアの銀行部門における融資残高は1兆5,305億リンギである。このうち、従来型銀行への融資残高が8,737億リンギ、イスラーム銀行への融資残高が6,490億リンギある。同じくここから、マレーシアの融資残高に占めるイスラーム銀行の割合は、預金残高の割合よりも高い42.4%となっている。

預金者

　イスラーム銀行への預金者について、詳細に検討してみたい。表3は、2010年と2020年における、イスラーム銀行への預金者ごとの預金残高を表している。これによると、イスラーム銀行への預金者の構成が、2010年から2020年にかけて変化していることがわかる。2010年においては、預金者としての金融機関と企業が、それぞれ全体の30%を占めていた。他方、家計・個人は6分の1程度であった。これが10年後の2020年になると、預金残高が全体として3.04倍に拡大するなか、金融機関は2.3倍、企業は2.7倍にとどまる一方、家計・個人は5.1倍に拡大した。これは、10年間で年平均17.7%のペースで成長したことになる。この結果、金融機関、企業、家計・個人の三大預金者がそれぞれ全体の4分の1、全体では4分の3を占めることになった。

　家計・個人による預金のここ10年の上昇の原因として指摘できるのが、所得水準の向上に代表されるマレーシア経済の好調さであり、可処分所得が上昇するのに応じて堅調に貯蓄が伸びたと考えられる。もっとも、従来型銀行の場合、最大の預金者はかねてより家計・個人であったため、むしろイスラーム銀行が従来型の預金者の構成に近づいてきたといえる。このことをイスラーム銀行の視点からみれば、企業や金融機関といった大口預金者に依存していたが、近年は小口の個人預金者によって潤沢な資金が安定的に確保できるようになったといえよう。

表3　預金者別預金残高　　　　　　　　　　　　　　（100万リンギ）

預金者	2010年		2020年		
	残高	構成比	残高	構成比	変化(倍)
連邦政府	15,030	6.93%	34,443	5.22%	2.29
州政府	8,209	3.78%	16,542	2.51%	2.01
法定当局	16,139	7.44%	65,393	9.91%	4.05
金融機関	66,927	30.85%	155,140	23.51%	2.32
企業	66,165	30.50%	178,208	27.01%	2.69
家計・個人	35,718	16.46%	181,878	27.56%	5.09
その他	8,764	4.04%	28,221	4.28%	3.22
合計	216,953	100.00%	659,826	100.00%	3.04

出典：Bank Negara Malaysia "Monthly Statistics Bulletin" 各月版をもとに
　　　筆者作成

借り手

　次に、融資の傾向に注目してみたい。産業部門別の融資残高をみてみよう。表4は、2010年と2020年における、イスラーム銀行からの産業別の融資残高を表している。

　2010年と2020年の産業別融資残高を比較すると、構成比率には大きな変化は起きていない。両年とも、イスラーム銀行にとって最大の融資先は家計部門であり、60％を超えている。これに対して他の融資先は最大でも5％程度にとどまっており、家計部門が突出していることがわかる。

　次に産業別の10年間の変化をみてみると、融資残高は2010年の1,622億リンギから2020年の6,705億リンギへと、10年間で4.13倍拡大した。このうち特に変化が大きかったのが不動産業、建設業、小売・ホテル・レストランで、高い伸び率によりこの三つの部門が融資残高全体に占める構成比率が1％から2％程度増加した。他方、結果的に構成比率が下がったのが製造業と物流・倉庫・コミュニケーションで、構成比率は1～2％程度下がった。

　以上の傾向から、イスラーム銀行は積極的に家計部門に融資を行っており、その傾向は年々高まっているとみることができる。また、製造業の成長率が鈍

表4　産業別融資残高

(100万リンギ)

| 産業 | 2010年 | | 2020年 | | 変化（倍） |
	残高	構成比	残高	構成比	
農林水産業	3,799.0	2.34%	17,391.7	2.59%	4.58
鉱業	946.8	0.58%	3,875.8	0.58%	4.09
製造業	11,767.6	7.25%	30,710.8	4.58%	2.61
電気ガス水道	1,914.8	1.18%	5,672.8	0.85%	2.96
小売・ホテル・レストラン	6,304.5	3.89%	33,861.4	5.05%	5.37
建設業	6,342.5	3.91%	34,293.0	5.11%	5.41
不動産業	4,924.5	3.04%	31,727.7	4.73%	6.44
物流・倉庫・コミュニケーション	6,274.4	3.87%	18,373.3	2.74%	2.93
金融・保険	8,411.5	5.19%	35,689.8	5.32%	4.24
教育・健康産業	8,436.2	5.20%	30,498.6	4.55%	3.62
家計	100,294.6	61.82%	422,444.6	63.00%	4.21
その他	2,808.8	1.73%	5,984.3	0.89%	2.13
合計	162,225.2	100.00%	670,523.8	100.00%	4.13

出典：Bank Negara Malaysia "Monthly Statistics Bulletin" 各月版をもとに筆者作成

い一方で、サービス業の成長が高い。これはハラール産業のうち、飲食や宿泊といったムスリム・フレンドリー・ツーリズムへの積極的な融資が、この10年で進んでいることを示唆している。

融資の目的

　従来型銀行にせよイスラーム銀行にせよ、融資を求めてくる顧客に対して銀行側は使用目的を必ず確認する。目的に適った融資額であり、無理のない返済プランを組めるかどうかに加えて、イスラーム銀行の場合、使用目的がイスラームに反するものであれば融資を断るし、またムラーバハ契約やイジャーラ契約に基づく融資であれば顧客が必要とする物品を購入する必要があるからである。

　表5は、2010年と2020年における、イスラーム銀行からの目的別の融資残高を表している。マレーシア中銀が設定している分類のうち家計部門を指していると思われるものが、自動車購入（家庭用）、住宅用不動産購入、個人使用、クレジットカードで、これらを合わせれば2010年と2020年とも50%程度である。これは、先にみた家計部門とおおむね一致している。また、これらの項

表5　目的別融資残高　　　　　　　　　　　　　　　　　　　　　　（100万リンギ）

費　目	2010年		2020年		変化（倍）
	残高	構成比	残高	構成比	
証券購入	7,384.6	4.55%	50,736.5	7.57%	6.87
自動車購入	46,179.9	28.47%	86,261.9	12.86%	1.87
家庭用	44,765.5	27.59%	84,751.6	12.64%	1.89
住宅用不動産購入	30,035.0	18.51%	209,190.7	31.20%	6.96
住宅以外の不動産購入	7,172.1	4.42%	57,714.7	8.61%	8.05
土地建物以外の固定資産購入	3,002.9	1.85%	4,241.5	0.63%	1.41
個人使用	18,328.4	11.30%	65,537.7	9.77%	3.58
クレジットカード	1,352.0	0.83%	3,779.0	0.56%	2.80
耐久消費財購入	14.6	0.01%	14.3	0.00%	0.98
建設	4,189.3	2.58%	19,228.0	2.87%	4.59
運転資金	38,589.7	23.79%	140,123.9	20.90%	3.63
その他	5,976.5	3.68%	33,695.5	5.03%	5.64
合計	162,225.2	100.00%	670,523.8	100.00%	4.13

出典：Bank Negara Malaysia "Monthly Statistics Bulletin" 各月版をもとに筆者作成

目のうち 2010 年と 2020 年を比較すると、自動車購入（家庭用）の構成比率が 27.59％ から 12.64％ へと低下した一方、住宅用不動産購入が 18.51％ から 31.20％ へと増加しており、両項目を合計すれば、両年とも 45％ 前後となり、全体に占める割合としては結果的に大きな変化は生じなかったことになる。ただ、これらの項目のうち 10 年間の成長率が全体よりも高かったのは住宅用不動産購入のみであった。

　他方、企業向けとみなせる項目は、運転資金、建設、住宅以外の不動産購入、自動車購入のうち家庭用を除く部分などで、合計すれば 2010 年と 2020 年とも全体の 3 割程度である。このうち 10 年間で成長率が高かったのは、住宅以外の不動産購入で、8.05 倍は全項目のなかでもっとも成長率が高かった。この結果、構成比率も 4.42％ から 8.61％ へと拡大した。

　2020 年の企業向け融資目的でもっとも融資残高が多かった運転資金であるが、10 年間の成長率は 3.63 倍にとどまっており、構成比率は 23.79％ から 20.90％ へと縮小した。運転資金が企業向け融資で最多であることには変わりはないものの、不動産購入の際にイスラーム銀行を利用しようという企業が増えた傾向を読み取ることはできる。

従来型銀行とイスラーム銀行の融資の違い

　次に、融資目的ごとに銀行部門全体に占めるイスラーム銀行の割合をみてみたい。表 6 は、2020 年の目的ごとの従来型銀行とイスラーム銀行の融資残高、および全体に占めるイスラーム銀行の割合である。この表からは、借り手が目的ごとに従来型銀行とイスラーム銀行のどちらを選択しているのかを読み取ることができる。

　融資残高全体に占めるイスラーム銀行の割合は 36.24％ である。イスラーム銀行の割合がこの数値を上回っている項目は、証券購入、自動車購入、自動車購入（家庭用）、個人使用、およびその他である。このうち証券購入、自動車購入（家庭用）、個人使用の 3 項目は、50％ を超えている。このことは、借り手がこれらの目的で銀行から資金調達する場合、従来型銀行よりもイスラーム銀行を選択していることを意味する。特に個人使用には教育ローンが含まれており、ムスリムの家庭では子供の進学資金にイスラーム銀行を積極的に活用している姿が浮かんでくる。

　他方、融資残高に占めるイスラーム銀行の割合が極端に低い項目がある。そ

表6　2020年の利用目的別融資残高

（100万リンギ）

費　目	従来型銀行	イスラーム銀行	全　体	イスラーム銀行の比率
証券購入	30,019.1	51,032.1	81,051.2	62.96%
自動車購入	89,277.0	86,261.9	175,538.8	49.14%
家庭用	82,676.1	84,751.6	167,427.7	50.62%
住宅用不動産購入	440,599.7	207,207.7	647,807.4	31.99%
住宅以外の不動産購入	172,213.6	56,492.6	228,706.2	24.70%
土地建物以外の固定資産購入	9,186.0	3,732.7	12,918.7	28.89%
個人使用	37,359.1	64,097.8	101,456.9	63.18%
クレジットカード	32,276.6	3,779.0	36,055.6	10.48%
耐久消費財購入	65.0	14.3	79.3	18.07%
建設	41,877.4	17,330.0	59,207.4	29.27%
運転資金	261,780.9	138,342.2	400,123.1	34.57%
その他	48,137.2	32,540.5	80,677.7	40.33%
合計	1,162,791.6	660,830.8	1,823,622.4	36.24%

注：イスラーム銀行はイスラーム窓口を除く

出典：Bank Negara Malaysia "Monthly Statistics Bulletin" 各月版をもとに筆者作成

れはクレジットカードと耐久消費財購入で、前者は10.48%、後者は18.07%
にとどまっている。詳しくは第4章で論じるが、イスラーム銀行に紐づいたク
レジットカードは、従来型銀行のものに比べて使用目的が制限されている。ム
スリム消費者が使用する分にはそれでも問題ないだろうが、非ムスリムが所
有・使用するとするならばこの点に不便さを感じることはありうる。したがっ
て、ムスリムはクレジットカードを使いたがらない、あるいは非ムスリムがク
レジットカードを使用するならばイスラーム式のものよりも従来型のものが好
まれる、とみることができる。

自動車ローンの負担

　このような融資傾向にあるなか、マレーシアの銀行業界にとって気になるデー
タが2017年に公表された。マレーシア破綻管理局によると、2007年以降破
綻した家計のうち最大の理由が自動車ローンで、全体の26.9%を占めた。高
い自動車普及率の背景には、公共交通機関の乏しさがあり、このことが家計に
大きな負担を強いているようだ。

　イスラーム銀行と従来型銀行にとって自動車ローンの比重はどの程度か。

先の表6によれば、イスラーム銀行による家庭用自動車ローンの融資残高は847.5億リンギで、イスラーム銀行の融資残高の12.83%を占める。他方、従来型銀行の場合は7.11%であるため、イスラーム銀行のほうが重みのある融資目的だといえる。逆に自動車ローンからみれば、49.14%はイスラーム銀行によるもの、50.86%が従来型銀行によるもので、両銀行は拮抗している。すなわち、イスラーム銀行にとっての自動車ローンは、従来型銀行に拮抗しうる重要商品といえる。

　自動車ローンによる家計の破綻は、一方では銀行による過剰な融資競争の影響もあろうが、他方では無理なローンを組んででも自動車を購入せざるをえない社会環境にも原因がある。政府による総合的な取り組みが必要といえそうだ。

非ムスリムの利用

　イスラーム銀行はイスラームに基づいて運営されている銀行であることから、預金者のほとんどはムスリムではないか、とのイメージがある。しかし実際には、華人やインド人など非ムスリムの利用者も多い。

　ムスリムと非ムスリムの利用者の具体的な割合であるが、実はこういった類の統計データが中央銀行やイスラーム銀行から公式に発表されることはほとんどない。おそらく、民族や宗教といったマレーシアのセンシティブな問題に関わるからであろうと推察される。ただ、各イスラーム銀行ともある程度の動向は把握しているようで、新聞や雑誌によるインタビュー記事の中で経営幹部が言及することがままある。

　いくつか例をみてみよう。OCBC銀行のイスラーム銀行子会社であるOCBCアル＝アミン銀行の幹部は、2008年のロイターとのインタビューに対して、同銀行の顧客の半分は非ムスリムであるとし、特に住宅ローンに関するイスラーム金融商品が非ムスリムの関心を惹きつけていると語っている。

　同じくバンク・ムアーマラートの幹部は、2012年のベルナマ通信のインタビューの中で、預金者の20%、借り手の40%は非ムスリムであるとしている。銀行幹部は、イスラーム銀行市場の成長のためにも非ムスリムの顧客獲得が重要であるものの、「イスラーム銀行はアラビア語由来の用語を使用していることから、非ムスリムは混乱しているのではないか」との見解を示している。

　銀行当事者以外では、調査機関によるマレーシア全体の動向の推計調査があ

る。プライスウォーターハウスクーパースが 2008 年に公表したレポートによ
ると、イスラーム銀行の利用者のおおむね半分程度が、華人やインド人などの
非ムスリムであるとみられる。このことは、マレーシア国内の宗教別人口構成
比からあまり乖離していない妥当な数字ともとれる。それでは、非ムスリムが
イスラーム銀行を積極的に利用する理由は、どこにあるのだろうか。

銀行選択の理由

　近年、この点に関する調査分析が積極的に進められている。その一例とし
て、マルチメディア大学の研究チームによる 2012 年の調査をみてみたい。同
調査は、クアラルンプールを中心とするクランバレーに住むムスリム 92 名と
非ムスリム 58 名の 150 名に対して、銀行を選ぶ際に重視する点を尋ねること
で、両者間にどのような差があるのかを明らかにすることを目的に実施され
た。

　調査の結果、ムスリムと非ムスリムに共通しているのは、迅速で効率的かつ
多様なサービス、銀行の信頼性や評判・イメージ、銀行員の親切さ、貸付金利
の低さを、特に重視している点である。他方、預金金利の高さについては、非
ムスリムはムスリムよりも強く重視する傾向にある。ユニークな調査項目とし
て、ムスリムは銀行の支店の駐車場の有無を重視しており、重要度は預金金利
以上である。また、非ムスリムは職場よりも自宅に近いことを重視する一方
で、ムスリムはまったく逆の傾向を示している。

　この調査は、「銀行を選ぶ際に何を重視するか」を尋ねるものであり、「重視
した結果、どちらの銀行を選んだか」までは明らかになっていない。ただ、ア
ンケート回答者の 72.6% はイスラーム銀行利用者であることから、非ムスリ
ムのイスラーム銀行利用者もある程度の割合で含まれていると推察される。

　ここから、非ムスリムのなかにも自身の信仰とは異なるイスラーム銀行に対
して、サービスや評判を高く評価したうえで利用している者が少なからずいる
といえよう。

マレーシアとインドネシアの利用者の傾向

　イスラーム金融の利用について、マレーシア人とインドネシア人の間には、
相違があるのか。また相違やその原因をインドネシア人自身はどのように考え
ているのか。これらの点を知るうえで興味深いインタビュー記事が、インドネ

シアの英字紙『ジャカルタ・ポスト』の電子版に 2016 年 4 月に掲載された。

　同記事によれば、インドネシアは世界最大のムスリム人口をかかえており、イスラーム金融のうちリテールの市場規模は潜在的には世界一といえる。しかしながら、従来型銀行と比べてイスラーム銀行の総資産は 2015 年末で 5% に過ぎない。インフラ整備などに使用されるスクークについても、世界の発行額に占めるインドネシアの比率が 4% であるのに対し、マレーシアはじつに世界の 3 分の 2 に相当する 67% を発行している。

　イスラーム金融の仕組み自体は同じであるにもかかわらず、両国間で普及に差がある理由として、記事では両国政府によるこの分野への取り組みの差を指摘している。マレーシアの場合、同国がイスラーム金融のグローバルなハブとなるべく政府の意思決定がトップダウンでマーケットに伝えられ、これがスムーズに実行されている。

　これに対してインドネシアは、政府主導というよりもむしろボトムアップでの発展であった。そのため、マレーシアに追いつくべく市場拡大のためには政府の介入が必要だとしている。例えば、スクークの発行を増やすために政府が減税措置を講じる、といった政策が有効であるとし、また、この産業に従事する優秀な人材がより多く必要であるとして、その確保と育成が必要だと指摘している。

　インドネシアのイスラーム金融機関が国内の潜在的な市場を掘り起こすことができれば、東南アジアに巨大な市場が誕生することになるが、そのためには政府によるテコ入れが必要ということなのであろう。

仕組みへの理解度

　イスラーム金融は、従来型金融からイスラームに反する要因を排除することで成り立っており、当代のイスラーム法学者よりお墨付きを得ている、という点をムスリム消費者に訴求している。ただ、イスラーム金融の利用者がその複雑な仕組みを正しく理解しているか、疑問の余地もある。そこで、マレーシア国際イスラーム大学の研究者グループが、ペラ州とクランタン州で 2010 年に行った興味深い調査をみてみよう。

　研究チームは、イスラーム式のマイクロ・クレジットを提供する金融機関から融資を受けている両州に住むマレー系の女性約 1,800 名を対象に、イスラーム金融の主要概念の理解度について、アンケート調査を行った。結果をまとめ

表7 「イスラーム金融の仕組みをどの程度理解していますか?」に対する回答

	「十分理解している」と「理解している」の合計	「理解していない」と「全く理解していない」の合計	不明
リバー(利子)	78.2%	19.4%	2.4%
ガラル(不確実性)	8.9%	86.5%	4.6%
ムダーラバ	20.3%	74.5%	5.2%
ムシャーラカ	17.5%	77.8%	4.7%

出典:Norma M. S. & Jarita D. (2010) "Determinants of Economic Performance of Micro-credit Clients and Prospect of Islamic Microfinance in Malaysia."

たのが表7である。

アンケート結果を要約すると、項目によって理解度にばらつきがあることがわかる。例えば、利子に相当するリバーへの理解は8割に上る一方、従来型保険や先物取引を否定する根拠となるガラルを理解している回答者は1割にも満たなかった。また、実際に回答者たちが利用している各種融資の仕組みに対しても、「十分理解している」や「理解している」と答えた者はいずれも2割以下であった。

ここから、「仕組みはよくわからないけれども、ともかくイスラームが禁じているという利子がない融資」という認識で、イスラーム式マイクロ・ファイナンスを利用している女性たちの姿が浮かんでくる。イスラーム金融への理解度と実際の利用との関係を考えるうえで、本調査は多くの示唆を与えてくれる。

3 人材育成とキャリアパス

キャリア形成

イスラーム金融業界に就職を希望する大学生・大学院生には、金融とイスラームに加えてフィンテックの知識も必要である、との見解がイスラーム金融に関するウェブセミナーで示され、関心を呼んでいる。

マレーシア国際イスラーム金融シャリーア・リサーチ・アカデミーのユヌス・ソウアリ教授によれば、マレーシアでイスラーム金融を学ぶ大学生や大学院生は、業界のキャパシティに比べて供給過剰の状態にある一方、即戦力として働くには経験不足であり現場でのトレーニングが必要だとしている。

マレーシアのイスラーム金融は、この国が多民族・多宗教国家であることを

反映して、従来型金融と併存している。このことは、消費者からしてみれば従来式とイスラーム式のどちらを選ぶかという選択肢を提供しているが、イスラーム金融の従業員にとっては両者の共通点と相違点を正しく把握する必要がある。とりわけイスラーム金融は、その原理となるイスラーム法への理解が必須だ。同じくウェブセミナーの登壇者であるサリヒン・シャリーア・アドバイザリー社のアーセン・ラフサスナ CEO も、両金融が似通っていても消費者が混乱することはないだろうと指摘している。

　両氏の共通した認識は、現在のマレーシアのイスラーム金融業界が直面している困難な課題であるフィンテックへの理解が進んでいない、という点である。上記のように従来型金融とイスラーム金融は併存しているため、従来型金融でのフィンテックの発展の恩恵にイスラーム金融もまた浴することができるはずである。しかしながら大学・大学院でフィンテックを学ぶ機会が乏しいため、この分野に明るい大学生・大学院生を育成することが課題だとしている。

　このように、イスラーム金融が先端の技術によって発展していくに伴い、この業界で働くための必須知識が多様化かつ深化しているのが現状といえよう。

イスラーム金融教育の目的

　イスラーム金融に対しては、市場や産業などマクロな動向に注目が集まりがちであるが、利用するムスリム一人ひとりの信仰とそれに基づく生活にどう位置づけるかも、重要である。インドネシアのボゴールにあるタズキア・イスラーム大学のムルニアティ・ムフリシン学長は、メディアのインタビューで次のように主張している。

　同大学でイスラーム金融を学ぶ学生は多いものの、イスラーム金融業界で「良い仕事」に就くための手段だとみなされている。しかしながら同大学でイスラーム金融を教える意義は、ムスリムには重要な、イスラーム法に基づいた人生を過ごすために必要な資産運用や金融に関する知識を授けることにあり、良い仕事をみつけるのは副次的なことだという。自分の収入はハラールである物事に由来しているか、あるいはイスラームに反することで収入を得てはいないか。喜捨を行っているか、喜捨したお金がどのように活用されているのか。これらのことへの理解がムスリムとして必要だというのである。

　そこで彼女は、大学の授業とは別にイスラームに適した個人・家族用の資産運用や生活設計を提案する一般向けセミナーを、2008 年より実施している。

これまで 2 万人以上の参加者がおり、なかには日本やイギリスからの参加もあったという。個人と社会、それぞれイスラームに則った適切なあり方を学ぶのが、イスラームと金融の教育ということなのだろう。

大学・大学院での教育と研究

　2018 年 12 月に公表された、トムソン・ロイター等の作成によるレポート「イスラーム金融開発レポート 2017」(Islamic Finance Development Report) では、イスラーム金融に関する教育・研究に関する分析が行われている。

　同レポートによれば、イスラーム金融を学ぶ課程がある大学・大学院の国別数のうち、もっとも多いのがイギリスで 76 機関、2 位がマレーシアとインドネシアでともに 58 機関、以下 UAE、パキスタン、アメリカ、サウジアラビアと続く。他方、学士や修士など一般的な名称の学位ではなく、イスラーム経済学士やイスラーム金融修士といった専門性の高さを示す名称の学位を授与する大学・大学院の数となると、順位が変化し、マレーシア、イギリス、インドネシアの順にトップ 3 となる。

　学校の数は、人びとのイスラーム金融への関心の高さやビジネス上のニーズ、卒業後の就職口としての魅力に左右されるが、イスラーム金融の普及が進むマレーシアやインドネシアが、研究・教育分野への浸透において進んでいるといえる。他方イギリスは、国内でイスラーム金融はほとんど浸透していないものの、高水準の大学・大学院が存在し、イスラーム諸国から多くの留学生を受け入れており、彼・彼女らからのニーズに応えているのだろう。実際、マレーシアの大学でイスラーム金融を教えているマレーシア人研究者のなかには、英国マンチェスター大学やダーラム大学への留学経験をもつ者もいる。

　大学・大学院の多さは教員の数に直結し、その業績は論文となって結実する。同レポートによれば、2016 〜 17 年に公表された論文の国別本数は、マレーシアがもっとも多く 922 本、以下、インドネシア、パキスタン、イギリスという結果となっている。

　研究・教育体制の強化として、マレーシアと UAE のイスラーム金融の研究教育機関が、覚書を締結して相互に学生の交流や共同研究を行うことになった。この覚書に署名したのは、マレーシアの国際イスラーム金融教育センターと UAE のシャルジャ首長国にあるシャルジャ大学シャルジャ経済金融研究イスラーム・センターである。国際イスラーム金融教育センターは、イスラーム

金融の研究教育に特化した大学院大学で、2005年にマレーシア中銀の主導で設立された。キャンパスはマラヤ大学近辺にあり、初代学長はゼティ中銀総裁が務めた。修士課程と博士課程のカリキュラムを設けており、イスラーム金融を専門的かつ実践的に研究できるのが特徴とされている。

シャルジャ首長国は、日本人にとっては耳慣れない国であるが、UAEを構成する七つの首長国の一つである。全首長国のなかでもっともイスラームが厳格に実施されている国とされており、飲酒の制限が厳しく、大学ではキャンパスが男女別になっている。同大学は、1997年に創立された私立大学で学生数は1万人を誇る。同国の人口が150万人ほどとされていることから、同国にあってはマンモス大学だといえよう。ちなみに国際的な大学のレーティングである「QS世界大学ランキング」によれば、同大学のスコアは700〜750位で、日本の東京理科大学や上智大学と同水準と判定されている。

覚書は、両センターは共同で修士課程を開設するとともに、国際会議やフォーラム、セミナーを共催するとしている。この取り組みによって、東南アジアと中東のイスラーム金融が、実務だけでなく調査研究や教育の分野でも太いパイプで繋がることが期待できるだろう。

国際的な学術連携

イスラーム金融に関する国際的な学術連携は、東南アジア域内でも起きている。2018年11月、フィリピンのマカティにてASEAN各国の大学によるイスラーム金融に関する国際会議が開催された。

同会議は、2013年に始まり今回で6回目となる。これまでの開催実績は、マレーシアとインドネシアでそれぞれ2回、ブルネイで1回となっており、フィリピンでの開催は初となった。また、ASEAN国際会議と名乗ってはいるものの、すべてのASEAN加盟国の大学が参加しているわけではなく、マレーシアからは国際イスラーム大学、ブルネイから1校、そしてインドネシアから4校が参加した。

東南アジアにあってイスラーム金融の途上国とされるフィリピンは、近年イスラーム過激派と政府軍による散発的な攻防が起きている。そのため、治安が悪化した地域の復興や人びとの支援について、イスラーム金融がいかに貢献できるかが焦点の一つとなった。他にもスクーク、イノベーション、政策、法的枠組みなどのパネルが開催され、多くの発表が行われた。登壇者は、学者・研

究者のみならず政府関係者やイスラーム金融の実務家などに及んだ。

　この国際会議は、学者・研究者や実務者のみならず、政治家からも注目を集めている。オープニング・セレモニーでは、ドゥテルテ大統領が登壇し、マレーシアからは、マスズリー教育相兼国際イスラーム大学学長によるスピーチもなされた。ちなみにマスズリー大臣は、2018 年 5 月の総選挙で初当選した直後に大臣ポストに就任した、マハティールの秘蔵っ子だ。ASEAN におけるイスラーム金融の学術・実務連携の展開に注目が集まっている。

従来型銀行で働くこと

　利子のある銀行がイスラームに反するのであるならば、ムスリムが従来型金融で働くことは、どのように捉えられるか。インドネシアでは近年、従来型銀行に勤務するムスリムが宗教的な理由で退職する例が増えていると、ロイターが報じている。この背景には、若い世代に保守的なイスラームの考え方が広がっていることがあるという。

　「イスラームでは利子が禁じられている」との主張は、クルアーンにあるリバーという概念の解釈の一つであり、これに基づきイスラーム銀行は誕生した。しかしながらこの解釈は、すべてのイスラーム法学者に支持されているわけではなく、「高金利のみが禁止される」「複利が禁止される」といった解釈も存在する。そのため、こちらの解釈に従えば、利子のある従来型銀行もまたイスラーム法に抵触していないことになる。実際、インドネシアの財務相も、「適切な記録がなされていれば有利子のローンも認められる」と発言している。

　利子がハラムであるならば、有利子の銀行を利用するだけでなく、そのような銀行で働いて給与をもらうこと、そしてそのお金で生活することもまた禁じられると解釈される。そのため、一度は従来型銀行に就職したものの、より保守的な解釈に転向した結果退職した者が現れている。

　ロイターによれば、従来型銀行の従業員はインドネシア全体で 150 万人おり、産業別の平均所得は 3 番目に高い。それでも従来型銀行の関係者によれば、就職希望者の 3 割は利子に関わる仕事を避けているようにみえるという。この傾向は、特に保守的な中流階級に強いという。近年はインターネット・バンキングなどの普及で従業員の縮小を模索している状況であるものの、実際にイスラーム法の解釈を理由に退職した従業員が何名いるのかは、明らかになっていない。ただ、このような理由で退職する者がいることは、銀行側も認識し

ているようだ。この傾向が続けば、同国の従来型銀行とイスラーム銀行が併存する現状に、少なからず影響を与えそうだ。

4　政治家が語るハラール・ビジネス

イスラームと政府の関係

　各国のイスラーム金融を考えるうえで重要な要素の一つが、イスラームと政府がどのような関係にあるかという点である。この関係性は、各国の歴史的経緯に培われて構築されているため、同じイスラーム諸国であっても一様ではない。例えば、隣国同士であるマレーシアとインドネシアでも、この事情は異なる。

　マレーシアの場合は、マレー半島各地の王国におけるスルタンによる統治が、イギリス植民地時代をへて現在の政治システムに引き継がれている。そのためイスラームに関する事柄は、連邦政府や州政府が担っている。典型例がハラール食品の認証制度で、首相府イスラーム開発局が認証機関の役割を果たしている。マレーシアのように政府が認証を行うのは、世界的にも数少ない事例である。

　他方インドネシアの場合は、オランダによる植民地支配に対抗するイスラームを紐帯とする民間組織として、20世紀初めにナフダトル・ウラマーやムハンマディアなど著名な団体が生まれた。独立後も、スハルト政権の1980年代の脱イスラーム化政策と市民によるイスラーム復興運動の登場、あるいはナフダトル・ウラマーの指導者ワヒドがアジア通貨危機をへて大統領に就任するなど、政府とイスラームの距離が時に変化する。なおハラール認証制度は、非政府組織であるインドネシア・ウラマー評議会が行っている。

　政府とイスラームの関係は、その国の指導者が対イスラーム政策をどの程度推進するかにも左右される。イスラーム金融は、マレーシアでは1980年代のマハティール政権で、インドネシアではイスラーム宥和に転換した1990年代のスハルト政権で誕生した。

　金融産業は政府による規制が厳しく課される産業であり、この点はイスラーム金融も同じである。したがって、各国の政府がイスラームをどのように認識しているかが、その国のイスラーム金融の実態に影響を与えているといえる。

　そこで、マレーシアのイスラーム金融の実態をさぐるため、閣僚・政治家に

よる言説を追ってみたい。なお、2010年代のマレーシア政局は目まぐるしく動いており、政党連合間の政権交代や、政権の枠組みとなる政党連合やそこに所属する政党が頻繁に移動している。また議員自身も、政党間を移動したり新党の結成や合併を行ったりしている。そのためここでは、基本的に発言時の所属政党や肩書に則って、発言内容を確認していくこととする。

政権に復帰したマハティール・モハマド

2018年5月、2016年に古巣、統一マレー国民組織（United Malays National Organization: UMNO）を批判して新党としてマレーシア統一プリブミ党（Parti Pribumi Bersatu Malaysia: PPBM）を結成したマハティール・モハマドが総選挙で勝利、新しい政党連合である希望連盟（Pakatan Harapan）からの支持を得て第7代首相に就任した。マレーシアにおいて政権交代は初の出来事である。

マハティールといえば、国民戦線（Barisan Nasional）政権において首相に在任していた1983年において、イスラーム銀行法施行に尽力した人物だ。2019年4月に開催されたクアラルンプール・イスラーム金融フォーラムの基調講演にも登壇している。

マハティールは、イスラーム金融事業者はイスラーム金融商品・サービスをより効果的で効率よく広めるため、フィンテックに投資すべきだと主張した。彼によれば、金融をめぐる最先端技術の発展は著しいもので、インターネット、スマートフォンやタブレット端末、ソーシャル・メディア、あるいはビッグデータの分析などを通じて、モバイル決済、送金、ローン、ファンドの立ち上げ、アセット・マネージメントなどの形で成果を上げている。このような技術は、ユーザー・フレンドリーで利便性が高いものの、その発展はまだ初期段階であるとして、さらなる向上がイスラーム金融には必要だと指摘している。

ただ、科学技術だけを闇雲に追求するのは適切ではないと、マハティールは警戒している。一つには、伝統的なイスラーム金融のあり方自体は過小評価すべきではなく、従来の強みを活かしながらの技術の導入が必要だからだ。もう一つは、技術の発展を進める、あるいは暴走を食い止めるために、適切な法律や規制、会計制度、透明性の確保、適切なR&Dも同時に必要であるとしている。

イスラーム金融とフィンテックの関係に関しては、近年各所でその重要性が

強く叫ばれているが、マハティールも同じような認識を共有していることが、この講演で示されたといえよう。

2018年総選挙後の統一マレー国民組織と全マレーシア・イスラーム党

　2018年5月の総選挙の結果、連邦議会でともに野党となった二つのマレー・ムスリムを支持基盤とする政党であるUMNOと全マレーシア・イスラーム党（Parti Islam Se-Malaysia: PAS）は2019年9月に、共同で経済フォーラムを実施した。その中で、ブミプトラ政策のあり方が議論されるとともに、過去の成功事例としてイスラーム金融を真似るべきとの議論が行われた。

　「マレーシア——新時代における新経済政策の挑戦」と題されたフォーラムは、両党の関係者が登壇して議論を交わした。新経済政策とは、1969年に起きた「5月13日事件」の背景には民族間格差があるとして、是正のためマレー人や少数民族であるブミプトラに社会経済的なインセンティブを与える政策のことで、ブミプトラ政策とも呼ばれる。数十年にわたる成果として民族間の経済格差は縮小する一方、華人やインド人といった非ブミプトラに不平等感を抱かせるとともに、外国企業がマレーシア市場に参入する際の障壁だと指摘されている。対峙しているマハティール首相も、ブミプトラ政策の存在がマレー人の向上心を削ぐと、かつて発言したことがある。

　登壇者であるUMNOのカリド・イブラヒムは、従来のブミプトラ政策の議論では、平等性ばかりが注目され、富の再分配の議論が不十分だったと指摘した。他方、PAS副党首のサムスリ・モフタールは、「ブミプトラへの優遇は不平等解消のためではなく、憲法の保障に基づき実施されるべき」と指摘、この政策がマレーシア経済とマレー人にどう意義づけられるべきかで見解が分かれた。

　他方、参加者のなかからは、理論的な枠組みよりも両党がいかなる経済振興策を打ち出すかが重要であり、「イスラーム金融を含めた、イスラーム経済政策のようなマレー・ムスリムが好む政策を実施すべき」との意見が上がった。

　このように、選挙の結果、共に野党となった両党がイスラーム金融をきっかけとして政策の一致を目指し、連携をとるようになったわけである。

マハティール政権の閣僚

　希望連盟のマハティール政権では、多くの閣僚がハラール産業について発言

を行った。なかでも注目されたのは、マスズリー・マリク教育相が2019年9月にイギリスで行ったイスラーム金融に関する講演である。

　マスズリー教育相は、イギリスのダーラム大学で学び、イスラーム研究で博士号を取得、帰国後は国際イスラーム大学で教鞭をとっていた。それが2018年5月の総選挙では、マハティールのPPBM所属でジョホール州の選挙区から立候補、初当選を果たした。そして希望連盟新政権においては教育相に任命された。

　従来のマレーシア政治では、教育相は将来の首相候補たる人物が就くポストであり、学校行政を通じて民族間の融和ための政治・行政手法を学ぶとされてきた。実際、歴代8名の首相うち6名が教育相の経験者である。これに対してマハティールは、将来を嘱望される与党の中堅議員ではなく1年生議員にして学識経験者をこのポストに指名したため、様々な憶測を呼んだ。

　さらにマスズリー教育相は2018年9月に、古巣である国際イスラーム大学の学長に就任した。マレーシアにおいては、国立大学の学長は政治家が就く名誉職的なポストであり、同大学でもフセイン・オン元首相、アンワル・イブラヒム元副首相、ナジブ・ラザク元首相など著名な政治家たちが学長となっていた。しかしながらマハティール政権が、当初掲げていた「政治家が大学の学長に就任するのは控える」という方針に違反したために学内で反発が起き、結局2か月ほどで学長を辞任している。

　母校でありイスラーム金融研究でも知られるダーラム大学での講演では、イスラーム金融が持続的に発展するためには研究、教育、従業員トレーニングが必要であるものの、既存の体制ではこれらにギャップが生じている、そのため、金融業界と教育界が一丸となってこれらを統合していくべきと指摘した。この分野に明るいマスズリー教育相が中心となり、積極的で継続的な取り組みがどのようになされるか、注目していきたい。

マハティール政権の崩壊とムヒディン政権の発足

　マハティールは2020年2月24日に首相を辞任した。自身の後継者争いをめぐって希望連盟政権が混乱、後任はPPBMの主流派、マハティールと袂を分かったアンワル・イブラヒムを中心とする人民正義党（Parti Keadilan Rakyat）のうち、この騒動でマハティールと同調するために離党した者、そしてUMNOなど国民戦線とPASからなる新しい政党同盟である国民連盟から

の支持を取り付けたムヒディン・ヤシンで、2020年3月10日に新内閣を発足させた。2018年5月以来の総選挙のない政権交代劇であり、国民戦線は22か月ぶりに政権に復帰した。

政権発足早々、コロナ対策に直面したムヒディン政権だが、ムスタパ・モハメド首相府相（経済担当）は、2020年11月のスピーチで「イスラーム金融には、コロナ禍にあえぐマレーシアの再建に果たす役割がある」と、イスラーム金融の重要性を語った。

ムスタファ首相府相が登壇したのは、バンク・イスラームがマイクロ・ファイナンスの新しい金融商品を発売するのに合わせて行われた講演会である。彼は、イスラームにはザカートやワクフなど、社会発展のための金融手段が充実していると指摘した。しかしながら同時に、イスラームを名乗るからといってモスクやイスラーム学校であるマドラサ建設のためだけに資金を使うのではなく、弱者救済や貧困解消などに用いられなければならないとした。

さらに、世界がコロナ禍に見舞われ経済の悪化にあえいでいるが、マレーシアではなかでも「B40」と呼ばれる下位40%に位置する零細企業への影響が大きい。追加経済対策、国家経済復興計画、「私たちの心配事」（kita prihatin）といった、一連の経済政策に位置づけられるイスラーム銀行の融資はとりわけ重要であると強調した。

ムスタファ首相府相といえば、国民戦線時代のマハティール政権以来、アブドラ、ナジブ両政権、希望連盟のマハティール政権、そして国民連盟と国民戦線によるムヒディン政権に至るまで、一貫して経済・財務の重要ポストを歴任してきた政治家だ。国際通商相を9年にわたり務め、経済ミッションを率いて訪日した経験をもつ。クランタン州選出であるものの、PASではなくPPBM所属という独特の立ち位置をとるベテラン政治家の発言は、注目に値するだろう。

ムヒディン政権の閣僚

国民連盟と国民戦線によるムヒディン政権のザフルル・アブドゥル・アジズ財務相は2021年3月、クアラルンプール・イスラーム金融フォーラムで講演し、マレーシアがグローバルなハラール産業に対してさらなる役割を担っていくだろうと発言した。

ザフルル財務相は、2020年の政権交代によるムヒディン政権の発足にとも

ない、マハティール前政権のリム・グアンエンから財務相職を引き継いだ。上院議員も兼任するザフルル氏は、大臣就任要請時にはCIMBグループのCEOを務める銀行実務家であった。

ザフルル財務相は、マレーシア国際イスラーム金融センターのデータを引用しつつ、マレーシアのスクークの発行残高はおよそ1兆リンギとなったが、これはグローバル市場の45%以上を占めており、マレーシアは世界最大のスクーク市場だといえるとし、また持続可能で責任ある投資を旨とするスクークを通じて、投資家とイスラーム金融機関は成長可能な未来づくりに強くコミットしていると評した。

また財務相は、2019年8月に当時のマハティール首相が提唱した、「B40」のための10年間のブループリントである「シェアード・プロスペリティ・ビジョン2030」についても言及し、イスラーム金融もこの政策ビジョンの中に位置づけられているとした。3兆米ドルともみられているグローバルなハラール市場にあって、マレーシアはグローバルなハラール・ハブを推進するだけでなく、コロナ禍にある世界経済の回復に寄与することになる、との見通しを語った。

ザフルル財務相はこの講演を通じて、銀行の現場を知る者として、またムヒディン政権の閣僚の一人として、イスラーム金融の力強い役割への期待感をもっていることを示したといえよう。

ムヒディン政権の崩壊とイスマイル・サブリ政権の発足

2021年を迎えてもなおマレーシア国内の新型コロナウイルスの感染状況が改善しないことと、この混乱に乗じて強権的な政治手法をとろうとしたことから、ムヒディン政権への批判が高まっていった。なかでも国民戦線の最大勢力であるUMNOが7月に政権離脱を示唆したことで、ムヒディン政権は崩壊した。代わって第9代の首相に就任したのが、UMNOのイスマイル・サブリ・ヤアコブである。イスマイル・サブリ首相は、ムヒディン政権で副首相と国防相、上級相を兼任し、ロックダウンにあたる活動制限令を指揮したことで知られる。なお、UMNOから首相が選出されるのは、2018年5月にナジブが首相の座を退いて以来のことである。選挙で政権を失いながら、政党間の離合集散によってふたたびUMNOから首相を選出する立場に立ったことに対して、UMNOをはじめ政治全体への不信感が強まっている。

2021年8月に国民連盟と国民戦線から支持を受けて新首相に就任したイスマイル・サブリ首相は、ハラール産業に対してどのような認識をもっているのか。彼のキャリアをみてみると、もともとはパハン州出身の弁護士で地元の観光業界に携わっていた。UMNO所属の下院議員になると、歴代の国民戦線政権で複数の閣僚ポストを経験したが、いずれも中小企業ビジネスや農業の振興、地域活性化に関するものであった。そのため、金融畑やイスラーム畑の専門家ではないものの、各分野の立場からハラール産業と関わった経験がある。

　一つは、ナジブ政権の2013年から2015年にかけて、農業相としてアグロバンクの従来型銀行からイスラーム銀行への転換を手がけたこと。アグロバンクは、1969年に設立された農業省（現農業・農業関連産業省）傘下の政府系開発金融機関であり、小規模農家や農業企業の活性化のための融資を積極的に行っている。もともとは利子のある従来型銀行であったが、2015年7月にイスラーム式の預金と融資を扱うイスラーム金融機関へと転換した。

　この時農業相であったイスマイルは、マレーシア中銀内で行われた記念式典でスピーチを行い、アグロバンクのイスラーム銀行化はイスラーム金融のシェア向上というマレーシア中銀の方針に沿うものだと語った。また、農業向け融資がイスラーム式で行われることによって、食品のサプライチェーンの全面的なシャリーアへの準拠に貢献するとも発言している。

　また同じくナジブ政権期の2009年から2013年にかけて国内貿易協同組合消費担当相を務めていた際、マレーシア中小企業協会が主催する中小企業を顕彰よるイベントに大臣として出席し、アライアンス銀行等を表彰した経験がある。

　イスマイル首相はこのような経験をふまえ、農業・中小企業振興や地域活性化の手段としてイスラーム金融の積極的な活用を、今後行っていくものと期待できる。

人民正義党のアンワル・イブラヒムとワン・アジザ

　マレーシア政治のなかでもう一人重要な政治家が、アンワル・イブラヒムだ。彼は、1970年代のマレーシアにおけるイスラーム復興運動であるダッワ運動を主導したムスリム団体の一つであるマレーシア・イスラーム青年運動の代表を務めていたが、当時UMNOに所属していたマハティール・モハマドに誘われて政界入りした。そしてマハティール政権では副首相兼財務相として、

イスラーム金融やハラール産業の推進を行う一方、1997年のアジア通貨危機の対応を行った。しかしながらその後マハティールと対立、UMNOを離党すると人民正義党を結党して、国民戦線政権と対立した。その後、野党連合である人民連盟の最高指導者となり、国民戦線と対立した。この間、逮捕・投獄を経験しているが、妻であるワン・アジザが党の代理を務めた。さらに、二人の娘であるヌルル・イッザもまた、人民正義党所属の下院議員である。

1998年以降アンワルは一貫して野党陣営にいたが、2018年5月の総選挙の結果、人民連盟はマハティールのPPBMと新たに希望連盟を結成して、マハティール政権を誕生させた。同内閣では、ワン・アジザが副首相に、アンワルは議員職になかったため入閣こそ果たせなかったものの、政界復帰後は次期首相の座が確約されているとみられていた。ところが後継者問題をめぐりアンワルとマハティールが対立し、2020年2月にマハティール政権は崩壊した。これによりアンワルとワン・アジザは、マハティール一派が離脱した希望連盟を率いる野党指導者の立場に戻った。

以上のような経歴をもつアンワル元副首相は、イスラーム活動を背景としつつ財務・金融の閣僚を経験した野党指導者として、現状批判的な立場から発言できる政治家である。

アンワル元副首相は2019年3月、カタールの首都ドーハで開催された第5回ドーハ・イスラーム金融会議に招待され、イスラーム金融に関する基調講演を行った。彼によれば、富の偏在や貧困など経済的な不平等は、近年ほど拡大している。これは、ポピュリズムやナショナリズムの下地となり、さらには暴力や戦争へと繋がる。また、難民の世界各地への離散、国内避難民が増加しており、彼ら・彼女らには適切な教育やヘルスケアが必要である。こうした状況を改善する役割を果たすのがイスラーム金融である、とアンワル元副首相は指摘した。特にムスリムにあっては、銀行の利用率はわずか14%に過ぎず、銀行を活用することが、不平等や貧困の問題を解決するための役割を果たしたという。

イスラーム金融の普及と有効な活用において重要なものは、一つはITやAI、ブロックチェーンといったコンピューター・ベースの産業で、もう一つがイスラーム法の役割である。イスラーム法を正しく実践することで構築される社会、すなわちイスラーム法の目的には倫理的な側面も含まれており、そのような社会を実現するための手段にイスラーム金融が位置づけられる。

講演の中でアンワル元副首相は、すべての人びとにとっての正義と平等のために未来を作り上げていくことこそイスラームに適うと指摘し、そのためには宗教、銀行・金融、そしてIT技術が結びつくべきであるとの見解を披露した。

　また、ワン・アジザ副首相も、2019年11月に実施されたマレーシア中銀、首相府イスラーム開発局、イスラーム開発銀行などが主催した会議で、イスラーム金融に対する見方を披露した。

　ワン・アジザ副首相によれば、マレーシアにおいてはイスラーム金融もハラール産業もそれぞれ高水準での成長を示してはいるものの、それぞれ独立した動きにとどまっているため、相互に連携がとれたものにすべきだという。連携の不在から強い影響を受ける分野として副首相が挙げたのが、ハラール産業に属する中小企業だ。本来ならイスラーム金融とハラール産業とが一体化することで、中小企業がイスラーム金融から容易に資金調達を行い、マレーシア国内にとどまらず広くイスラーム諸国に製品を輸出できてしかるべきである。しかしながら現実は、イスラーム銀行から中小企業への融資が円滑に行われていない。この結果、中小企業は従来型銀行からイスラームには則していないとされる方法の融資を受けざるをえないか、さもなければビジネス拡大の機会を失うことになると指摘している。

　ワン・アジザ副首相によれば、マレーシアはハラール産業における長い経験と知識の積み重ねにより、この分野で世界をリードする立場にある。さらに、見本市やビジネスの現場としての経験が、各国の視線をマレーシアに向けることを可能にするとも指摘している。

　ワン・アジザ副首相は、講演の中で「ハラール・エコシステム」という表現を用いている。これは第1章で触れたように、イスラームの価値に基づいた経済のことであり、川上から川下までイスラームに基づいた商品・サービスによって構成させた経済である。この中でイスラーム金融は各部門への資金の出し手として重要な役割を担うとされているが、副首相はイスラーム金融のこの役割が強化されるべきと主張したことになる。

インドネシア政界におけるハラール産業への理解

　インドネシアでハラール産業に重要な役割を果たした政治家が、ユスフ・ハビビ元大統領である。スハルトの側近として一貫して理系畑を歩んできた彼は、インドネシアでのイスラーム銀行設立の立役者の一人としても知られている。

ハビビ元大統領は1936年スラウェシ島生まれ。バンドン工科大学から西ドイツに留学し、航空工学で博士号を取得、メッサーシュミット社の幹部となった。インドネシア帰国後は政界に転じ、スハルト政権下で科学技術や産業振興、国産航空機開発の要職を歴任した。1998年にスハルトが大統領7選を果たすと副大統領に就任、同じ年に起きたジャカルタ騒乱をきっかけにスハルトが退陣すると、第3代大統領に昇格した。しかしながら、1999年の大統領指名選挙で敗北、イスラーム法学者であるワヒドが第4代大統領に選ばれた。

　このような経歴において、彼がイスラーム銀行に関与したのは1990年代初めの頃である。スハルト政権は、それまでのイスラーム勢力との対立から融和へと転換、各イスラーム勢力を結集して政権を支持させることを目的として、インドネシア・ムスリム知識人協会という団体を1990年に立ち上げた。そのトップに就任したのがハビビである。

　同じ時期に国内では、イスラーム銀行設立の機運が高まっていた。背景には、イスラーム諸国、特に隣国マレーシアでのイスラーム銀行の成功があり、これに刺激された各イスラーム団体の声を取りまとめて政権との橋渡し役を務めたのが、イスラーム・ムスリム知識人協会とハビビであった。この結果1992年に銀行法が改正され、イスラーム銀行の創業が認められた。国内で初めて設立されたイスラーム銀行であるバンク・ムアーマラート・インドネシアは、同協会が主要株主となった。

　ハビビ元大統領は2019年9月に亡くなったが、彼との繋がりが強かったバンク・ムアーマラート・インドネシアは後日記者会見を開き、ハビビが亡くなった翌日、銀行として祈りを捧げたことを明らかにした。

ジョコ・ウィドド大統領とマアルフ・アミン副大統領

　2019年10月、インドネシアで正副大統領の就任式が行われた。これは4月の大統領選挙の結果を受けてのものだが、大統領はジョコ・ウィドドが二期目の政権となる一方、副大統領にはユスフ・カラに代わりマアルフ・アミンが就任した。

　1943年生まれのマアルフ・アミンは、ジャカルタに近いタンゲラン出身で、同国におけるイスラームの最高権威であるインドネシア・ウラマー評議会の議長を務めたイスラーム法学者である。第一期ジョコ政権は非イスラーム勢力に融和的だとして、保守系ムスリム層からの支持が離れてしまった。そのためジ

ョコは、イスラームに明るいマアルフ・アミンを副大統領候補に指名した。

　なお、正副大統領のいずれかにイスラーム法学者が就任するのは、ワヒド大統領以来となる。ワヒドは、ムスリム団体であるナフダトル・ウラマーの元議長であり、いわゆる「味の素事件」の解決に尽力した人物としても知られる。

　マアルフ・アミンはイスラーム金融の分野にも精通しており、二つのイスラーム銀行のシャリーア委員会の委員を務めた。とりわけ、同国初のイスラーム銀行であるバンク・ムアーマラートでは委員を17年務め、この間、同銀行が経営難に陥った際には、ジョコ大統領に支援を要請したとされている。なお、副大統領就任に際し、民間企業の非常勤職との兼任は適切ではないとして、自ら辞任を申し出た。

　同国のイスラーム金融をめぐっては、魅力的な資産の不足、マーケティングの不成功、そして人的資源の欠如などから、市場シェア率が5％程度にとどまっており、現状では急成長を予想する銀行家は少ないと指摘されている。しかし大統領がイスラーム経済の振興に積極的であること、そして副大統領がイスラーム金融の現場に精通していることから、従来の予想を上回る期待も高まった。

　そのマアルフ・アミン副大統領は2021年12月、副大統領公式ツイッター・アカウントを更新し、同国におけるフィンテックのあり方についての見解を示した。

　副大統領は、金融サービス庁のデータを示しながらインドネシアのフィンテックの現状について説明したが、それによると、2021年10月現在で国内には従来型金融に基づいたフィンテックが97社あり、その総資産は4.2兆ルピアに上る。他方、イスラーム式を謳うものはわずかに7社で、総資産も740億ルピアにすぎず、大幅にかけ離れていると指摘した。ムスリム人口の大きいインドネシアにおいては、イスラーム式のフィンテックが拡大することで富の分配システムが効率よく機能するとみており、これを妨げるものは厳しく取り締まるとしている。実際、金融サービス庁のタスクフォースは、違法なオンライン貸金業者3,631社を取り締まったことを明らかにしている。

　上述のような経歴をもつ副大統領の発言は、インドネシアの政治・経済・宗教の現状と将来の方向性を示すものとして重要である。副大統領はまた、フィンテックによって零細・中小企業が成長できるよう、金融業者にフィンテックのイノベーションを呼びかけた。とりわけイスラーム式のフィンテックの拡大

に期待を寄せているようだ。

5　イスラーム法学者の役割

　ハラール産業に関係する当事者として最後に検討していくのが、イスラーム法学者である。イスラーム法をはじめ、イスラームの教義に精通しているイスラーム法学者は、その知見をもってハラール産業に関与していく。すなわち、各商品・サービスやそのビジネス形態について、何をどう行うことがイスラームに適っているか否か見解を示す。とりわけハラール食品やイスラーム金融、あるいはムスリム・フレンドリー・ツーリズムなどで、具体的な商品・サービスが従うべき基準を明示するとともに、各企業が提供する商品・サービスがこの基準に合致しているのかを判定するハラール認証制度が確立している事例もある。

　ここでは、マレーシアのイスラーム銀行とイスラーム法学者についてみていく。マレーシアのイスラーム銀行の場合、市中の各イスラーム銀行と、中央銀行であるバンク・ヌガラ・マレーシアが、それぞれイスラーム法学者によって組織されるシャリーア委員会を設置することが、法律等によって定められている。このうち、市中のイスラーム銀行のシャリーア委員選定基準については、マレーシア中銀が 2012 年に示した「イスラーム金融機関のためのシャリーア・ガバナンスの枠組み」(以下「枠組み」) や 2019 年 9 月「シャリーア・コンプライアンスの方針文書」(以下「方針文書」) などによって明示されている。

　そこでまず、「枠組み」にしたがってシャリーア委員会のメンバーの適格性についてみていこう。次に、実際にどのような人材がシャリーア委員会に任命されているのか。2013 年の調査に基づいて確認する。そして委員たりうる人材の育成のあり方を論じ、最後にイスラーム法学者による発言の事例を検討していきたい。

資格と条件

　「枠組み」によれば、イスラーム銀行業専業銀行のシャリーア委員会は、5 名以上の個人によって構成されなければならない。なお、その役割をコンサルティング会社に外部委託することを禁じている。

　委員に求められる条件であるが、委員の過半数は、イスラーム法源学ないし

はイスラーム商法・取引法に関して、大卒かそれ以上の学歴が必須としている。イスラーム法源学とは、イスラーム法を確立する際の根拠となる法源、すなわち聖典クルアーンや預言者ムハンマドの言行録であるハディース等に関する学問のことで、イスラーム商法・取引法とは、このイスラーム法に基づいた商取引に関する学問を指す。いずれも、イスラーム金融商品・サービスを提供するというイスラーム銀行の根幹に関わる知識であるため、その有無や習熟度が大きく問われている。

　次に、言語運用能力が求められる。すなわち、英語、マレーシア語、そしてアラビア語の高度な読み書きと会話の能力が求められる。英語とマレーシア語は、イスラーム銀行が契約書で用いる主要言語であり、その文面がイスラーム法に反するところがないか確認できる能力が委員に備わっている必要がある。またアラビア語は、クルアーンやハディースといった法源の原典の読解能力を示すものである。

　他方、委員の半数以下の範囲であれば、上記の能力の代わりにイスラーム法の議論を深めるための金融や法学の専門家を委員にすることも可能である。

　また、「枠組み」や「方針文書」によれば、他のイスラーム銀行との兼務が禁じられる一方、特定のイスラーム銀行での任期は、最大9年までとする上限が設けられている。また、政治家が委員になることも禁じられている。このように、特定の人物とイスラーム銀行との癒着を避けるとともに、他の分野、特に政治からの独立性を保つことを目指している。

　市中のイスラーム銀行のシャリーア委員会は、関連する諸機関とのコミュニケーションを密にとることが新たに求められている。まず社内統治においては、取締役会との間で適切な連携をとることで効率的な経営の実施が期待されている。社外組織との関係では、マレーシア中銀が設置しているシャリーア助言委員会に対して、同委員会が定める範囲を越えてのシャリーアに関する規定を設けることを、各イスラーム銀行のシャリーア委員会に認めるようになったが、その際は中銀に内容を通知するよう義務づけている。

実態調査から

　「枠組み」や「方針文書」で示された条件を満たして、実際に市中のイスラーム銀行でシャリーア委員会の委員を務めているのは、どのような経歴の持ち主たちだろうか。筆者が2013年8月にマレーシアで行った調査を基に、現状

を探ってみたい。調査対象としたのは、20行のイスラーム銀行業専業銀行と4行の従来型銀行のイスラーム銀行業部門のシャリーア委員会の委員119名である。調査結果をまとめたのが図1である。

　まず性別であるが、全体の88%にあたる105名が男性、残る14名が女性である。とかくイスラームといえば男性優位というイメージが強いものの、現実には半分強のイスラーム銀行が女性を委員として採用している。

　次に委員の国籍だが、ほぼ4分の3に相当する90名がマレーシア人である。他方、マレーシア国籍ではない者、中東・北アフリカなどOIC加盟国の国籍保持者が27名、非イスラーム諸国の国籍保持者が2名となっている。マレーシア人以外を積極的に委員に任命しているのは、中東やヨーロッパに本社があるイスラーム銀行が多い。グローバルにビジネス展開を行うイスラーム銀行が、グループ内でのイスラームの解釈を統一するため、本社の委員がマレーシアを含めた各国の現地法人の委員を兼任しているのである。

　次に年齢をみてみよう。筆者の調査では、119名のうち年齢が判明したのは26名のみであったが、もっとも多かったのが40代で、これに次いで30代と50代が同率となった。イスラーム法学者というと高齢の男性を想像しがちで

図1　マレーシアのイスラーム銀行におけるシャリーア委員会の委員の特徴（全119名）

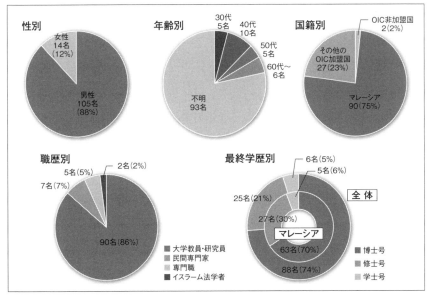

あるが、実態としては 30 〜 50 代という働き盛りの世代が中心となっているようである。

学 歴

　次に委員の学歴であるが、上述のように「枠組み」によれば、委員に選任されるためには、少なくとも大卒以上である必要がある。119 名の委員の学歴を確認してみると、全員が大卒であるのはもちろん、9 割以上である 113 名が大学院修士課程を修了、さらにほぼ 4 分の 3 にあたる 88 名が博士号を取得している。なお、マレーシア人委員だけでみると博士号取得者は 70％となり、保有率はやや下がる。

　学位を取得した国をみてみると、まず学部ではマレーシアがほぼ半数であるのに対し、イスラームの最高学府であるアズハル大学があるエジプトと、聖地メッカを擁するサウジアラビアがこれに続く。ところが、修士・博士課程になると、イギリスでの学位取得者が大幅に増える。このデータから、シャリーア委員会の委員のなかには、中東にてイスラーム法学を、さらにイギリスで経済学・経営学を学んだうえで博士号を取得する者が多くおり、この学歴は「枠組み」の条件を十分に満たすものである。

職 歴

　次に、どんなキャリアをへてシャリーア委員会の委員となったかを確認する。そもそもシャリーア委員会の委員は基本的に非常勤職であるため、委員に就く者はほかに「本業」をもつ場合がほとんどである。119 名中 8 割を超える 90 名が教授や講師といった大学教員、ないしは大学所属の研究者である。残る 29 名については、コンサルティング会社等に所属する民間の専門家が 7 名、弁護士など法曹関係者や会計士などのいわゆる専門職が 5 名である。他方、イスラーム法の専門家であるウラマーは、わずか 2 名にとどまっている。

　過去の経歴・職歴についても、調査時においては現職の大学教員・研究者ではない者であっても、そのほとんどがかつて研究職・教職に就いた経験を有しており、イスラーム銀行を含めた企業での勤務経験がある者も 11 名いる。

　学歴を加味して考えれば、大学・大学院時代にマレーシア本国だけではなく、エジプトやイギリスに留学してイスラーム法と経済学・経営学など社会科学を修めて学位を取得したのち、帰国してマラヤ大学やマレーシア国民大学、

国際イスラーム大学等に奉職しつつ、非常勤職のシャリーア委員会の委員を務めている、というキャリアコースの実態が浮かび上がってくる。

人材育成

　イスラーム銀行は、その商品・サービスの特徴からイスラーム色が強く、また伝統的な手法も含まれているが、そのイスラーム性の中核を担うシャリーア委員会の委員は、むしろ留学や大学の研究職への就職といった現代的な大学教育システムの中で育成され、また委員としての経験が教育現場にフィードバックされていく仕組みが確立しているといえよう。

　「枠組み」には、複数のイスラーム銀行の委員兼任の禁止規定があるため、各行が5名以上の専門家を揃えるためには、それに適した人材が、イスラーム銀行の数を鑑みれば常時100名以上は必要であり、今後も適切な人材を供給し続けていかなければならない。そのためには、研究者として訓練を受けている委員経験者が教育現場で講義を施し、人材育成を行うのが適切である。この結果、マレーシアではイスラーム銀行と大学とが近い関係を構築してきた。この点が、一人で複数の銀行の委員を務めることが常態化している中東湾岸諸国とは、大きく異なる。

　イスラーム金融は各国で実施されているため、上記の関係をマレーシア人・マレーシア国内限定で完結させてしまうと、他国のイスラーム金融と齟齬が生まれる可能性がある。そこで、各イスラーム銀行が外国人委員を採用したり、あるいはマレーシア人委員が学生時代に留学したり、外国のイスラーム銀行の委員を経験したりすることによって、イスラーム金融のグローバルな動向がマレーシアに還元されることになる。

　イスラーム金融のイスラーム性の構築と、それを支えるシャリーア委員会の人材育成は、イスラーム銀行と大学の関係を中心に、マレーシア国内外で支えられているといえよう。

イスラーム法学者の発言

　マレーシアのイスラーム法学者であるズルキフリ・モハマド・アル＝バクリが、イスラーム金融に関し興味深い発言を行っている。同氏は当時、連邦直轄領のムフティーの職にあった。ムフティーとは、時代や地域によって位置づけが異なるのだが、現代マレーシアにおいては、各州のイスラーム顧問といった

役割を担っている。ムフティーは、スルタンのいる9州ではスルタンから、スルタンのいない4州と連邦直轄領は首相府イスラーム開発局から任命される。

　ズルキフリ氏はこれまでイスラーム法学者として、またムフティーという州や連邦に責任を負う立場から、社会問題などイスラームに関わる事象に対して発言している。「ムスリムはキリスト教徒に対して『メリー・クリスマス』と挨拶してもよい」「ポケモンGOは、交通事故やプライバシーの侵害等を起こさない限り、ムスリムが楽しんでも問題ない」など、過度に保守的ではなく柔軟なイスラーム法の解釈を行っているところが、同氏の特徴といえよう。同氏はまた、マレーシア中銀のシャリーア助言委員会の委員も兼任している。その意味では、同氏はイスラーム金融産業の関係者といえる。

　同氏は、2017年11月に中央銀行が開催したセミナーに登壇し、イスラーム金融について語っている。この講演の中で同氏は、イスラーム金融に必要なものとして、①イスラーム法に準拠すること、②人びとを支え利益を与えるという価値観をもつこと、③公平性を推進すること、という3点を指摘、「イスラーム金融は、イスラーム法の専門家が定めた規定に従っている」とした。また「健康産業や教育産業ではインパクトを与えている」と具体的な分野を指摘し、イスラーム金融の成果を強調した。

　同氏の発言からは、イスラーム金融は経済合理性とともに宗教上の妥当性・正統性を保持していなければならず、イスラーム法学者が担保している事実と自負が読み取れよう。

　本章では、ハラール産業のステークホルダーである企業、利用客、従業員とその人材育成、行政・政治家、そしてイスラーム法学者について検討してきた。いずれもハラール産業に対して主体的に関与している存在であるため、その動向がハラール産業、商品・サービス、およびその市場のあり方に影響を与えている。マレーシアやインドネシアのように、イスラームという宗教が政治や社会にとって大きな存在となっている国では、ハラール産業は必ずしも経済的要因だけでその動向が決まっているわけではないことが、明らかになったといえる。

第4章　ハラール産業とムスリム社会

ラマダーン月には食費をはじめ消費が拡大する（撮影：舛谷鋭氏）

　近年のムスリム社会においてハラール産業は、ムスリムがイスラームに則った正しい社会生活を実現するうえで必要な存在となってきている。すなわち、ムスリムがイスラームに基づいて正しく生きていくことを是とする社会においては、それを実現するための商品やサービスが必要であり、そうしたものを提供するのがハラール産業である。そのため重視されるのは、ムスリムにとって適切なムスリム社会のあり方はどのようなものであるかという点と、どのような商品・サービスが提供されることによって、ムスリムにとっての適切な社会が実現できるかという点の二つである。

　そこで本章では、ハラール産業とムスリム社会の関係性に焦点を当て、主にイスラーム金融の事例からそのあり方を読み解いていく。まず、ハラール・ビジネスを展開する企業が、ムスリム社会においてどのような役割を負っているのか、すなわち企業の社会的責任の事例をみる。また今日のグローバル社会において重要な目標とされる持続可能な開発目標に対して、各企業がどのようにコミットできるかをみていく。

　次に、イスラーム以外の宗教との関係、および飲酒や売春といったイスラームにおいて禁じられている行為に関連する産業との関係をみていく。

　3点目は、グローバル社会において重要な考え方の一つであるエコや環境問

題に対して、イスラーム金融がどのように対応しているのかをみていく。

　4点目は、年間を通じてもっともムスリムの意識が社会貢献に向くとされるラマダーン月において、イスラーム金融機関がどのような取り組みを通じて社会貢献を行っているのかをみていく。

　そして最後に、東南アジアと南米の、ムスリムがマイノリティの国において、ハラール産業とムスリム社会がどのような関係を構築しているのかを確認する。

1　CSRとSDG

イスラームとCSR

　企業の社会的責任、すなわちCSR（Corporate Social Responsibility）は、利潤の追求を存在理由とする私企業にあって、商品やサービスを提供する本来のビジネス業務を超えて、社会の公器としての役割を果たす行動を指す。日本の場合、企業の社会的役割といえば、かつては生活の向上に資する商品やサービスの提供、安定的な雇用の確保、そして納税を指していた。しかしながら今日の感覚からすれば、これだけではいかにも不十分である。法律や社会規範を守ることはもちろん、社会の一員、企業市民として社会の発展により大きく貢献することが期待されている。実際、現代の日本企業のなかには、環境保全活動や文化・芸術を支援するメセナ活動へ積極的に取り組むところも少なくない。

　CSRにおいては、当該企業のステークホルダーとの良好な信頼関係を構築することによって、企業自身やステークホルダー、あるいは社会全体が共に成長し利益を上げることを目指す。このような枠組み自体は、日本や欧米、東南アジア諸国、中東イスラーム諸国でも共通しているものの、良好な信頼関係のあり方や、その信頼関係を構築する手法は、社会によって異なる。これは、社会によって共有されている価値観や倫理観が異なるからであり、「社会にとって好ましい企業とその活動の理想的な姿」が国によって異なる、ということになる。

　CSRには、通常業務における法令遵守から地域社会に対するボランティア活動まで、多様な取り組みが含まれるが、ここではビジネス業務を超えて広く社会にコミットする社会貢献活動に注目してみたい。経団連がまとめている

「社会貢献活動実績調査結果」によると、社会貢献活動は、①金銭や現物の提供、施設開放、従業員派遣などを含めた各種寄付、②NPOとの協働、あるいは自主的に企画して実施する社会貢献プログラム、および③災害被災地支援関連の3種類に分類される。経団連は日本の企業を対象として上記の分類を提示しているが、同じ分類はイスラーム銀行の社会貢献活動を検討するうえでも有効である。

　CSRのあるべき内容、市民社会の一員として社会から期待されている企業の役割は、その社会によって異なる。このことは、イスラーム銀行も同様である。イスラーム銀行は、その多くがイスラームに基づいた金融商品・サービスを提供することで利益を得ている私企業である。イスラーム銀行に対しては、ムスリムが金融面でイスラーム法を犯さぬ手段を提供しており、肯定的な評価が与えられる。他方、本来は平和的で相互扶助を旨とする宗教であるイスラームの名を冠しながら利潤追求を行っていることに対しては、批判的な目が向けられることがある。

マレーシアのイスラーム銀行とCSR

　イスラーム銀行による寄付行為としては、銀行の自己資金やそれを用いて購入した物品を受益者に対して拠出することが挙げられる。例えば、RHBイスラーム銀行が2007年に16万リンギ相当の救急車を、メッカ巡礼を管轄する政府系公社であるタブン・ハッジに寄付した事例がある。この救急車は、サウジアラビアに運ばれ、メッカ巡礼を行うマレーシア人巡礼者の救護のために活用されている。

　2番目の社会貢献プログラムでは、社会的弱者の支援を行うNPOと共に行事やイベントを実施するのが一般的である。特にマレーシアのイスラーム銀行で盛んなのは、ラマダーン月の断食明けの食事会であるイフタールの開催である。この行事をNPOと共催し、社会的弱者を招待する例がよくみられる。

　そして最後が災害被災地支援関連である。イスラーム銀行の場合は、金融商品・サービスを扱っていることから、被災者に対する融資の返済期限の延長や借り換えなどを実施することで、生活再建や復興支援を行う事例がみられる。

　とりわけイスラームが広く信仰・実践されている社会、ムスリムの人口規模が大きい社会は、イスラームの教えが社会正義として人びとに強く広範に支持される。「高齢者を労わりましょう」「困った人を助けましょう」といった、お

そらくどの文化や宗教にも共通するであろう社会正義は、マレーシアを含めた
ムスリム社会にももちろん存在する。ただし、支援されるべき社会的弱者や寄
付の方法、チャリティー・イベントを開催するのに適切な時期など、CSR活動
が従うべきルールや価値観の点で、ムスリム社会ではイスラームが影響を与え
ている。

中東湾岸諸国のイスラーム銀行とCSR

　地域ごとの特徴をみてみよう。中東湾岸諸国のイスラーム銀行の社会貢献活
動のうち、他地域ではみられない特徴的な取り組みが、献血活動である。保健
機関の献血キャンペーンに対して、イスラーム銀行が支店や駐車場を献血スペ
ースに提供、顧客や従業員、その家族がボランティアとして献血に協力する事
例が頻繁にみられる。

　なぜ湾岸諸国のイスラーム銀行が献血に熱心なのかというと、実はこの地
域にはサラセミア（地中海性貧血）という遺伝性の血液の病気が存在している。
UAEでは人口の8%が当該遺伝子の保有者とされ（日本人は0.01%程度）、治療
には輸血が必要とされている。そのため献血活動は、この病気の患者を助ける
という社会正義に根差した活動となっている。

　例えばカタールにおいては、カタール・イスラーム銀行が医療機関のハマ
ド・メディカル・コーポレーションの協力を得て、同銀行の従業員や顧客を対
象として献血活動を行っている。

　イスラームでは、死後、亡くなった時の身体で来世を迎えると説いている。
そのため火葬ではなく土葬が行われ、臓器移植のドナー（提供者）になること
は好まれない傾向がある。これに対して献血は、臓器提供ほど抵抗感はもたれ
ないため、中東をはじめマレーシアでも積極的に行われている。在外日系企業
のなかにもCSR活動の一環として実施しているところがあり、その様子はウ
ェブサイトを通じて知ることができる。

難民援助

　社会的弱者への支援としては、難民支援も積極的に行われている。イスラー
ム銀行の自己資金ないしは募金活動で集めた資金を、難民や難民を支援する
NPOに提供する活動であるが、支援対象者には地域ごとの特色がある。

　従来からパレスチナ難民支援への関心は高いが、近年は中東諸国のイスラー

ム銀行はシリア難民、南アジア諸国
のイスラーム銀行はアフガニスタン
難民、そして東南アジアのイスラー
ム銀行はミャンマーからのロヒンギ
ャー難民への支援が特に関心を集め
ている。各地の政治・社会問題によ
って、イスラーム銀行の活動内容も
変容するといえよう。

　マレーシアのイスラーム銀行の場
合は、これらに加えて、サバ州の少

シリア難民とロヒンギャー難民への支援を呼び
かけるマレーシアの団体の横断幕（撮影：筆者）

数民族が暮らすロングハウスの修繕費の寄付、タブン・ハッジへの救急車の寄
付、イフタールの主催など、バラエティに富んだ社会貢献活動が行われてい
る。これらの活動は、イスラームに動機づけられた活動である一方で、マレー
シア社会の実情を反映して、非イスラーム的要素が含まれていることがある。
この点が、マレーシアのイスラーム銀行の特色といえる。

　イスラーム銀行にとってのイスラームは、企業活動にとっての基本原理であ
り、遵守すべきルールであり、適応される範囲は預金や融資など本業のみなら
ず CSR 活動も含まれる。そのため、イスラーム銀行が所属する地域社会やそ
こに暮らす地元住民と良好な関係を構築して地域の諸問題に取り組む地域貢献
活動もまた、イスラームに基づいて実施される。ただマレーシアは、イスラー
ムが憲法で連邦の宗教と定められ、マレー・ムスリムが最大多数派である一方
で、他民族や他宗教の信徒の人びとも少なからず存在する多民族国家である。

民族・宗教を超えた CSR の取り組み

　各国のイスラーム銀行は、CSR への積極的な取り組みを行っているが、具
体的な活動内容は、イスラームの価値観に基づく活動が中心とはなっている。
ただし、イスラームをめぐる社会状況に応じて、国ごとに詳細が異なってい
る。マレーシアでは、多宗教・多民族が暮らす国情を反映して、必ずしもイス
ラームだけには収斂されない CSR 活動も行われている。イスラームの価値観
に基づきつつも、マレーシア社会の一員として、利潤追求を超えた CSR に取
り組んでいる。

　民族融和を目指すマレーシア社会にあって、イスラームを標榜するイスラー

ム銀行はどのような社会貢献活動を行うべきなのだろうか。華人文化に由来する春節（旧正月）、キリスト教に基づくクリスマス、あるいはヒンドゥー教に基づくディーパバリといった他宗教のイベントを主催することは難しいだろう。逆に、マレーシア内外で活動するイスラーム過激派に対する資金援助が、マレーシア政府や国民から支持を受けるとは考えにくい。

　そこで考えられる選択肢は、一つはイスラームの行事に非ムスリムを招待することで、バンク・イスラームが主催するイフタールにキリスト教徒を招いた例がある。もう一つは宗教や民族を問わず寄付や支援を行うパターンで、国内で発生した洪水の被災者への支援活動をイスラーム銀行が行った事例がある。

　マレーシアのイスラーム銀行のCSR活動は、一方ではイスラームを遵守しつつ、他方では他民族・他宗教の信徒との協調も目指す独特の様相を呈している。これは、マレーシア社会のあり様が反映された結果とみることができよう。

持続可能な開発への投資

　イスラーム金融は近年、持続可能な開発への投資・融資に強く関心を抱いている。とりわけ2016年に始まった国連開発計画の「持続可能な開発目標」（SDGs）に対し、イスラーム協力機構傘下のイスラーム開発銀行はじめ、多くのイスラーム金融機関がこの取り組みに参画している。

　イスラーム銀行においては、イスラームに反するビジネスを行うものに対する融資・投資は行わない、という原則が存在する。これに対してSDGsが掲げる17の目標は、いずれも人類にとって普遍的な目標であり、イスラームの視点からみても、その大半はイスラームの教義には抵触せず、したがってそのまま受け入れることが可能だ。

　例えばHSBCグループのイスラーム銀行部門であるHSBCアマーナ・マレーシアは、持続可能な開発ビジネスを通じて低炭素社会の実現を目指す企業への積極的な融資を実施している。この一環として2020年2月に海洋開発企業であるインソン・ホールディングス社に対して、HSBCアマーナ・マレーシアは2億リンギの融資を実施した。同銀行が提供する持続可能性にリンクした融資（SLF）では、事前に設定された開発目標の達成度に応じて返済額が変動する仕組みを採用している。これが企業にとってSDGs達成のためのインセンティブとして機能すると、同銀行は期待している。

インソン社は、浮体式石油・ガス生産貯蔵積出設備（FPSO）サービス、船舶オフショアサポート（OSV）サービス、船舶リースなど、海運ビジネスを手がけるマレーシア企業で、持続可能な開発を実現するための長期ビジョンを有している。同様に、HSBC アマーナ・マレーシアも持続可能なビジネスに対し、2025 年までに世界のグループ全体で 2 兆米ドルの融資・投資を行う目標を掲げている。こうした両者の目的が一致した結果、2 億リンギの融資に繋がった。

2　反イスラームへの対応、他の宗教・民族との関係

　イスラーム金融をはじめとするハラール産業は、より良いムスリム社会の実現のために存在するといえる。ただ同時に、イスラームに抵触するものやムスリム以外の人びとと接する機会もまた、現実の社会には存在する。その場合、イスラームの価値とイスラーム以外のもの、あるいはイスラームに反するものとの軋轢（あつれき）が生じることがある。このことが、現実のビジネスの世界や各国の社会において様々な波紋を呼ぶことがある。ここではその事例をみてみたい。

軍事・兵器

　イスラーム銀行による融資、イスラーム投資信託に組み込む企業株式、上場企業に対するイスラーム投資適格基準やインデックスなどの選択基準（→72–74 頁）などでは、シャリーアに反するがゆえに出資・投資できない分野として、アルコールの製造・販売業、養豚場などとともに軍事産業・兵器産業を挙げていることが多い。

　確かにイスラーム諸国では、内戦やテロなど戦闘行為が後を絶たず、平和的ではないとの批判がある。しかしながらイスラーム銀行は、イスラームの価値観に照らし合わせて融資や投資を行うことで、企業市民として責任のある立場を全うしようとしている。これもまた、強調しておきたい事実である。

　オランダのNGOであるPAXが2017年5月に発表したレポート「Worldwide investments in Cluster Munitions」により、クラスター爆弾を製造する米・中・韓の 6 社に対し、世界 166 の金融機関が 310 億米ドルの融資や投資を行っており、そのなかに日本の金融機関が 4 社含まれていたことが明らかにな

った。クラスター爆弾とは、空中で小型爆弾をばら撒くことで非戦闘員を含め無差別に攻撃することや、不発弾が地雷化することから、非人道兵器と呼ばれる。そのため、使用や製造を禁止するオスロ条約（クラスター爆弾に関する条約）に、日本を含め 101 か国が加盟している。ただ上記 3 か国のように、安全保障を理由に条約へ加盟せず、国内でクラスター爆弾を製造している国もある。

レポートによると、166 の金融機関のうち条約非加盟国の金融機関が 151 機関で、アメリカ 85 機関、中国 30 機関、韓国 27 機関などとなっている。他方、本社が条約加盟国にありながら融資・出資を行った金融機関は 15 機関あり、このうち 4 機関が日本である。なお、東南アジアではシンガポールの 2 機関、中東ではイスラエルの 1 機関が含まれているが、イスラーム金融機関やイスラーム協力機構加盟国の金融機関による資金供給は確認されなかった。

軍需産業には融資を行わないというイスラーム銀行のスクリーニングが、有効に機能していたといえよう。

エンターテインメント

エンターテインメント産業との関わりについても、イスラーム銀行は慎重である。パキスタン最大のイスラーム銀行であるミーザン銀行は、2019 年 7 月に口座保有者がインターネット動画配信サービスの Netflix（ネットフリックス）に対して、オンラインで利用料を支払うことを禁止する措置をとると発表した。

Netflix は、映画やテレビ番組をオンラインで配信するサービスで、日本やパキスタンをはじめ各国で視聴できる。日本の場合、月々 1,000 円程度から利用可能だ。支払方法は、国や地域によって事情は異なるものの、クレジットカード決済や銀行口座からの自動引き落としなどが選択できる。

ミーザン銀行によれば、同国の中央銀行であるパキスタン国立銀行が定めたシャリーア・コンプライアンスのガイドラインは、イスラーム銀行によるエンターテインメント業者との取引を禁じている。口座保有者による Netflix への利用料の振込はこの規定に抵触すると同銀行のシャリーア委員会が判断、今回の措置に至ったと説明している。なお、オンラインでの振込だけでなく、デビットカードでの決済も同様に禁止する措置をとった。

ミーザン銀行を含むパキスタンの多くのイスラーム銀行は、カジノ、バー、

ギャンブル施設、映画館などにおいて、すでにデビットカードを使用できないようにしており、ここに Netflix が加わった格好となる。

　今回の措置に対して、ツイッター上では賛否両論が沸き起こっている。「Netflix のコンテンツは宗教上好ましくないから同銀行の措置は妥当だ」とする者もいれば、同銀行を通じて決済している視聴者のなかには、早くも「別の銀行に口座を移さないと」と具体的な行動を起こす者もおり、混乱が続いている。

SNS 上での論争

　オンライン・サービスをめぐっては、このようなトラブルが発生するとともに、SNS を通じて情報が拡散し、議論が交わされることがある。イスラーム式クレジットカードの使用をめぐり、あるマレーシア・ユーザーの Facebook（フェイスブック）への投稿が物議を醸した。

　マレーシア人と思われる人物が 2021 年 1 月、メイバンクのクレジットカードを使用しようとしたところ「シャリーア・コンプライアンスに反する」として決済できなかったため、「銀行が私の道徳的保護者になる必要はない」と、同銀行の文書とともに Facebook に投稿した。ところが、この投稿を見た多くのユーザーから反論が上がった。曰く、「投稿者のクレジットカードはイスラーム式だ」「メイバンクでは、従来式とイスラーム式のクレジットカードを選べる」「投稿者はわかっていてイスラーム式で作ったのに、『使えない』と文句を言うのはおかしい」「なぜ、わざわざイスラーム式のカードを選んだのか」と、メイバンクの対応は適切で、むしろ投稿者の使い方が悪いとの指摘が相次いだ。

　メイバンクによれば、イスラーム式クレジットカードはイスラーム法に反するような商品・サービス、すなわちアルコールやタバコの購入、政府系宝くじの購入、葬儀や墓地、売春やデート等のサービス料の決済には使用できないとする規定を、2020 年 8 月に導入した。この対応はマレーシアの中央銀行であるバンク・ヌガラ・マレーシアの方針に沿うものだという。また、この方針はメイバンクだけではなく国内の多くのイスラーム銀行が導入している。

　興味深いのは、メイバンクの対応に「問題なし」と Facebook 上でコメントした投稿者たちの傾向だ。投稿者の氏名をみてみると、マレー系だけでなく華人系のものもみられる。民族（氏名）と信仰が等しく一致するわけではない

が、最初の投稿者は別としても、ムスリムだけでなく非ムスリムのあいだでシャリーア・コンプライアンスの概念が広く浸透していることを示しているといえよう。

テロリズム

　イスラーム金融に対しては、「テロ組織の資金源になるのでは」「イスラーム銀行がマネーロンダリングの隠れ蓑になっているのでは」という懸念や疑惑の目が、特にムスリム以外の人びとから向けられることがある。

　実際、英紙の『タイムズ』は、イスラーム過激派と繋がりがある組織が国内のイスラーム銀行に口座を保有しているとして、2019年8月、「ハロッズの目の前が過激派の活動拠点に」とセンセーショナルに報じた。

　舞台となっているのは、カタール資本のイスラーム銀行であるアル・ライアン銀行である。同銀行は、カタールの従来型銀行が親会社として70%の株式を保有しているが、カタール政府が同社の株式を直接・間接の両方の手法で保有している。

　『タイムズ』が指摘する過激な組織とは、ハマスやムスリム同胞団など欧米で活動が禁止されている中東の団体と繋がりがある組織や、扇動的な言動を行う人物がリーダーとなっている組織のことで、すでに欧米にて従来型銀行での口座凍結や新規開設の禁止措置がとられている。これらの組織は、表向きはチャリティー団体やモスク運営団体として活動しているものの、過激派な思想ももち合わせているとしている。

　『タイムズ』は具体的に4団体を名指しで報じているが、その一つがイスラームのテレバンジェリスト（テレビ番組を通じて布教活動を行う伝道師）として知られているパキスタン出身のザキル・ナイクが関わる組織である。2010年にイギリスで活動が禁止されて以降も、彼の組織が同銀行に口座を有していると報じている。

　イスラーム銀行に対する、過激派への資金チャンネルになっているのではないかとの疑念に対し、疑いの払拭や業務の透明性の確保こそが、非イスラーム諸国での市場拡大にとって重要といえる。

3　エコ＆環境問題への取り組み

　今日のムスリム社会では、自然環境に対する関心も高まっている。一つは、自然災害に対する支援である。熱帯地域で雨が多いため洪水被害がしばしば発生するマレーシア、火山の噴火や津波が発生するインドネシア、また中東でもトルコやイランは地震が多い地域として知られている。このように地域によって発生する自然災害は異なるものの、被災者に対して支援を行いたいという気持ちは、地域を問わない。

　もう一つの関心は、いわゆるエコへの関心である。前述のSDGsへの取り組み、また環境保全を行うことがCSRに適うとしてそのような活動を行う企業のあり方は、欧米諸国と何ら変わるところはない。

　ここでは、自然災害の被害者への対応と、適切な環境づくりに向けたイスラーム銀行の取り組みを紹介する。

洪水被災者をすくう

　2016年の年末にマレー半島東海岸のクランタン州とトレンガヌ州およびタイで大雨に伴う洪水が発生し、被災者は数千人規模に上った。被害は、人的被害だけではなくインフラにも及んでおり、住民に不自由がかかっている。銀行に洪水被害が出ると、預金者にとっては当面の生活資金となる現金の確保や企業の手形や小切手の決済が滞るなど、経済活動に大きな影響を与える。

　このような状況にあるため、マレーシアの金融機関が組織している三つの協会、すなわちマレーシア銀行協会（Association of Banks in Malaysia）、マレーシア・イスラーム金融機関協会（Association of Islamic Banking and Financial Institutions Malaysia）、マレーシア開発金融機関協会（Association of Development Financial Institution of Malaysia）が連名でプレスリリースを発表した。これによると、洪水被害の地域でのATM（現金自動預払機）やCD（現金自動支払機）の稼働を確保することで、銀行の基本的なサービスを維持していくとしている。また、洪水の被害やこれに伴う銀行関連のトラブルや不都合が発生した場合は、各銀行ないしは三つの協会にコンタクトをとるよう、電話番号と電子メールのアドレスを公開した。

マレーシアにおいて洪水の発生に伴う金融機関の対応は、今回が初めてではない。2014年12月末、同じくマレー半島東海岸地域で発生した洪水の際は、三協会がそれぞれ加盟金融機関の支店や店外に設置されたATMやCDの稼働状況を公表した。このうちイスラーム銀行の場合は、70を超える支店等の情報を公開している。

　自然災害の発生時におけるインフラ被害の状況把握と早急な復旧は、人びとや企業の経済活動に必要不可欠であるが、金融機関の情報公開に関する業界団体の取り組みという点でも興味深い事例といえよう。

地震からの復興を支える

　インドネシアでは2018年7月から断続的に地震が発生した。特にバリ島に近いロンボク島、およびスラウェシ島では被害が広がり、合計で数千名の方々が亡くなり、被災者も一説には数百万人にも及んでいるとされている。そこで、震災対応の重要な柱である仮設住宅の建設のため、スクークが起債されることになった。

　このスクークが特徴的なのは、ワクフ（waqf）を基盤としている点にある。ワクフとは、イスラーム世界で伝統的に行われている資産の管理運営方法で、保有している資産をワクフに設定し公共目的に提供することにより、運用益を慈善事業に充てる、というものである。例えばワクフを基にスーク（市場）を作り、その売上の一部を併設する病院の運営資金に用いる仕組みが知られている。

　今回のスクークでは、集めた資金を基にファンドを立ち上げ、政府発行のスクークなどで資産運用し、8％に相当する80億ルピアの利益を毎年出す。そして、1軒あたり800万ルピアの仮設住宅を、毎年1,000戸建てるとしている。

　スクークを発行するのは、同国でワクフを扱う各種団体の連合体であるフォーラム・ワクフ・プロダクティフという組織である。発行額は1,000億ルピア（657万米ドル）で満期は5年、年間の利益率は7.75％ないしは8％である。

　注目すべきは、利益の配当をスクークの購入者に対してではなく、仮設住宅の建設費に充てるところにある。購入者にとっては手元に利益が入ってこないものの、その分被災者への慈善事業が行われる。ワクフという伝統的な資産運用と公共事業の実施方法と、現代的なスクークという債券を組み合わせることによって、新しい復興支援のあり方となるであろう。

グリーン・スクーク

　ここ数年来のイスラーム金融の新しい動きとして、フィンテックや暗号資産などとともに注目されているのが、イスラーム式グリーン・ボンドであるグリーン・スクークである。

　グリーン・ボンドとは、環境問題に取り組む企業やそのプロジェクトが、資金調達のために発行する債券を指す。2008年に世界銀行が発行したのをきっかけに広まり、現在はグリーン・ボンド原則と呼ばれるグローバルなルールも整備されている。グリーン・ボンドは、調達した資金が環境問題のどのような取り組みに用いられるのかが厳しく精査される。環境団体からの外部評価を受けるとともに、投資家が配当の高低と同等かそれ以上に高い関心をもって投資先を選ぶ際の指標としている。

　グリーン・スクークとは、グリーン・ボンドを踏襲するイスラーム式の債券で、2014年に世界銀行とマレーシア証券委員会が共同開発し、「グリーンSRI（社会的責任投資）スクーク」と名付けられた。

　2017年7月、マレーシアで初めてとなるグリーン・スクークがエネルギー企業であるタダウ・エネルギー社によって起債された。発行額は2.5億リンギで、調達した資金は太陽光発電プロジェクトに用いられる。アフィン・ホワン投資銀行を幹事銀行とするこのグリーン・スクークは、イスラーム法への準拠は同銀行のシャリーア委員会から、債券としての適格性は同国の格付機関であるRAM（Rating Agency of Malaysia）から、対象事業の環境への取り組みの認証は、オスロ国際気候環境研究センターから、それぞれ取得した。

　そもそもマレーシア初のスクークは、1990年にシェル石油の現地法人が発行した。以来30年以上にわたりマレーシアは、世界有数のスクーク市場に成長した。グリーン・スクークという、新段階を迎えたイスラーム金融商品が同じくエネルギー産業によって発行されたのは、マレーシアならではといったところであろう。今後の試金石として注目のケースとなっている。

　グリーン・スクークの動向について、CIMBイスラーム銀行のレイフ・ハニーフCEOは2018年のロイターのインタビューにて、次のように語っている。

　まずグリーン・ボンドは、2017年には世界全体で1,555億米ドル発行され、2018年は2,500〜3,000億米ドルに上ると予想されている。これに対してグリーン・スクークは、上述のようにマレーシアで民間企業であるタダウ・エネルギー社による発行の事例はあったものの、各国政府による発行実績はなかった。

こうした状況に対してレイフ CEO は、「政府が 2018 年に発行するスクーク
の一部は、グリーン・スクークになるだろう」との見通しを示した。実際、イ
ンドネシア政府はオフショアでの米ドル建てグリーン・スクークを発行した。
この件を含め、数件のグリーン・スクークが年内に発行されるとレイフ CEO
は見込んでいる。

　このようにグリーン・スクークは、スクーク市場や債券市場からみれば小規
模なものにとどまっているものの、イスラーム法に準拠すると同時に環境問題
への取り組みを積極的に行う社会的責任投資であるとして、投資家だけでなく
発行者にとっても利益がある、とレイフ CEO は指摘している。

　そして、グリーン・スクークを含めた世界のスクーク市場の動向としては、
2017 年サウジアラビアで発行された 90 億米ドル規模のスクークのような大型
案件が 2018 年にもあるとは期待しない一方、湾岸諸国の政府系企業による新
規の発行には期待できるとの見解を示した。

　インドネシア政府による事例は、次のようなものである。2018 年 3 月に満
期 5 年と 10 年の 2 種類のスクークを発行したが、このうち前者をグリーン・ス
クークとした。このスクークは米ドル建てで、発行額は 12.5 億米ドル、配当
（金利に相当）は年 4.05% となる。ちなみに、後者の満期 10 年のほうは年 4.7%
になる模様である。政府発行（実際には政府傘下の PPSI-3 という発行体）のグリ
ーン・スクークはアジアでは初のケースとなる。発行に際しては、CIMB、シ
ティグループ、HSBC、ドバイ・イスラーム銀行、アブダビ・イスラーム銀行
が共同事務主幹事となる。

　グリーン・スクークの発行に際しては、二つのスクリーニングを受けること
になる。一つはスクークで調達した資金の用途がイスラームの教えに適ってい
るかという点で、もう一つは同じく用途が環境の保護や改善に資するものである
かという点だ。とはいえ、「大気汚染防止のため、移動はオジェック（バイクタ
クシー）ではなく豚を利用しよう」などという極端なものでない限り、イスラ
ームと環境保護の思想は矛盾するものではないだろう。

　世界でもっともムスリム人口が多いインドネシアは、同時に二酸化炭素の排
出が多いとされる石炭の世界最大の輸出国でもあり、温室効果ガスの排出量は
世界 5 位である。再生可能エネルギーの比率を高めたい同国にとっては、こ
のグリーン・スクークを元手として環境問題の取り組みを進めていくことにな
る。

グリーン融資

　マレーシアのイスラーム銀行は、エコロジー商品を購入する消費者に対して特別な融資を行っている。この背景として、マレーシアの中央銀行は、2019年11月に「価値ベースでの仲介」（Value-Based Intermediation: VBI）という概念と、これに基づいた融資や投資の影響を評価するフレームワークを提唱した。これを土台として、各銀行が融資のビジネスモデルを構築しているが、とりわけ環境にやさしいエコな商品を消費者が購入する際には専用の融資を行っている。

　例えばパブリック・イスラーム銀行は、EEV と呼ばれる省エネルギー車と、家庭向けソーラーパネルの購入者に対してこの融資を行う。まず EEV 購入者に対しては、「AITAB hire purchase-i 融資」というキャンペーンを展開している。これは、借り手がイスラーム銀行から EEV のリースを受け、期間終了後に買い取る方式で、従来型銀行のハイヤー・パーチェス（所有権留保付割賦販売）に相当する。同銀行によれば、年利 2.2% で最大 9 年間の融資が受けられる。このキャンペーンは 2020 年 4 月に始まり、12 月末まで実施された。

　もう一つの家庭用ソーラーパネルへの融資については、2020 年 11 月 11 日に同銀行は太陽光パネル会社のヘリオス・フォトボルテック社と共同記者会見を開き、同社の太陽光パネル購入者に対して、同銀行が特別な融資を行うことを明らかにした。

　同銀行のウェブサイトによれば、「ソーラー・プラス BAE パーソナル融資 -i」と名付けられた融資では、同銀行から住宅ローンを受けている者のうち、返済が滞っていないなどの条件を満たす優良顧客を対象として、太陽光パネルの購入費用を融資する。融資額は最大 1.5 万リンギで、融資期間は最長 10 年、金利は同銀行の基本レートに 2% 上乗せしたものとなり、現行レートでは 4.9 〜 5.0% 程度になるとみられる。また、破損などのリスクに備えて、タカフル保険にも加入できる。

　同銀行の担当者によれば、太陽光パネルを設置すれば電気料金が安くなるため、購入のための融資は負担にならない。また、消費者や環境への負荷減少が果たせるならば、このスキームを家庭用だけでなく企業向けにも拡大することを検討しているという。この特別融資は、記者会見の翌日から始まり、年内いっぱいで終了する予定だ。

　こうした融資の枠組みとなる VBI は、世界銀行などと協力してマレーシア

の中央銀行が策定したものである。もとよりイスラームの価値を実現するためのものであるが、同時にSDGsも満たすことも目指している。エコロジー、サステイナブル、グリーンといった考え方は、宗教の違いがあったとしても人びとが共有しうる目標であるといえよう。

グリーン保険

　最後に、自然災害に対する備えとしての保険の活用についてみてみたい。

　マレーシアの地元英字紙『*The Star Online*』が2018年に報じたところによると、首都クアラルンプールを含めたクランバレー地域では、年間で240日も雷雨が発生する。特に3〜5月と9〜11月がシーズンで、地域的にはクランバレー南部のクアラルンプール国際空港周辺やスバンジャヤでの発生が多い。また過去10年には、落雷により125名が亡くなり、157名の怪我人が出た。

　こうした状況にもかかわらず、荒天への十分な備えを行っている住民は20.2%に過ぎず、43.4%は部分的な準備にとどまり、36.4%にいたってはほとんど準備がなされていないことが、2014年の調査によって明らかになった。都市部よりも地方部で準備不足の傾向があり、十分な情報が行き届かないことや、医療対策の不足などが指摘される。

　落雷への準備の不十分さを表すものの一つが、保険への加入率の低さである。ある保険会社によれば、クランバレーの持ち家のうち、落雷被害を補償する保険に加入しているのは、全体の3分の1に過ぎない。

　保険商品は細分化されており、ベーシックな火災保険は料理中の失火や電気配線のショートによる火災は対象となるが、落雷や洪水によるものはカバーしない。また、スタンダードな火災保険では、補償の対象となるのは建物のみである。他方、住宅保険は様々な自然災害に対応するとともに、建物だけでなく家財道具も補償の対象である。この点については従来型保険も、イスラーム式のタカフル保険も同様だ。

　ベーシックな火災保険はほとんどの持ち家保有者が加入している一方、落雷被害まで補償する保険は普及が遅れている。落雷への意識向上が、保険普及のカギとなるだろう。

4 ラマダーン月の社会貢献活動

　ムスリムが信徒として行うべき義務の一つが、いわゆるラマダーン月の断食である。

　日本では、「ラマダーン」というアラビア語の単語に断食という意味があると誤解されることが多い。ラマダーンとは、ヒジュラ暦（イスラーム暦）の9番目の月の名称であり、日本語でいう長月に相当する。この時期に行うべきとされる義務は、アラビア語でサウム（sawm）と呼ばれ、飲食と性行為が禁じられる。したがってサウムの日本語訳として「斎戒」の用語が当てられることもあるが、一般的には「ラマダーン月の断食」と呼ばれている。

　ラマダーン月においては、ムスリムは日の出から日の入りまでの間、飲食および性行為を慎む一方、日没後は友人・知人や親戚が一堂に会して食事をする、イフタールと呼ばれる食事会が家庭やモスク、ホテル等で実施されている。

　またラマダーン月にあっては、他人には慈愛をもって接すべきと説かれることが多い。そのため、例えば2018年5月に行われたマレーシアのナジブ元首相の汚職疑惑に対する家宅捜査に関し、当時野党であったイスラーム主義政党の全マレーシア・イスラーム党（Parti Islam Se-Malaysia: PAS）の副党首でクランタン州副首相のモハマド・アマル・ニック・アブドラは、「（不正疑惑を追及する野党である）PASとしては捜査自体に反対ではないものの、（イスラームを尊ぶ政党としては）さすがに夜半に及ぶのは問題ではないか」と苦言を呈した。政治的に含意のある発言ではあるものの、宗教上はある意味、正論といえる。

イフタールの功徳

　ラマダーン月におけるムスリムの儀礼や行動として、日没後の食事は親族や友人宅を相互訪問する機会が増える。また、かつての日本の正月と同様、服を新調するムスリムも多い。そのため、食料品や服などを販売するラマダーン商戦がたけなわとなる。特に近年のマレーシアでは、断食明けの故郷への帰省（balik kampung；バリック・カンポン）のため新車の販売台数が増加する傾向にある。こうした需要を当て込んで、自社発行のクレジットカードを使用すれば

各種の割引サービスを提供するとする金融機関もある。

　ラマダーン月においては、この時期に行う寄付は他の月に行う寄付よりも効果的であるとされている。そのため、テレビCMや街中などで、寄付を呼びかけるキャンペーンがよく目に入る。こうした募金活動・チャリティー活動は、企業にとってのCSRの一環であり、イスラームによって強く動機づけられた活動であるといえよう。宗教の実践は、伝統に基づく側面もある一方、同時代の社会経済との相互作用ももたらすものといえよう。

　イフタールをめぐっては、在マレーシアの中東各国の大使が多くの招待客を招くことが話題となる。ちなみに、イフタールとはアラビア語で「断食を破る」ことだが、文字通りの意味では英語のブレックファースト（break＝破る、fast＝断食）に相当する。もっとも、ブレックファーストは朝食を、イフタールは（日没後の）夕食を指しており、単語の成り立ちが同じであっても意味は異なるという文化の相違をみてとることができる。

　このイフタールであるが、マレーシアのイスラーム銀行もCSRの一環として積極的に実践している。興味深いのはその招待客で、顧客だけではなく従業員とその家族、近隣の福祉施設の関係者が招かれている。なかでも、孤児院の子供たちが積極的に招待されているが、これはクルアーンが孤児を手厚く保護するよう説いていること、また預言者ムハンマド自身が孤児として幼い頃苦労した故事が伝わっていることなどが背景となっている。

　イフタールの開催をCSRの観点からみた場合、招待客はイスラーム銀行のステークホルダーであり、イフタールはステークホルダーとの良好な関係を構築するための手段となる。多くの場合、従業員の慰労やお客へのサービス、あるいは近隣の住人、特に児童養護施設の子供たちを招待する事例が典型である。すなわち、顧客満足や従業員満足の試み、地域社会への貢献の一環として、イフタールを位置づけることができる。イフタールそのものに極めて強いイスラーム色をみてとれることから、イスラーム銀行のCSRにイスラームが影響を与えていることになる。

イフタールを世界へ

　世界で16億人とも20億人ともいわれる世界中のムスリムが、いっせいに義務的行為を行うことで、ラマダーン月は宗教意識と連帯意識がもっとも高まるとされている。この意識が異教徒への敵愾心に結びつくと過激なテロ行為と

して表出するが、同胞や弱者へのいたわりへの思いは、各種の寄付行為やチャリティー活動へと結実する。ラマダーン月における寄付、チャリティーの実施は、他の時期よりも功徳が高いとされているため、この時期はイスラーム金融機関をはじめ各種の団体が積極的に取り組んでいる。イフタールで家族・親族、近所や職場の人たちと食卓を囲めば、親密度がいっきに高まる。また異教徒を招くことで、宗教の違いを乗り越えた相互理解が深まる。

イフタールをきっかけとした異教徒との関係構築であるが、日本でも時の首相がイスラーム諸国の大使を集めたイフタールを開催している。もともとは、9.11 アメリカ同時多発テロが起きた 2001 年、アル＝カーイダとの対決姿勢を強める一方で、イスラーム諸国との友好関係構築を目指す米ブッシュ政権が始めたのを受け、政界きってのアラブ通である小池百合子環境相を中心に、2003 年に小泉政権が初めて実施した。当初はホテルで行われていたが、2005 年からは首相官邸内で開催されている。

イフタールは、日米のみならず世界中に広まっている。特に非イスラーム諸国の政治家が、イスラーム諸国の大使を招いて共に食事をするスタイルが、多文化共生の象徴として受け入れられている。もっとも、このような方式は外交上のポーズの色彩が強いとの批判もある。他方、エチオピアのように、地元のムスリム・コミュニティが首相を招待する事例も登場している。

中東のラマダーン月

中東に目を転じてみよう。UAE のアブダビ・イスラーム銀行は、ラマダーン月には自動車ローンの返済額を減額したり、返済を猶予したりするプロモーションを行った。同銀行によれば、UAE ではラマダーン月は普段よりも食費などの出費が多くなり、生活のやりくりが厳しくなる。そこでローン返済の負担を低減することで、銀行が間接的に人びとの生活の豊かさに貢献する、としている。

コマーシャル・バンク・オブ・ドバイは、銀行口座をもつ顧客がクレジットカードを使用した場合、金額などの条件を満たせば、キャッシュバックやポイントを受け取れるサービスを行った。これも、ラマダーン月のみのサービスである。ほかにも、ラマダーン月に定期預金を組めば、通常よりも高いリターン（従来型銀行の金利に相当）を得られるプロモーションや、自動車ローンを組めば最初の 1 年間は利子に相当するものが 0% となるプロモーションを行う銀行

もある。

　カタールではチャリティー団体が主催するイフタールに対し、カタール・イスラーム銀行がスポンサーとなって資金提供を行う例や、イフタール・イベントの寄付金の振込先としてイスラーム銀行が指定される事例がみられる。

　このように、ラマダーン月は近年ではCSRを行う絶好の機会と目される傾向にある。イスラームと経済の関係という点からみれば、興味深い事象であるが、企業市民としてのイスラーム銀行が、どのような社会貢献ができるのかを示す例ともいえよう。

　こうしたなか、世界がコロナ禍に直面した2020年4月にラマダーン月を迎えた。例年ならば、モスクに多くの信者が集まるところだが、集団礼拝は一部のモスクしか認められておらず、数名のイマームが互いに距離をとったうえで礼拝する姿が報じられている。しかしながら、「こういう時だからこそ、同じ信仰をもつ者同士が連帯し、助け合うべきだ」という意識もムスリムのあいだで高まっている。この意識は、時として国境を越える活動として結実する。興味深い事例として、カタールとインドネシアを繋ぐ活動を取り上げてみたい。

　カタールは中東の小国であるが、人口当たりの感染者数の割合がシンガポールの3倍近い。そのため政府は、2020年5月17日より外出時のマスクの着用を義務づけ、違反者には禁固3年と600万円近い罰金を科す厳しい取り締まりを実施している。こうしたなか、NPOであるカタール・チャリティーは、人道的支援の一環としてフードバスケット・プロジェクトを展開している。社会的弱者や恵まれない人びとに対して食料等を支援する活動であるが、この活動をサポートしているのが、カタール・イスラーム銀行で、CSRの一環としてこの活動に加わっている。

　カタール・チャリティーの対象の一つが、世界最大のムスリム人口をかかえるインドネシアだ。アチェやジャカルタなどで合計1万2,750のフード・バスケットを配布し、およそ7万人がその恩恵を受けた。インドネシアでは、ラマダーン月になるとお世話になっている親戚やご近所、知り合い、職場の同僚などにスンバコと呼ばれるギフトを贈る習慣がある。スンバコは、Sembilan barang pokokの略称で「九つの生活必需品」の意味である。カタール・チャリティーは、インドネシアの現地の習慣に即す形で慈善活動を行ったということになる。

東南アジアのイフタールの現在

　ラマダーン月におけるイフタールや各種のチャリティー活動について、マレーシアのイスラーム銀行が各地で実施している代表例をみてみたい。

　マレーシアのイスラーム銀行のなかでも、慈善活動に熱心なのがバンク・イスラームだ。例えば2017年のラマダーン月において、メディアやマレーシア軍を対象としたチャリティー活動を実施した。6月17・18日の両日、マレーシアの大手紙『ブリタ・ハリアン』とトレンガヌ州のマレーシア国軍のために食事会を実施した。クルアーンでは、寄付金（ザカート）の使い道の一つとして兵士への支給が挙げられており、これに沿った活動といえる。このイベントでは、同銀行の従業員約100名がボランティアとして参加したという。またクアラルンプールでは、『ニュー・ストレイツ・タイムズ』の関係者をはじめ500名を対象とする食事会が開催された。

　バンク・イスラームのモハマド・ムアッザムCEOは2021年にインタビューに答えて、同年においてバンク・イスラームが様々な慈善活動を通じて総額17.4万リンギ（約480万円）以上を寄付したことを明らかにした。このうち中心的な取り組みとなるのが、フード・バンク・マレーシア財団およびクアラルンプールのカンポン・バル地区のジャメ・モスクと協力して実施する活動である。メディア、警察、医療関係者など新型コロナウィルス対応の最前線の人びとに寄付を行う。同様に、同モスクにおける3,000食のおかゆ（ブブル・ランブク）の炊き出し、カンポン・バルのコミュニティに向けた5,000リンギのザカートの拠出、15の貧困家庭に対する300リンギの寄付、6か所の福祉施設に対する2,000リンギ分の食品の提供、大型商業施設クアラルンプール・シティセンターにほど近い礼拝場での6,000食の食事の提供などを行うとしている。

　同銀行は長年にわたり慈善活動を実施しているものの、新型コロナウィルスの影響で2020年は例年と異なる様相となっている。例年であれば、イフタールをホテルで開催し、従業員とその家族や重要顧客、福祉関係者を招待するのが一般的だが、2020年は持ち帰り可能な食事を振る舞う形式となった。ただ、神の祝福を共有する気持ちは昔から変わらないと、同CEOは強調している。

　バンク・ムアーマラートは、クアラルンプールのモスクにて孤児、宗教学校の生徒、ホームレスなど120名を招いた食事会を実施した。同銀行は、モスクと共同で6年前から食事会を開催している。クルアーンは孤児に対する手厚い保護を強調していることから、食事会では彼らのような子供たちが主要な招待

客となることが多い。

　メイバンク・イスラミックは、国際的な NGO と提携して東南アジア各国で
フードボックスを配布する。これは、マレーシアでいうラマダーン・ハンパー
やインドネシアのスンバコのようなもので、米、肉や魚の缶詰、塩、サラダ油
などのセットだ。同銀行は、マレーシアでは約 1 万 6,700 人分、インドネシア
では 2 万人分、フィリピンでは 1 万 8,500 人分、シンガポールでは 3,400 人分
を配布することを予定している。

ザカート

　ムスリムには、信徒として行って当然とみなされる義務的行為が五つある。
このうち、ラマダーン月に行う断食は 4 番目の義務であるが、ムスリムとして
の意識が高まっているこの時期に行えば特に良いとされているのが、3 番目の
義務であるザカート（喜捨）である。保有する資産の種類に応じてその 2.5%
から 10% を寄付することで宗教的義務が果たせ、また徴収された財は貧者救
済や新規改宗者への支援などに用いられる。

　イスラーム開発銀行の 2021 年の研究報告によれば、ザカートが適切に機能
すれば現代のイスラーム諸国のマクロ経済とミクロ経済の双方にとって有効で
あるという。多くのイスラーム諸国では、ザカートの徴収は民間の宗教団体が
実施している一方、マレーシアやサウジアラビアなど 6 か国では国が徴収・運
用業務を行っている。

　マレーシアの場合、マレー半島各地でのスルタン王国の誕生からイギリスに
よる植民地支配をへて独立に至った歴史的経緯から、「イスラームは民間では
なく国や州が行う」と認識されている。そのためハラール認証を首相府イスラ
ーム開発局（JAKIM）が行うのと同様、ザカートも民間団体ではなく行政が行
うべき行為であると理解されている。実際、各州では宗教委員会傘下の団体が
徴収とその管理を行っている。

　同報告によれば、行政によるザカートの運営は民間団体に比べて透明性が高
いことから、一般信徒からの信頼が厚い。また使用に際しても、より大規模で
広範な慈善活動を行うことができる。

　このような国家・行政レベルでのザカート制度が存在しない国では、民間団
体による草の根活動が中心となってくる。しかしながら近年、国連の補助機関
や国際的 NGO がザカートによる資金提供を受けるようになった。このように

ムスリムから宗教的義務として徴収したザカートが、国連の補助機関や国際NGOに提供され様々な支援に用いられる例が増えている。

　一例を挙げると、難民・避難民を支援する国連高等難民弁務官事務所（UNHCR）は、支援にザカート資金を活用している。UNHCRに提供されたザカート資金は、97%が中東・北アフリカ地域からのものだ。資金提供に積極的なのがイエメンで、国内で徴収されたザカートの55%がUNHCRに提供されている。これに続くのがバングラデシュやレバノンである。ザカート資金の87%は、各国の徴収団体や大口篤志家から提供されている一方、13%はオンラインを通じた個人からの寄付である。

　他方、UNHCRによるザカート資金からの支援対象者は、2016年の約3.4万人から2020年は103万人へと4年で30倍に拡大した。UNHCRの統計によれば、世界の人口の1%が難民・避難民の立場にあるが、半数はイスラーム諸国によって受け入れられている。ムスリム人口比率が20%ほどであると考えれば、イスラーム諸国が多くの難民・避難民を受け入れており、だからこそ国際的な支援が必要といえる。

　同様に、国連開発計画（UNDP）は2019年、世界ザカート・フォーラムと覚書を締結し、国連が推進するSDGsに対して3年間の資金提供を行っている。他にもユニセフや赤十字社などがザカート資金を活用している。

　ザカートは、貧者救済などのために行われる寄付行為であり、ムスリムにとっては宗教的義務である。そのため徴収された資金がどのように活用されているかに関心が集まる。国際的に活動する組織が有効活用することで、国境を越えて困難に直面しているムスリムの支援ができるのであれば意義深い。

5　ムスリムがマイノリティの国

　ハラール産業とムスリム社会の最後の論点として、ムスリムがマイノリティである国におけるイスラーム金融の事例をみてみたい。

　ハラール産業は、経済的な存在であると同時に宗教的な存在でもある。同時に、企業市民という立場からみれば、社会的な存在であるといえる。中東やマレーシア、インドネシアのように、ムスリムがマジョリティの国においては、イスラームの規範は社会全体に一定の影響を与える。これに対してマイノリテ

ィの場合は、国内での影響力は限定的だが、ムスリム・コミュニティにおいては重要で意味のある規範となっている。このコミュニティがマジョリティの人びとと関係を結ぶなかで、ハラール産業がどのように捉えられているかが、重要な点となる。

　ここでは、マレーシアやインドネシアと同様東南アジアにあるフィリピンとシンガポール、そして南米のスリナムの事例をみてみたい。フィリピンの例では、フィリピノ・ムスリムというマイノリティが政治的な自治を獲得する過程で、イスラーム金融が経済的な自立を促す存在として捉えられている。他方、シンガポールの場合はビジネスとしての成長性がなかったがために、イスラーム銀行の営業が苦戦している姿が浮かんでくる。またスリナムの事例は、ムスリム人口が小さく、また歴史的に東南アジアと南米の交流を象徴している。

フィリピンのイスラーム金融

　1億人の人口をかかえるフィリピンは、フィリピノ・ムスリムと呼ばれるムスリムが総人口の5％ほどおり、その多くはミンダナオ島のバンサモロ自治政府地域とその周辺に暮らしている。同国のイスラーム金融をめぐっては、マルコス政権期の1972年に施行された大統領法令264号に基づき、1973年に政府主導でアル＝アマーナ・イスラーム投資銀行が初のイスラーム銀行として誕生した。これは1983年創設のマレーシアや、1992年創設のインドネシアよりも早い時期での創設であった。フィリピン開発銀行の子会社である同銀行は、サンボアンガ市に本店を置き、現在はミンダナオ島を中心に9支店を設けている。

　ムスリムが集住する南部フィリピンでイスラーム銀行が業務展開することで、ムスリム住民の経済振興を狙ったものの、十分な成果をみないまま40年以上が経過している。そこで改めて、イスラーム金融市場を民間に開放するための法律が作られ、市場づくりのためのルールの整備が行われている。具体的には、フィリピン議会において2018年から法整備が進められ、2019年6月に議会を通過し、同年8月22日にドゥテルテ大統領より署名を受けた。

　全20条からなる新法によると、イスラーム銀行業専業の銀行の設立や従来型銀行によるイスラーム銀行業への参入（いわゆるイスラーム窓口の設置）が可能となる。またフィリピン国内資本だけでなく、外国資本の金融機関もイスラーム銀行業を行えるとしている。市場を監督するのはフィリピン中央銀行の役

割となり、イスラーム銀行業の許認可権をもつことになる。他方、これらのイスラーム銀行業者は、シャリーア委員会の設置が義務づけられる。また、イスラーム銀行と従来型銀行の間における税制の摺り合わせが行われる。これらは、マレーシアやインドネシアなど既にイスラーム銀行が存在する国で施行されている法律の内容とおおむね一致するものである。

　議会関係者によれば、新法の施行により現状のミンダナオ島だけでなく、国内全域でイスラーム銀行が利用可能となり、特に数百万人のフィリピノ・ムスリムにとって身近なものになることが期待される。また、マレーシアやインドネシアなど東南アジアおよび中東のイスラーム銀行がフィリピン市場に参入することで、これらの国々からの投資も期待される。

　なお本件をめぐっては、アジア開発銀行が大きく関与している。イスラーム銀行の法制化とイスラーム銀行の設立、およびマーケットの確立のため、アジア開発銀行は 2018 年 3 月に 55 万米ドルの資金提供と技術支援を行っている。この成果が結実したといえよう。

中央銀行の取り組み

　フィリピン中央銀行（Bangko Sentral ng Pilipinas）の関係者は、イスラーム銀行の設立により、これまで宗教上の理由で利用できなかったムスリムにも銀行サービスを利用する機会が得られ、国内経済の成長の一助になればと期待している。実際、世界銀行によれば、同国における 18 歳以上の銀行口座保有率は 4 割程度にとどまっている。また、海外出稼ぎ労働者からの高額な送金を受け取っても、その家族の貯蓄率は低いといわれている。イスラーム銀行の誕生によってこれらに変化が生じれば、金融市場の振興に繋がるだろう。

　ただ中央銀行関係者によれば、国内経済の需要、金融の安定性、健全な競争の確保といった状況をふまえ、当初はイスラーム銀行の数をある程度制限する模様だ。国内にはイスラーム銀行運営のノウハウが蓄積されていないことから、おそらく当初はマレーシアやインドネシアのイスラーム銀行が中心になると思われる。

　2019 年 8 月に成立したフィリピンの新しいイスラーム銀行法に基づき、フィリピン中央銀行はイスラーム銀行と従来型銀行のイスラーム窓口の設置・運営のための規制である「シャリーア統治枠組み」を 2019 年 12 月に公表した。

　金融格付け機関フィッチ・レーティングスなどの分析によれば、イスラーム

銀行の設立や従来型銀行のイスラーム窓口の設置には、中央銀行からライセンスを取得する必要がある。取得後は、預金口座や投資口座を設けることが可能であり、またスクークも含め各種の企業・個人向けの融資・投資手段を提供できる。他方、イスラーム金融やイスラーム法の専門家によって構成されるシャリーア委員会は、中央銀行に設置されず、個別の銀行がそれぞれ設けることになる。この点について、イスラーム金融商品に対するイスラームの観点からの国内での統一見解を図るのが困難になるのではないか、との懸念も指摘されている。

　中央銀行関係者によれば、すでに国内銀行がイスラーム窓口の設置に向けて検討に入っている一方、中東やマレーシアのイスラーム銀行がフィリピンへの進出に関心を寄せているという。1,000万人以上いるとされる南部フィリピンのムスリムは、既存の銀行を使う機会が乏しかったとされており、今後は新しく誕生するであろうイスラーム銀行を利用することで、政府と民間、さらには外資が一体となった経済振興の恩恵にあずかることができるはずだ。

民間の取り組み

　2019年に新しい法律が施行されたのを受けて、民間銀行にも市場参入の道が開かれた。しかしながら2021年現在の現状では、マレーシア資本のメイバンクが参入するにとどまっている。背景には、コロナ禍による経済不安定化や海外投資家とのビジネス交流が滞っている点が挙げられる。こうした状況ではあるものの、金融関係者やムスリム社会からは、引き続き高い関心が寄せられている。

　フィリピン経済特区庁（PEZA）は、2021年より月例フォーラム「グローバルビズ」を立ち上げ、初の会合を2月24日に開催した。国内外の銀行関係者が集まるなか、フィリピン中央銀行のノエル・ティアネラ副総裁が基調演説を行い、同国のイスラーム銀行市場について語った。それによると、中央銀行としては国内銀行のイスラーム銀行ビジネス参入と、また外国銀行のライセンス取得に期待しているとした。

　イスラーム銀行への期待の一つには、同国南部を中心に暮らすムスリム社会の経済振興がある。バンサモロ地域投資委員会（RBOI）議長のイシャク・マストラ弁護士は、2月に国営フィリピン通信社の取材に応じ、バンサモロ自治地域（BARMM）の開発のためイスラーム銀行にインセンティブを与えること

について、フィリピン中央銀行は前向きな態度を示しているとの見解を示した。民間銀行がイスラーム銀行市場に参入しやすい環境を、中央銀行がムスリムのために整える、というわけだ。

これに関連して先のフォーラムでは、PEZAのチャリート・プラザ長官が、現在コロナ禍で外国人によるフィリピン訪問が制限されているが、まもなく再開され各国の投資家がフィリピンを視察できるようになるとの見通しを示した。この再開を、中東のイスラーム銀行のフィリピン進出の足掛かりに位置づけたい考えだ。

国内過激派の動向

ハラール産業を通じたフィリピノ・ムスリム社会の経済振興や、政府との交渉で政治的自立を目指す動きがある一方で、ムスリム社会の反主流派であるイスラーム過激派がこの動きに抵抗して、テロ行為に及んでいる。

なかでも、オマルとアブドラのマウテ兄弟が率い、中東のイスラーム国に忠誠を誓うマウテ・グループなどによるフィリピン・ミンダナオ島のマラウィ市の襲撃・占拠事件は、長期化の様相を呈した。2017年5月23日にドゥテルテ大統領によって発せられた戒厳令は、憲法上の60日の期限を越えて12月まで延長された。長引く戦闘によって、600名近い死者と35万人の国内避難民が発生した。

ミンダナオ島を含めたフィリピン南部はムスリムが多く暮らしているが、この地域を活動拠点とするイスラーム過激派は複数あり、その主張や相互関係は複雑である。本件の中心であるマウテ・グループは、イスラーム国の自称カリフ、バグダーディーから東南アジアの拠点に指定されている。そのため、イスラーム国を支持する東南・南アジアのムスリムのなかには、中東に渡航するための手段や資金がないため、代わりにミンダナオの戦線に参加する者もいる。実際、死亡した戦闘員のなかにはマレーシア人やインドネシア人がいた。

戦闘で街並みは大きく破壊されたが、問題はテロ集団からの解放後の建物の再建である。すなわち、街の復興に関わる資金の調達や住民への資金提供・融資の方法であるが、ミンダナオ開発庁の幹部によれば、イスラーム式融資が検討されている。被害に遭った住民の大半がムスリムであることを考慮すれば、有利子の従来型よりも利用に抵抗がない。また、現在フィリピンでイスラーム金融商品を扱うのはアル・アマーナ・イスラーム投資銀行の1行のみで、国内

にはほとんど普及していないため、復興がイスラーム金融普及のきっかけとなることに期待しているようだ。ただ、国内法や資金の原資など課題もあるため、長期的計画に沿った住民支援が必要であるといえよう。

シンガポール

次にシンガポールの事例をみてみたい。同国に本社がある DBS 銀行は 2015 年 9 月、傘下のアジア・イスラーム銀行（Islamic Bank of Asia）の閉店決定を明らかにした。同銀行は、2006 年にシンガポールでイスラーム金融が解禁されたのを受け、2007 年 5 月に設立された。設立に際し、DBS 銀行と中東の資金が 50% ずつ、合計 5 億ドルの出資を資本金として、イスラーム金融市場に華々しく登場した。

発表では、同銀行が苦戦した理由として「規模の経済」（economies of scale）が発揮できなかった点を、自己分析で挙げた。規模の経済とは、生産規模が拡大すればその分だけ商品・サービス一単位当たりのコストが減少し収益率が上がることを指す。ビジネスを拡大すればするほど儲けが高まるため、スケール・メリットとも呼ばれている。つまり同銀行は、費やした支店の店舗やシステム開発といった初期投資や、従業員の給与などの費用に見合った収益を回収するだけのビジネス拡大がかなわなかったことになる。

シンガポールは、アジアの金融センターにして一人当たり GDP は ASEAN 随一である。しかしムスリムは総人口の 15% ほどで、マレーシアやインドネシアに比べはるかに小規模だ。

国内ムスリムが限定的ならば、同銀行が規模の経済を発揮する道は二つしかない。一つは海外に活路を見出すことで、実際に 2008 年にはバハレーンに進出した。そしてもう一つの道が華人をターゲットにする方法である。非ムスリムにとっては、金融商品がイスラームに準拠していることはインセンティブになりえない。だからこそ、従来型金融よりも経済的な魅力のある商品開発が必須となる。しかしながら、いずれも同銀行の成長には繋がらなかったようだ。

イスラームとの親和性が非イスラーム諸国のなかでは比較的高いとされ、また経済・金融立国でもあるシンガポールでのイスラーム銀行のつまずきは、イスラーム金融の今後にとって多くのことを示唆するだろう。

南米スリナム

　イスラーム銀行といえば、東南アジアから北アフリカ、あるいは欧米など、ムスリムが多く暮らす地域に存在するものという印象がある。他方、東アジアや南米には、ムスリムがマイノリティであるためイスラーム銀行もまた未発達である、というイメージが先行しがちだ。しかし現実には、2018年12月に南米初のイスラーム銀行が創業している。登場したのは、スリナムという国である。

　人口55万人程度の南米の小国にイスラーム銀行があるのは奇異に感じられるが、実はいわれがある。というのも、同国はもともとオランダの植民地であった。19世紀中頃、同地のプランテーションで労働力不足が発生したため、同じオランダ植民地である現在のインドネシア、特にジャワ島から数万人がこの地へと渡った。現在、総人口の13%に相当する7.4万人が、当時の移民の子孫として暮らしている。また、そのほとんどがムスリムであり、この国にとってイスラームは3番目に信徒の多い宗教である。

　スリナム政府は、このジャワ系ムスリムの人口勢力を尊重しているのか、南米では数少ないOIC加盟国となっている。また、インドネシアとの交流も盛んであり、首都パラマリボがジョグジャカルタと姉妹都市提携を結んでいる。

　スリナムに南米初のイスラーム銀行として誕生したのは、トラスト・バンクの傘下であるトラスト・バンク・アマーナである。トラスト・バンクは、1989年に創業した民間資本の銀行で、イスラーム開発銀行グループから支援を受けて、南米初のイスラーム銀行となった。

　南米は、ブラジルをはじめ鶏肉や牛肉を中東に輸出している国があり、各国にはハラール認証団体も存在する。まずはこの分野が、南米のイスラーム銀行の地盤となりそうだ。

第5章　現代的課題に挑むイスラーム金融

クアラルンプールのチャイナタウンから見た建設中の Merdekal18（撮影：舛谷鋭氏）

　イスラーム金融は金融機関として、宗教的存在として、そして企業市民として現実の社会に存在するとともに、現代的な課題に取り組んでいる。この課題とは、必ずしもイスラームの地域や価値観の内部にとどまるものだけではなく、グローバルな社会情勢や価値観とが存在するなかで、同時代に暮らす人びとすべてに関わる課題であり、イスラーム金融自身の存在意義が問われることになる課題といえる。

　この点に関して、CSRやSDGs、環境問題についてはすでに触れたが、これら以外の論点として、グローバルな地域関係とイスラーム金融との関係、女性のエンパワーメント、ICT技術との連携で生まれた新しい金融であるフィンテック、そして2020年より人類にとっての大きな問題となったコロナへの対策について検討していく。

1　国連機関との連携と地域関係の強化

　イスラーム金融は国際機関との関係を構築することにより、地域や宗教を越えた連携をもって支援活動に貢献しようとしている。ここでは、医療活動

を行う団体の連合体である国際赤十字・赤新月社連盟、アジア・太平洋地域の経済発展のために融資を行っているアジア開発銀行（Asian Development Bank）、中国を中心とする「一帯一路」構想の中心となるアジア・インフラ投資銀行（Asian Infrastructure Investment Bank）、開発支援を行う国連の補助機関である国連開発計画、およびイスラーム協力機構傘下のイスラーム開発銀行（Islamic Development Bank）との関係についてみていく。

国際赤十字・赤新月社連盟

　国際赤十字・赤新月社連盟とマレーシアの国際イスラーム金融教育センター（International Centre for Education in Islamic Finance: INCEIF）は 2017 年 1 月に覚書を交わし、今後協力関係を構築することで一致した。記者発表によると、イスラーム金融が赤十字・赤新月社の活動を支援するための方法を開発、拡大することが目的である。

　国際赤十字・赤新月社連盟は、非紛争地域における医療系の国際的な人道支援団体であり、日本などでは赤十字社、イスラーム諸国では赤新月社が各国組織として知られている。他方 INCEIF は、マレーシア中央銀行が 2005 年に設立した、イスラーム金融の調査・研究と人材育成のための教育機関である。

　覚書によれば、国際赤十字・赤新月社連盟は人道支援活動を支援するため、INCEIF から協力を得てイスラーム金融方式の手法を開発するとしている。これにより、スクークの発行やザカート資金の運用など、イスラーム金融が有する独自の資金調達・運用のノウハウが、国際赤十字・赤新月社連盟に提供されることになる。また、どのような手法が適切かを確かめるため、イスラーム諸国にてパイロット・ケースを実施するとしている。

　開発された手法は、国際赤十字・赤新月社連盟のネットワークを通じて約80 か国の赤十字・赤新月社に提供される。この見返りとして国際赤十字・赤新月社連盟は、活動理解のため INCEIF の学生のインターンシップを受け入れるとしている。

　覚書の調印式はクアラルンプールにある INCEIF のキャンパスで行われ、国際赤十字・赤新月社連盟側からはジュミラ・マフムード事務次長が出席した。ちなみに彼女はマレーシア人で、医療活動系 NGO「メルシー・マレーシア」の創設者としても知られている。イスラームと人道支援、社会貢献のあり方を表す好例といえよう。

アジア開発銀行

　アジア開発銀行はフィリピンに本部を置く国際金融機関である。アジア・太平洋地域を中心に活動しているため、イスラーム諸国も対象となる。

　アジア開発銀行では、イスラーム金融を通じた資金供給は経済発展・地域振興に貢献するとみなしており、イスラーム金融に関する基準作りや法整備、イスラーム金融機関のための資本市場整備へ向けた助言や技術支援、信用保証を行っている。とりわけここ数年で、アフガニスタン、バングラデシュ、インドネシア、カザフスタン、モルジブ、パキスタン、フィリピン、タジキスタンでの支援を行っている。

　アジア開発銀行によるイスラーム金融支援は、イスラーム協力機構傘下のイスラーム開発銀行や、イスラーム金融機関の国際機構であるイスラーム金融サービス委員会（Islamic Financial Services Board）との連携をもって実施されている。支援対象国のニーズに応えて現地社会の発展に貢献することこそ、アジア開発銀行が信頼されるにたる機関となるためには必要であろう。

　このうち、2017 年 5 月にはアジア開発銀行の総会が、67 の国・地域から4,000 名の出席者を迎えて横浜で開催された。設立 50 周年を迎えた節目の総会であり、歴代の総裁を輩出するなどアメリカとともに主導的な役割を果たす日本の横浜での開催となった。挨拶に立った日本の麻生太郎財務相は、2 年間で4,000 万ドルを新しい基金に拠出することを表明するなど、アジア開発銀行に対する積極的な姿勢を示した。

　この背景にあるのが、2016 年に中国主導で発足したアジア・インフラ投資銀行の存在である。アジア・インフラ投資銀行は、アジア開発銀行よりも多い70 か国・地域が加盟して発足し、中国が提唱する一帯一路構想を金融面から支える役割を担う。中国の国際政治・経済におけるプレゼンスの高まりに警戒する日米は、アジア開発銀行を通じて、アジア地域での主導権を中国に奪われまいとしているのである。

アジア・インフラ投資銀行

　アジア地域における開発の主体として、2010 年代になって存在感を高めているのが、アジア・インフラ投資銀行である。これは、中国が主導する一帯一路構想に対する資金の出し手として、この構想を実現する役割を担っている。アジア地域の開発を手がける国際金融機関としては、日米を中心とするアジア

開発銀行と競合関係にある。そのため、開発金融を通じて日米と中国が主導権争いを演じているとの見方ができる。

　ここではアジア・インフラ投資銀行がイスラーム金融の手法をどのように活用しているのか、およびイスラーム諸国におけるアジア・インフラ投資銀行の活動状況をみていこう。

　2017年5月、北京で一帯一路サミットとフォーラムが、日本やマレーシアなど世界130か国から1,500名以上の参加者を集めて開催された。海と陸のシルクロードを繋ぐ中国提唱の経済圏構想をめぐっては、アジア・インフラ投資銀行が資金面で支える。そのアジア・インフラ投資銀行は、サミット前日に記者会見を行い、中東のバハレーンなど7か国の新規加盟を明らかにした。これによりアジア・インフラ投資銀行参加国は77か国・地域となり、日米主導のアジア開発銀行（67か国・地域）との差が拡大した。

　アジア・インフラ投資銀行は2016年6月に初めて融資を行ってからサミット開催まで、1年ほどしか経過していない。融資案件はまだ少ないが、融資はアジア・インフラ投資銀行単独だけではなく、他の国際金融機関との協調融資を積極的に行っている。これまでの提携実績としては、世界銀行、アジア開発銀行、欧州復興開発銀行、イスラーム開発銀行などである。

　アジア・インフラ投資銀行が協調融資を重視する理由として、融資の審査能力が弱いことや、後発のアジア・インフラ投資銀行が既存の金融機関との軋轢を避け協力関係を築こうとしていることなどが指摘されている。

　イスラーム開発銀行の例としては、インドネシアへの融資案件では、スラムに暮らす人びとの生活向上を目指す同国政府のKOTAKUプロジェクトに対し、アジア・インフラ投資銀行と世界銀行がイスラーム開発銀行とともに協調融資を行っている。アジア・インフラ投資銀行とイスラーム開発銀行の関係をめぐっては、正式発足前の2015年より共同研究を行っている。今後は両者の協調融資が中心となるのか、ムダーラバ（→64頁）などイスラーム式の融資をアジア・インフラ投資銀行が採用するか、あるいはスクークの発行が中心となるかなど、イスラーム開発銀行を中心とするイスラーム金融とアジア・インフラ投資銀行の関係はいまだ模索中ではあるが、少なくともアジア・インフラ投資銀行がイスラーム金融に関心をもっているのは確かなようだ。

アジア・インフラ投資銀行と中国一帯一路構想

　アジア・インフラ投資銀行によるイスラーム金融の活用をめぐっては、中国・UAE イスラーム銀行・金融会議（CUCIBF）が定期開催されている。中国が提唱する広域経済圏構想である一帯一路において、UAE がイスラーム金融を通じて重要な役割を果たすことが期待されているからだ。UAE からみた中国は、石油部門以外の産業にとっての貿易相手国として重要な存在である。2017 年の UAE の石油以外の貿易額は 533 億米ドルで、対前年比で 15% 上昇した。他方、中国にとっての UAE は、中国の対アラブ貿易のうち 22% を占めている。またイスラーム金融については、イギリスやマレーシアと並び世界のイスラーム金融のハブの一つ UAE にとって、中国本土は未開のマーケットであり大きな魅力である。

　第 1 回会議（CUCIBF1）は 2016 年 5 月に北京で、第 2 回会議（CUCIBF2）は 2017 年 9 月に中国深圳市で開催された。主催者は中国側の各団体であるが、トムソン・ロイター社もパートナーという形で参画した。登壇者は中国側、UAE 側とも大学研究者や政府関係者、金融機関幹部に加え、バハレーンに本部があるイスラーム金融機関会計監査機構（AAOIFI）のハマド事務局長も講演を行った。

　第 2 回会議のテーマは「一帯一路の道を開く」と題され、「視点、挑戦、持続可能なインパクト」という前回のテーマに比べて、明確に中国主導の経済構想を視野に入れたものであった。UAE 側の登壇者は、「イスラーム経済は世界で 2.3 兆米ドルの規模があり、その成長を担っているのがイスラーム金融」であるとして、「ドバイはイスラーム経済に対するグローバル資本の拠点となる」と強調、一帯一路の強化・推進に貢献できると中国側に秋波を送った。

　また、AAOIFI と中国の学術団体との間で、AAOIFI が発行するイスラーム金融の会計基準を中国語に翻訳することで合意した。通常、AAOIFI が制定する会計基準は英語とアラビア語の両言語で作成される。また、これまでにフランス語とロシア語に翻訳されており、現在はウルドゥー語とトルコ語への翻訳作業が進められている。これに中国語が新たに加わることとなる。まずは会計基準の制定という基本的な部分から、連携が構築されていくことになりそうである。

　2018 年 11 月には、第 3 回会議（CUCIBF3）が開催されている。同会議は、中国の一帯一路構想におけるイスラーム金融の役割、という点に主眼が置かれ

た。二日間にわたって行われた多様なセッションでは、主要な資金調達の方法であるスクークや、近年話題の暗号資産、ブロックチェーン技術のイスラーム金融での活用方法などが議題となった。

　中東経済における中国の影響力の浸透と、中国市場におけるイスラーム金融の成長という両者を架橋する今回の会議においては、イスラーム経済は 2023 年までに 3 兆米ドルに達するとの推計が示された。このなかでいかに中国がプレゼンスを示せるかが今後の課題となっていくだろう。その手段としてイスラーム金融の果たす役割が注目される。

　中国が掲げる一帯一路をめぐっては、関係各国で巨大プロジェクトが進む一方、一部の国では問題も起きている。このうち南アジアの重要国パキスタンでは、2018 年に債務超過が明らかとなった。

　パキスタンは「中パ経済回廊」を進めており、570 億米ドル規模のインフラ開発を実施している。しかしながらこのことによって、パキスタンの対中債務が膨らむ結果を招いている。同じ南アジアのスリランカでは、債務超過に陥った結果、南部ハンバントタ港の運営権を 99 年間にわたり貸与することを、中国に認めざるをえなくなった。そのためパキスタンでは、同じ轍を踏むのを避けるべく、中国からの債務の借り換えを行うべきではないのか、との議論が起きた。

　こうした状況でパキスタンに手を差し伸べようとしているのが、イスラーム開発銀行である。2018 年 8 月に明らかになったところによると、イスラーム開発銀行はパキスタンに対して 40 億米ドルの資金提供を行う計画である。パキスタンでは 7 月に総選挙が行われ、政権交代が起きた。その新政権の発足とともに、イスラーム開発銀行側がパキスタンに資金提供を申し出た。

国連開発計画

　2018 年、ニューヨークの国連本部で開催された第 73 回国連総会にて、マレーシアのマハティール首相が 2003 年以来 15 年ぶりに登壇し、国連開発計画（UNDP）が主催するイスラーム金融に関するフォーラムで演説を行った。

　「持続可能な開発目標の達成――革新的な投資家と手法によるイスラーム金融の可能性の解放」と題する国際フォーラムは、UNDP、マレーシア証券委員会、イスラーム開発銀行の共催で 9 月 27 日に開催された。

　この目標を実現するためには多額な資金が必要とされ、またそのためには責

任ある資金調達や適切なリスク分担が必須となる。国際フォーラムの主催者側によれば、イスラーム金融はこの開発目標を満たすのに有効な金融手法だとしている。

　この基調講演において、マハティールは、イスラーム金融において世界的なリーダーシップをとっているマレーシアが、イスラーム金融の手法とグリーン・ファイナンスを収斂させた方法を提唱すると語った。これに対してテゲグネワーク・ゲトゥー UNDP 副総裁・国連事務次長は、「グローバル・ゴールの実現に向けて、民間部門や公共部門でイスラーム金融から協力が得られることに期待したい」と歓迎の意向を示した。イスラーム金融の手法が、国連を通じて SDGs の実現に貢献できると期待が寄せられているといえる。

イスラーム開発銀行

　イスラーム開発銀行とは、マレーシアのラーマン元首相の提唱によって1971 年に発足したイスラーム協力機構（OIC）傘下の国際金融機関である。OIC には、2022 年現在で 57 か国が加盟しているが、加盟国の経済・社会発展を目指すため、イスラーム開発銀行が 1975 年にサウジアラビアに設置された。現在は、ジャカルタやラバト（モロッコ）などに支店がある。融資の形式や対象は、イスラームに適ったものとなっている。特に力を入れているのが、イスラーム金融の普及のための支援である。1980 年代以降のイスラーム諸国でのイスラーム金融の拡大においては、少なからぬ部分をこのイスラーム開発銀行が担った。

　同銀行は、アジア開発銀行やアジア・インフラ投資銀行と同じく、インフラ整備や社会・経済開発、教育プロジェクトなどを対象として、低金利での融資や技術支援を行っているが、どのような経済支援を行っているのか、具体的にみてみたい。

　2017 年 5 月にサウジアラビアのジェッダにおいて開催されたイスラーム開発銀行第 42 回年次総会は、加盟 57 か国から 2,000 名以上の参加者を集め、同時期に開催されたアジア・インフラ投資銀行の一帯一路サミットに匹敵する規模となった。

　この年次総会では、5 日間で 53 の会合が行われた。注目を集めたのが、農林水産業部門の育成に関するセッションと、若者世代の活用に関するセッションであった。両セッションで示された認識は、イスラーム諸国では第一次産業

における高齢化が進展する一方、若年層の失業率が高まっているため、若者による農業への就業支援をするような両者を架橋する対策が必要である、というものであった。

　イスラーム開発銀行は、アジアを舞台に展開されるアジア開発銀行とアジア・インフラ投資銀行との間での綱引き合戦のなか、イスラーム式の融資と支援によって独自の路線を歩むことで、プレゼンスを高めようとしているといえる。例えば、イラク政府が、イスラーム過激派組織「イスラーム国」に対する勝利宣言を行った2017年12月以降、国際社会の関心は同国の復興へ移行するなか、イスラーム開発銀行が果たした役割をみていこう。

　2018年2月、クウェットにて、イラク復興の具体的な計画を話し合う国際会議が開催された。70以上の国や国際機関、1,800社以上の企業が参加、日本からも佐藤正久副外相が出席した。イラク計画省は、インフラの再建や経済復興のためのバグダッドでの地下鉄敷設など157の計画について、短期的に220億米ドル、中期的には660億米ドル、合計約900億米ドルが必要であることを示した。これらを受けて会議参加国・機関は、各種の支援を明らかにしたが、イスラーム開発銀行もインフラ再建のために5億米ドルの融資を表明した。復興支援をめぐっては、復興後のイラクへの影響力を確保すべく各国の思惑が見え隠れしているが、国際機関として各国から距離をとる中立的なイスラーム開発銀行による支援が、現場の人びとの生活支援に役立つだろう。

　イスラーム開発銀行の活動対象はOIC加盟国であり、加盟国であるならば地域は問われない。2018年9月、南米のガイアナ共和国の財務省が明らかにしたところによると、イスラーム開発銀行は同国の発電所の設備更新のため2,000万米ドルの融資をすることになった。財務大臣がサウジアラビアのジェッタを訪れ、イスラーム開発銀行の本部で調印式を行った。

　南米のイスラーム銀行については、第4章にてスリナム共和国の事例を取り上げたが、ガイアナ共和国はその隣国である。この国に初めてやってきたムスリムは、奴隷貿易によって連れてこられた西アフリカの人びとであった。その後、19世紀前半にイギリスの植民地となり黒人奴隷制度が廃止されると、今度はインドやパキスタンなど南アジアのムスリムが、農園労働者としてこの地にやってきた。他方、隣国であるスリナム共和国はオランダの植民地であったため、ムスリムの中心は、19世紀にジャワ島からの移民の子孫である。

　現在、ガイアナ共和国の総人口76万人のうちの7.2％がムスリムであり、実

はこの国にとってイスラームは3番目に信者が多い宗教である。このようにイスラームとの関係をもつ国であるため、1998年にイスラーム協力機構に加盟、また2017年にはイスラーム開発銀行の加盟国となった。この時すでに総額で9億米ドルの融資を行うと決定したが、本件はその最初の案件となった。

2　イスラーム銀行のグローバル展開

　イスラーム銀行による国を越えた連携は、国連やアジア開発銀行といった国際機関を通じて実施される場合もあれば、個別のイスラーム銀行がグローバルな支店網を構築することでビジネスを展開する場合もある。ここでは、主にマレーシアのイスラーム銀行の中東でのビジネス展開、中東のイスラーム銀行によるイスラエルとの連携、および中東と東アジアの連携についてみてみたい。

マレーシアのイスラーム銀行の中東展開

　マレーシアとアラブ諸国の間の貿易にとって、重要なポイントはハラール産業とイスラーム金融であると、マレーシアの貿易組織のトップが語っている。2019年8月にベルナマ通信のインタビューに答えて発言したのは、アラブ・マレーシア商工会議所（AMCC）の会長であるハフサ・ハシムだ。彼女はマレーシア政府機関に務めた後、マレーシア工業標準所（SIRIM）やイスラーム金融機関の幹部を歴任、マレーシアの貿易事情に熟知した人物である。

　彼女が長を務めるAMCCは2009年に組織された団体で、マレーシアでビジネスを行うアラブ連盟（Arab League）加盟国のための商工会議所であり、加盟企業は300社を超える。ちなみに、マレーシア日本人商工会議所（The Japan Chamber of Trade and Industry, Malaysia）は、加盟企業がおよそ600社であるため、AMCCはその約半分の規模ということになる。

　アラブ連盟は、1945年に組織されたアラブ諸国が加盟する国際機構で、イスラーム協力機構やアラブ石油輸出国機構などとはまた異なる機関である。22か国が加盟しているが、このうち16か国がマレーシアに大使館を置いているため、これらの国々の企業がAMCCに加盟していることになる。

　ハフサ会長によれば、マレーシアにとってアラブ諸国に進出する際にもっとも適したビジネスが、イスラーム金融とハラール産業である。ハラール産業は

食品だけでなく医薬品も含まれるとして、中東を拠点として世界中のムスリム消費者にマレーシアの製品を拡大させることも可能であると、ハフサ会長はみている。

　マレーシアとアラブ諸国とのビジネス状況は、貿易額が200億リンギ規模を誇るのがUAEとサウジアラビアの2か国である一方、カタール、オマーン、クウェートは30億リンギ前後ほどにとどまっている。ハフサ会長が指摘しているように、さらなる貿易関係の強化の一環として、メイバンク・イスラミックがUAEに進出しており、橋頭堡としての具体的な役割が期待されている。

　実際、メイバンク系列のイスラーム銀行であるメイバンク・イスラミックが、初の中東進出の例として、UAEのドバイ国際金融センターに支店を開設したのは、2019年7月のことである。クウェート・ファイナンス・ハウスのように、中東のイスラーム金融機関がマレーシアに進出した事例はあるものの、マレーシアのイスラーム銀行が中東に進出したのは、これが初めてとなる。

　カタール金融センターの幹部によれば、クアラルンプールは東アジアと東南アジアにおける大きなイスラーム金融のハブであり、湾岸諸国のハブであるドバイと結びつくことによって大きなマーケットになるという。さらにドバイは、アジアとヨーロッパを結びつけるイスタンブールにも近いため、東アジアからヨーロッパまでの資金経路になると見込まれる。

　ドバイ経済に対する直接的な効果も期待されている。2018年のドバイの貿易額に占めるハラール産業の割合は5.8%にすぎず、対GDP比も8.3%にとどまった。政府は2021年までに対GDP比10%まで引き上げることを目指しており、メイバンク・イスラミックがこの推進に役に立つとみられている。

　また支店開設が、東南アジアと中東におけるイスラーム金融の差異を埋める効果が期待される。イスラーム金融においては、同じイスラームとはいえ許容される手法やその背後にあるイスラーム法の解釈に相違がある。一部の融資やスクークをめぐり、東南アジアでは認められていても中東では認められなかったため、中東のムスリム投資家による投資が阻まれた事例もある。湾岸諸国にマレーシアのイスラーム金融機関が進出することで、イスラーム法の解釈や商品のあり方の平準化が進むと期待されている。

　東南アジアのハラール産業やイスラーム金融は、北アフリカ諸国からも注目を集めている。2018年2〜3月に東南アジア諸国を歴訪したチュニジアのハ

テム経済外交担当相は、この一環としてマレーシアを訪れ、リーザル副外相と会談を行った。

　チュニジアとマレーシアの関係だが、外交関係はマラヤ連邦が独立した1957年にさかのぼる（チュニジアの独立は1年早い1956年）。もっとも、東南アジアとアフリカの遠隔地で喫緊の懸案事項をかかえていないため、緊密な外交・経済関係があるとはいいがたい。典型例が大使館で、マレーシア側はラバトの在モロッコ・マレーシア大使館がチュニジアの案件を兼務する一方、チュニジア側もジャカルタの在インドネシア・チュニジア大使館がマレーシアの案件を兼務している状態にある。そのためハテム大臣のマレーシア訪問の目的の一つは、大使館設置の交渉にあった。

　しかし、今回の訪問では、マレーシアの経済発展にも関心が及び、リーザル副外相は政府主導の経済開発プロジェクトとして、マレーシアの金融産業の開発計画である「TN50」を熱心に説明したという。

　チュニジアはもとより、マレーシアのイスラーム金融とハラール食品産業の発展とその手法に関心を示していた。チュニジアで初めてイスラーム銀行が業務を開始したのは、「アラブの春」が起きる直前の2010年5月で、以来イスラーム銀行とその支店の数が増加しているが、チュニジアによるマレーシアに対するイスラーム金融への期待は、すでに以前からから出ている。2012年5月にチュニジアでイスラーム開発銀行による国際会議が開催された際、マレーシアのアフマド・フスニ第二財務相がチュニジアを訪問、イスラーム金融の専門家の人事交流が行われている。

　今後は、さらに踏み込んだ交流や支援が期待されており、イスラーム金融を通じた二国間関係が今後どのように強化されていくのか、大いに注目していきたい。

中東のイスラーム銀行のイスラエルとの連携

　地域連携は宗教の壁を越えることもある。UAEのアブダビ・イスラーム銀行は2020年9月、イスラエルのレウミ銀行と業務提携に関する覚書に署名した。これは8月に二国間で締結されたアブラハム合意（UAE・イスラエル平和条約）に基づくものである。同銀行によれば、この覚書により両銀行が協力体制を構築し、それぞれの国の顧客に対して現金管理、貿易金融、企業口座、外国為替などの業務を提供できるようになる。なお両銀行以外にも、エミレーツ

NBDとハポアリウム銀行が予備協定を結んでおり、両国の金融機関の交流が始まっている。

アブラハム合意とは、米トランプ政権下での中東情勢の目まぐるしい変化の産物だ。トランプ政権は、イランの核開発疑惑を激しく非難して対立を深めたが、ペルシャ湾をまたいでイランの対岸にいるスンニ派のUAEにとっては、シーア派イランの核開発は地域の安全保障にとって脅威である。さらにUAEは、2020年11月の米大統領選でトランプが敗北して核開発容認派のバイデンが米大統領になった場合、自身の立場が悪くなると予想していた。そのため、まだトランプがホワイトハウスにいるうちに、イスラエルとの結びつきを強めて、アメリカとの良好な関係を築いておこうとの判断に至ったようだった。なお、バハレーンも同様の平和条約を結んでおり、アラビア半島の小国にとっては、イランの脅威を回避するため宗教を越えてイスラエル・アメリカと手を組むことは、現実的な選択肢となった。

中東湾岸諸国とイスラエルが和平関係を構築する流れが本格化すると、イスラエルと対立しているパレスチナが取り残されることになる。そのパレスチナと友好関係を築いているのが、東南アジアのマレーシアだ。中東の火花に直接巻き込まれない場所にいるマレーシアは、イスラエルやイランから地政学的な影響がおよばないため、その分だけ宗教的・イデオロギー的な相違が対立を招きやすい。中東の安全保障は、東南アジアのイスラーム金融にも影響を与えることになるだろう。

中東の東アジア連携

湾岸諸国のカタールは、東アジアの台湾と金融分野での関係を緊密化している。2020年1月、従来型銀行であるカタール・ナショナル銀行が償還期限40年という6億米ドル建ての債券を、2月にはカタール・イスラーム銀行が8億米ドルのスクークを、あいついで台湾市場で起債した。

台湾のスクークをめぐっては、2019年に台湾の金融監督官庁にあたる金融監督管理委員会が起債を認めていたが、実際の発行はこのカタール・イスラーム銀行の事例が初のケースとなった。当初は6億5,000万米ドルの発行予定であったが、同銀行曰く「投資家からの強い要望」により8億米ドルに増額したという。

報道や同銀行のウェブサイトによれば、スクークの償還期限は5年で、リタ

ーンは LIBOR +1.35% に設定された。アレンジャー業務を手がけたのが、台湾のスタンダードチャータード銀行であった。スタンダードチャータード銀行幹部によれば、「台湾で債券を発行できる銀行」として広く中東の銀行に認知されており、とりわけカタールでは 2018 年の国債発行に同銀行が関与していたことが、今回の台湾初のスクーク起債に繋がったという。

　他方カタール・イスラーム銀行は、今回の起債は総額 40 億米ドルに上るグローバルなビジネス展開の一環と捉えている。台湾は東アジアを中心とする投資家の耳目を惹きやすく、またニュー台湾ドル建てではなく米ドル建てでの発行により為替リスクが回避できる。

　台湾で発行される外国通貨建ての債券はフォルモサ債（Formosa bond, フォルモサとは欧米における台湾の別称）と呼ばれるが、今回発行されたスクークは、メディアからはフォルモサ・スクークと呼ばれている。台湾スクーク市場の本格始動が、東アジアにおけるイスラーム金融のあり方や資金の流れにどのような変化を与えるのか、今後の動向に注目が集まりそうだ。

3　イスラーム金融と女性のエンパワーメント

　グローバル社会が取り組むべき課題の一つが、女性のエンパワーメントである。イスラームに対しては、女性の肌や髪の露出が認められずヴェール着用が義務づけられていたり、社会進出が遅れていたりすることから、「男女平等ではなく、女性の地位が低い」「女性に対して蔑視的である」との認識が、日本をはじめ非イスラーム諸国でもたれている。もちろん、イスラーム諸国でも女性の地位向上と社会進出の重要性は認知されている。そこで本節では、イスラーム金融をめぐる女性のエンパワーメントの例として、イスラーム銀行の女性専用支店、女性従業員、女性銀行家、そして女性起業家への融資のあり方の事例をみていきたい。

イスラーム銀行の女性専用支店
　中東諸国には、イスラーム銀行の女性専用支店が設置されている事例がみられる。女性専用支店とは、入店・利用は女性客のみ、支店のスタッフも、警備員は別にしても少なくとも窓口業務を行っているのは女性従業員に限定され

ている支店を意味する。女性専用支店は、サウジアラビア、UAE、カタール、クウェートといった湾岸諸国で存在する。

　女性専用支店の存在意義は、極めて重要である。女性専用支店が想定している顧客は働く女性で、口座を開設して給与振込やクレジットカードの口座自動振替などのサービスを利用してもらうことを目指している。

　しかしながらそもそも湾岸諸国では、このような経済活動を女性が行うこと自体容易ではない。まず、就労している自国民の男女比率は、男性を1とした場合、女性はサウジアラビアの0.24からカタールの0.74の範囲にとどまっている。また就職しても、給料を夫や親ではなく自分自身の銀行口座で管理・使用するためには、男性の管理から離れて自立している必要がある。

　湾岸諸国では、近年女性の高学歴化が進んでおり、社会進出が期待されている。そのためにイスラーム銀行の女性専用支店があれば、女性顧客が男性から監視されることなく自立して資産運用や各種サービスを受けることができる。このように、女性のエンパワーメントの推進に際しては、銀行が大きな役割を果たす。

　イスラームには男女間の格差が存在する、とみなされることが多い。イスラーム銀行に女性専用支店があると聞くと、女性を一部の店舗に押し込めているという印象を受けてしまうが、実際はむしろ女性の社会進出を手助けする役割を担おうとしているのである。

　もっともこれは湾岸諸国特有の現象であり、東南アジアのマレーシアにはそのような支店はない。なぜなら、ムスリム女性の社会進出と経済的自立はマレーシアのほうが先んじており、彼女らの就労や資産運用がすでに社会に受け入れられているため、女性専用支店を設ける必要はないからだ。

イスラーム銀行のムスリム女性従業員

　他方、ムスリム女性従業員の雇用をめぐっては、エジプトのあるイスラーム銀行が、2018年に初めて女性の従業員を雇用したことが話題となった。女性国会議員の指摘に端を発した雇用問題が波紋を呼んだため、銀行側が状況改善へと動いた結果である。

　今回初めて女性従業員を雇い入れたのは、エジプト・ファイサル・イスラーム銀行で、1979年に創業した歴史あるイスラーム銀行である。創業者はサウジアラビアの王族であるサウド家に連なる人物で、彼の名を冠するイスラーム

銀行は、中東・北アフリ各地で展開している。同銀行が2018年7月に発表したところによると、エジプト政府による女性の社会進出を推進する方針に従い、国内にある36の支店すべてに女性従業員を配置することとし、その第一陣として数名を8月に採用した。

エジプトでは、女性が金融機関で働く道が閉ざされているわけではなく、従来型銀行や外資系銀行が女性を幹部に登用した例や、エジプト中央銀行では女性が副総裁になったことがある。対してファイサル・イスラーム銀行は、これまで女性従業員を雇ったことがなかった。

このような状況は長らく見過ごされてされてきたが、女性国会議員が5月末に「同銀行は女性を一切雇用しておらず、憲法違反である」と告発するレポートを発表したため、大きな関心が寄せられるようになったのである。銀行側は、今回の方針転換について、政府の方針に従うことを強調する一方、これまで長年にわたり女性従業員を雇ってこなかったのはなぜか、というマスコミの問いには、「社内の事情」と回答するにとどまっている。

とはいえエジプトでは、労働者に占める女性の割合は22.9%にとどまっているため、女性の社会進出、雇用の確保が大きな課題となっており、関心が高まるなかでの同銀行の今後の取り組みが注目される。

他方、東南アジアのマレーシアではムスリム女性が働く際のトゥドゥン（ヴェール）の着用が論争になっている。

マレーシアでは、ムスリム女性がトゥドゥンと呼ばれるヴェールを着用するのが日常的であり、それは働く女性が勤務中に着用することも含まれる。2017年にある国際ホテルが、ムスリム女性従業員に対し、業務中のトゥドゥンの着用を禁じた。同ホテルは、国際的に展開する際に採用しているサービスの基準に沿ったものだと説明した。

これに対してムスリム女性従業員たちは、自分たちの信仰の自由が奪われたとして、国際的な労働組合組織に訴え出た。このことが11月に明るみになると、マレーシア国内では与野党政治家やNGO、人的資源省などを巻き込んだ騒動へと発展した。年が明けた2018年はじめ、ホテル業

商店で働くマレー人女性（撮影：舛谷鋭氏）

界団体が着用禁止規定を撤廃することを人的資源省との間で合意、同省も着用の自由を認める雇用法改正案を次期国会に提出すると表明したことで、一応の収束を迎えた。

　働くムスリム女性の職場でのトゥドゥン着用について、イスラーム金融機関はどのような見解をもっているだろうか。イスラーム金融機関では、シャリーア委員会が従業員の服飾規定を定めるのが一般的である。特に窓口業務など接客業を担当する行員は、ノースリーブや短パンなどを避け、ムスリムとして適切な衣服を着用するよう定められている。ムスリム女性従業員の場合、トゥドゥンも含めた制服を定めているイスラーム銀行もあれば、制服のないイスラーム銀行もあり、対応は分かれている。

　なお、イスラーム金融機関は、マレーシア中央銀行ないしは証券委員会から業務ライセンスを取得する必要があるが、その際は提供するイスラーム金融商品の仕組みがイスラームに適っているかが問われる一方で、服装規定や支店内の礼拝スペースの設置などは、ライセンス発給の要件とはなっていない。

　現実問題として、イスラームに準拠していることを謳うイスラーム金融機関ゆえ、それなりに信仰に篤い者が就職する一方、顧客もまたそのようなサービスの提供や接客への希望が高い。また、その意味では、イスラーム金融機関で女性従業員がトゥドゥンを着用することは、関係者の誰もが望む「イスラーム的なこと」といえよう。

ムスリム女性への融資

　イスラーム銀行が普及することにより、女性の生活は向上するだろうか。カタールのメディア、アルジャジーラが 2019 年 4 月にエチオピアの女性たちの事例を紹介した。

　エチオピアは、人口およそ 1 億人のうちムスリムは 3 分の 1 で、イスラーム協力機構には加盟していない東アフリカの大国である。アルジャジーラが紹介するのは、東部のソマリ州で小さなビジネスを営む 40 代のシングル・マザーだ。彼女は、数年前に金融会社のソマリ・マイクロファイナンス機構（SMFI）からイスラーム式で約 250 米ドルの融資を受けて雑貨屋を始めた。その後商売は軌道に乗り、現在は 7 店舗を経営している。彼女は「融資によってビジネスを拡大でき、子育てに必要なものを購入できた。将来的には家や土地も購入したい」と希望を語る。

エチオピアでは、2011 年に中央銀行がイスラーム銀行業専業の銀行の設立を容認した。これを受けて先述の SMFI が創業したが、取得できたライセンスは銀行ではなく金融会社としてのものであった。また、国内の複数の大手銀行もイスラーム窓口を設けているものの、窓口部門の分社化までは至っていない。いずれも、イスラーム銀行のノウハウが不足しているからだ。ただ、地理的にも繋がりが深い中東からの資金を惹き付けるにはイスラーム銀行の存在は不可欠であり、2018 年に首相に就任したアビー・アフメドもイスラーム銀行の推進に積極的とされる。

　市井に暮らす人びとの生活拡充のために融資が必要であるならば、現場に密着した金融ビジネスの展開が必要だ。特にムスリム女性のエンパワーメントを考えるうえでは、彼女たちの身近に銀行の支店があり、気軽に利用できる存在であることが望ましい。しかしながら世界銀行の統計によれば、エチオピアの銀行口座保有率は 2017 年現在でおよそ 35% にとどまっており、隣国ケニアの82% を大幅に下回っている。そのため、まずは銀行の普及が急務であり、ムスリム人口の多い国・地域においてはその役割をイスラーム銀行が担うことが期待される。

女性銀行家

　イスラーム銀行の女性のエンパワーメントに関して、UAE では「イスラーム・ビジネスとイスラーム金融に影響力のある女性」を顕彰する賞が設置されている。このうち 2019 年度の最高賞（WOMANi アワード）を贈られたのは、マレーシアの政府系開発金融機関である人民銀行（Bank Rakyat）のノリパ・カムソ社長であった。

　同賞を主催するのは、イギリスのシンク・タンクであるケンブリッジ IFAで、ハラール・ビジネスやイスラーム金融でのムスリム女性の積極的な進出を促進することを目的としている。2018 年 12 月に人民銀行の頭取に就任したノリパ氏はマレーシア出身で、これまで CIMB イスラミックの顧問など CIMBグループのイスラーム金融部門を率いてきた。また、アメリカやレバノンの大学で教鞭をとった経験があり、オックスフォード大学イスラーム研究センターのフェローを務めるなど、実務と学問の両方で実績を上げてきた人物である。

　本賞においては、同時に「イスラーム・ビジネスとイスラーム金融に影響を与える 300 人の女性リスト」も公表され、16 か国のムスリム女性たちが選出

された。

4　フィンテック

展望と課題

　イスラーム金融やハラール食品をはじめとする、ハラール産業に関するレ
ポートを作成しているアメリカの情報会社、ディナール・スタンダード社は、
2021 年 3 月に「Global Islamic Fintech Report 2021」と題するレポートを公
表した。このレポートには、イスラーム・フィンテック市場の最新動向の調査
結果がまとめられている。

　同レポートは、イスラーム・フィンテック・サービスを、一般向けに提供さ
れるサービスの内容に応じて三つのカテゴリーに分類している。すなわち、①
クラウドファンディングのような資金調達や、日本でいう「○○ Pay」に相当
する決済手段を提供する「ファイナンス」、②資産運用や預金・貸付などを行
う「セーブ＆インベスト」、および③利益が個人ではなく社会に還元されるソー
シャル・ファイナンスや保険といった「ギブ＆プロテクト」の三つである。
そしてこれらは、イスラーム諸国を中心に 225 のサービスが存在していると
している。またこれら以外にも、バックヤード業務や AI など企業向けのサービ
スが 16 あり、合計で 241 のイスラーム・フィンテック・サービスが存在する
という。

　イスラーム・フィンテック・サービスの市場規模は、2020 年の取引額が
490 億米ドルであったと同レポートは推測している。このうちサウジアラビ
ア、イラン、UAE、マレーシア、インドネシアの 5 か国で、全取引額の 75%
を占めているという。また今後は、年平均で 21% 成長し、2025 年には 1,286
億米ドルに達するとみている。

　ただ、2020 年の世界全体のフィンテック市場のうち、イスラーム式による
もののシェア率はわずか 0.72% を占めるに過ぎない。市場規模は小さいもの
の、世界のフィンテック市場全体の年間成長率は 15% であるため、将来的に
はイスラーム・フィンテック市場の方が成長率は高くなるだろうと予測してい
る。

　インターネットをはじめ情報処理および通信技術を指す、いわゆる ICT

（Information and Communication Technology）を金融産業に活用するフィンテックは、従来型金融と同様イスラーム金融に対しても、金融商品・サービスの多様化や顧客のすそ野の拡大などの利点がある。

アメリカで開発されたアプリ「Zoya: Find halal stocks」は、アメリカやカナダで上場している企業のビジネスがイスラームに準拠しているのか判定し、ムスリム投

Google Play で配布される投資アプリ

資家の投資対象として適格かどうかを示す。バハレーンに本部がある AAOIFI が作成した基準を用いて、在米のイスラーム法学者に個別企業が判定を行う、というものだ。この仕組みによって、すでに、1万5,000 社以上が判定を受けている。アプリを開発したベンチャー企業 Investroo Inc. 社によれば、同アプリを手軽に利用することで、イスラームに適った投資をしたいと考える若いムスリムのニーズに応えられるとしている。

他方、マレーシアの場合は、ブルサ・マレーシアに上場している企業のビジネスや財務状態がイスラームに適しているのか、あるいは当該株式を運用することがイスラームに沿っているか否かの判定は、証券委員会のシャリーア助言委員会自らが作成した基準に基づいており、またその情報は一般に公開されている（→ 72–73 頁）。よって「誰が何を基準にして『イスラームに則っている』と言っているのか」が明確であり、特に証券委員会自身がこの判定を行っているため、企業や投資家からの信頼性は高い。

このように、フィンテックの普及によって誰もがより簡単にイスラーム金融の情報に触れられるようになった一方で、情報の質やスピード感が新たな問題となっている。別のアプリ開発企業関係者は、イスラーム法学者による判定はいまだに手作業でなされ、また主観的な側面もあるため、これらの点は ICT との親和性が低いと指摘している。ハイテクな情報発信とローテクに基づく知識・情報をどのように架橋するかが、イスラーム金融とフィンテックの今後の課題となっている。

市場拡大の鍵

　他方、インドネシア・シャリーア・フィンテック協会のロナルド・ユスフ・ウィジャヤ CEO が 2020 年 1 月のメディアとのインタビューに答えたところによれば、インタビュー時でデータが揃っていた 2019 年 1 〜 11 月のフィンテック・プラットフォームの取扱高は 74 兆 5,400 億ルピアに上った。2018 年通年は約 20 兆ルピアであったため、1 年弱で 4 倍近く拡大したことになる。このうち、イスラーム式フィンテックによる取扱額は約 1 兆ルピアほどで、成長率は従来型フィンテックとほぼ同等だったとしている。なお、金融サービス庁からライセンスを取得しているイスラーム式フィンテックのうち、取扱高が 1,000 億ルピアを超えたものは 4 社あった。

　イスラーム式フィンテックが成長した背景として、大学生など若年層によるインターネットを通じての投資に関心が高まった点をユスフ CEO は挙げている。ただ、こうした層を狙った無許可の違法な貸金業者もインターネット上に蔓延（まんえん）している。そこで金融サービス庁は、昨年 10 月までに 1,073 社の違法なオンライン融資会社をブロックした。この結果、金融サービス庁から資格を得ている登録済プラットフォームへの信頼と需要が高まる現象がみられた。

　ロナルド CEO が経営する Ethis 社の場合、投資家一人当たりの平均投資額は、ライセンス取得前は 500 万〜 1,000 万ルピアで、利用者の 98% が外国人であった。これに対してライセンス取得後は、平均額が 1 億ルピアを超えるとともに、地元インドネシア人の比率が高まった。

　現在、25 のフィンテックのプラットフォームがライセンスを取得しており、このうち 12 のプラットフォームがイスラーム式で運営されている。信頼できる有資格のプラットフォームへの評価が、フィンテック市場のさらなる発展のカギとなるようだ。

　インドネシアのフィンテック市場が裾野の拡大を図る一方、マレーシアは監督官庁がグローバルなネットワークの構築を図っている。ドバイ金融サービス機構（DFSA）が 2017 年 9 月に明らかにしたところによると、マレーシアの証券委員会との間でフィンテックに関して協力することで合意に至った。

　近年ドバイは、イスラーム金融を含めたフィンテックの分野に力を入れており、マレーシアを始め各国の金融当局との関係を深めている。DFSA はマレーシアに先立ち、2017 年 8 月に香港の証券先物委員会との間で、フィンテックの発展に向けて協力する協定を結んだ。この協定では、フィンテックに関して

ドバイと香港の間で情報を共有するとともに、プロジェクトや両市場へ参入する企業の紹介を行うこととしている。この協定の内容は、DFSA がマレーシア証券委員会と結んだ協定と共通するものである。

　従来、イスラーム金融の分野では、マレーシアとドバイの関係が長らく構築されてきている。2007 年には DFSA と証券委員会が、それぞれ自国から国境を越えて相手国でイスラーム資産の分配やマーケティングを行うことを認める相互承認協定を結んでいる。

　今回のフィンテックに関するドバイとマレーシアの合意には、イスラーム金融分野も含まれている。DFSA のイアン・ジョンストン機構長は、今回の合意について「証券委員会とのコラボレーションにより、従来型金融市場とイスラーム金融市場にまたがるフィンテックの計画がさらに強化されるだろう」と期待を寄せた。

資金調達

　フィンテックのうち、ムスリムの一般投資家から注目されているのが、クラウドファンディングである。これは、起業家が考案した新しい商品やサービスのアイデアと実現に必要な費用を公開し、投資家から出資を募る資金調達方法である。資金調達を行う場（プラットフォーム）は、主にインターネットの専用サイトが活用されていることから、フィンテックの一種とみなされている。

　クラウドファンディングはイスラーム金融と親和性が高い。ムダーラバやムシャーラカ（→ 64–65 頁）などの契約形態は、起業家と出資者による損益分担が原則であり、対象となるビジネスで収益が上がるほど出資者に利益が還元される一方、失敗すれば出資者が費用を負担する。この手法は金融型クラウドファンディングに近い。

　ムスリムの出資者からみれば、イスラーム式の契約形態が土台となっていれば宗教上問題ない。また、イスラーム銀行への預金や投資信託よりも、具体的な投資先を自ら吟味可能だ。他方起業家にとっては、イスラームに近い商品・サービスを提案することで、ムスリム投資家の関心を引きやすい。

　代表格としては、先に触れたシンガポールに本社がある Ethis 社が運営するプラットフォーム Ethis がある。Ethis Crowd という名称で 2015 年に開設された同サイトは、「世界初の、不動産を対象とするイスラーム式のクラウドファンディング」を標榜するプラットフォームである。サイトにアクセスすると、

マレーシアやインドネシアなどの土地や住宅、商業施設の開発について、最低投資額や投資期間、リターンの見込みなどの情報が掲載されている。

　まだ日が浅く競合他社の少ない分野であるため、競争によってサービスがこなれていない部分もあるものの、新しい投資形態が登場することで、ムスリム社会の活性化が図られることが期待されている。

デジタル時代のイスラーム銀行

　銀行といえば、従来は重厚長大な実店舗を構えることで利用客に信頼感と安心感を与えるのが一般的とされてきた。ところが現代は、コンビニやショッピングモールにATMを設置したり、決済サービスを中心に取り扱う銀行やデジタル銀行など、実店舗を減らしてインターネット取引に特化した新たな形態の銀行が増えている。このような状況に対して、中東湾岸諸国のイスラーム銀行は両者のバランスをどのようにとっているのであろうか。アブダビに本店を置くアブダビ・イスラーム銀行の幹部が、2020年1月のメディアのインタビューに対して興味深い発言を行っている。

　UAEで行われた2,200名を対象とする調査によれば、銀行利用者の半数は銀行に行く回数が年に2回以下で、4分の1が3〜5回と回答した。もっとも、同国の銀行の営業時間は午前8時から午後1時までという使い勝手の悪さも、銀行から足を遠のかせている理由かもしれない。いずれにしても、実店舗よりもオンラインでの利用の割合は小さくないと見積もられている。

　このような利用者の現状を踏まえ、同銀行は各種の改革に着手している。まずは支店網の再編で、既存の支店数を87から75まで減らすとしている。既存支店を統廃合する一方、重要地域の実店舗を拡大することで、利用客の窓口での待ち時間を25%改善できたという。

　他方、従業員の98%に対しては、最新のインターネット技術やそれに対応する金融商品の訓練を実施するとともに、この分野に精通している人材の雇用を拡大した。この結果、クレジットカードの利用が25%拡大する成果をもたらした。

　同銀行幹部は、実店舗とインターネットとのバランスがとれた適切な支店数はいくつなのか明言は避けたものの、さらなる検討・改革を実施していくとしている。リアルからネットへの移行期ならではの模索は、今後も続きそうである。

デジタル・バンキング

　銀行の支店のあり方に根本的な変革を与えるのが、デジタル・バンキングだ。既存の銀行がインターネットを利用するオンライン・バンキングやネット・バンキングとは異なり、実店舗を持たずにスマートフォン上での展開に特化した銀行のことである。

　銀行は通常、各地に支店を置き対面でのビジネスを展開している。背景は、信頼性の確保と、現金という実態のあるものを取り扱うからだ。これに対してデジタル・バンキングは、オンライン決済や電子マネーを基本とし、支店はもちろん独自の ATM も設置しない。既存の銀行もインターネット・バンキングは実施しているものの、支店業務も併存している。その意味では、デジタル・バンキングとはオンラインの世界に完全に移行した状態の銀行といえよう。日本でも 2021 年 5 月から、初のデジタル・バンク「みんなの銀行」が、「スマホ完結のデジタル銀行」を標榜して業務を開始した。

　スマートフォンの普及が進む一方、コロナ禍で銀行の実店舗の訪問客が減少していることが、デジタル・バンキングの拡大をおしすすめる要因になっているとみられる。オンラインは国境を越えることが容易である。イスラーム式のデジタル・バンキングの事例をみていきたい。

　「世界で初めての、国境を越えて取引可能なイスラーム式のデジタル銀行」を標榜する銀行が、2021 年にイギリスで誕生した。すべてのサービスがスマートフォンのアプリで完結できるイスラーム銀行として、動向が注目される。

　この銀行はノモ・バンク（Nomo Bank）という名称で、2021 年 7 月に設立が発表された。主導しているのは、2004 年にクウェートで創業したイスラーム銀行であるブービヤーン銀行（Boubyan Bank）で、同銀行は 2020 年にイギリスに本社があるロンドン中東銀行（Bank of London and The Middle East）を買収した。そしてこのロンドン中東銀行が、イスラーム式のデジタル銀行としてノモ・バンクを立ち上げたのである。会見を行ったブービヤーン銀行の CEO アーデル・アル＝マージェド（Adel Al-Majed）氏は、ノモ・バンクはイスラーム式の金融商品・サービスを提供するが、イギリスのデジタル銀行としてのライセンスを取得しており、このような取り組みは世界初であるとしている。

　ノモ・バンクのウェブサイトによれば、アプリを iPhone にインストールしてイギリスの同銀行に口座を開設することからサービスが始まる。行えることは定期預金、送金、決済などである。決済は、マスターカードがバーチャルと

現物のデビットカードを発行することで、店頭や ATM で口座から引き落とせる仕組みになっている。対応する通貨は、米ドルと英ポンドである。口座開設者はどの国に在住していてもよいが、ブービヤーン銀行 CEO のアーデル・アル＝マージェド氏によれば、同銀行のあるクウェートをはじめ湾岸諸国での利用に期待している。

暗号資産とイスラーム法――中東

　ICT 技術の進歩によって生まれた新しい通貨・決済システムである暗号資産（仮想通貨とも）が、世界中に広まりつつある。日本では一部の家電量販店の実店舗にて代金の支払いが可能になったり、暗号資産の値上がりを期待した投機の対象になったりしている。

　特定の国家に属する法定通貨ではないため自由な取引が行える一方、暗号資産の運営者自身で安全性を確保する必要がある。2018 年には、セキュリティの隙をついて約 580 億円が流出するという大規模な事件が日本で発覚した。このような暗号資産について、イスラームはどのように考えているのだろうか。

　注目すべき発言をしているのが、エジプトのグランド・ムフティーであるシャウキー・アッラーム（Shawki Ibrahim Abdel-Karim Allam）である。エジプト政府によって任命されるグランド・ムフティーは、同国におけるイスラーム法学者にとって最高位の職である。

　シャウキーは 2018 年 1 月、「暗号資産はイスラーム法に反するため禁止される」とのファトワーを発行した。シャウキーによれば、裏付け資産をもたない暗号資産は取引価格が乱高下するため、そこから利益を得ることはギャンブルに似て取引者を危険にさらす可能性がある。イスラーム法ではギャンブルは禁じられているため、ギャンブルに似た暗号資産もまた禁止である、と断じた。また、「暗号資産が禁じられる以上、（各国）政府当局もこのようなものを国内に導入することはないだろう」と釘を刺している。

　エジプトのグランド・ムフティー以外にも、トルコやサウジアラビアの著名なイスラーム法学者が次々と「暗号資産はイスラームでは禁止」との意見表明を行っている。イスラーム諸国ごとに、法学裁定とそれを発するイスラーム法学者の権限や法的拘束力は異なるものの、エジプトやサウジアラビアでの議論・見解は、他のイスラーム諸国のイスラーム法学者にも少なからず影響を与えることになる。

暗号資産とイスラーム法——東南アジア

インドネシア・ウラマー評議会（Majelis Ulama Indonesia: MUI）は 2021 年 11 月に会合を開き、暗号資産を用いた決済を禁止するファトワーを発行した。MUI によれば、暗号資産はギャンブルと同様、イスラームで禁じられる不確実性（ガラル→56 頁）や有害性（ダラル）が含まれており、決済手段・通貨として使用することを禁じるとしている。

ただし暗号資産の価値に見合った実物資産による裏打ちがあり、なおかつ利用者にメリットがある場合は、暗号資産の取引自体は従来通り認めるという。実際インドネシアでは、商品先物取引における電子トークンへの投資や取引は認められており、2020 年は最大 650 万人によって約 65 兆ルピアの取引が行われている。MUI の見解は、エジプトの事例とは異なり、暗号資産であってもその一部はイスラーム法には抵触しないという考え方を示したことになる。

他方マレーシアにおいては、マレーシア中央銀行シャリーア助言委員会のモハマド・ダウド・バカル議長が 2018 年 1 月に Facebook で見解を表明した。これによると、中東のイスラーム法学者の見解とは異なり、暗号資産はイスラームでは禁止されないという。モハマド議長によれば、イスラーム法で禁じられているのは、将来が不明である不確実性（ガラル）を契約に含めることであって、暗号資産の取引で発生するリスクは通常の商品の売買に伴うリスクと違いはない。

また、暗号資産が用いるブロックチェーン（分散型台帳）という仕組みは、取引の経緯をたどれるためマネーロンダリング対策に有効であり、ザカート（喜捨）が暗号資産で支払われれば、適切に使用されているか確認することも可能となる。さらに、日本などすでに一部の国では、暗号資産が合法化され実践されている。以上の観点から、イスラームでは暗号資産は禁止されない、と結んでいる。

同じくマレーシアの証券・債券を管轄する証券委員会のシャリーア助言委員会も、暗号資産に関する見解を示している。2020 年 7 月に開催されたオンライン・セミナー「インベスト・マレーシア 2020」において、マレーシア証券委員会のサイイド・ザイド議長が登壇し、同委員会の諮問機関であるシャリーア助言委員会が「デジタル資産の取引はイスラーム法上認められる」との決議を行ったことを明らかにした。

暗号資産をめぐる中東と東南アジアでのイスラーム法の解釈の相違は、今後

議論を呼ぶ可能性があるだろう。

東南アジアにおける暗号資産

　暗号資産に対するイスラーム法学者による議論があるなか、イスラーム法に準拠していると称する暗号資産が、マレーシアで 2018 年に開発された。

　GOLDX という暗号資産を開発したのは、マレーシアで 2015 年に創業したハローゴールド社である。この暗号資産が他のものと異なるのは、通貨発行の裏付けに実物の金が存在するという点である。同社はシンガポールに金を保管しており、その保有量に応じて暗号資産が発行される。

　イスラームにおいては、実物資産が伴う売買のみを認める一方、権利の売買は禁じられるが、ハローゴールド社の手法は許容範囲内と判断されたようだ。また、金に発行の根拠があるという意味では、かつての金本位制度に回帰した手法ともいえる。

　GOLDX を「イスラームに適っている」と認定したのは、マレーシアのアマニー・アドバイザーズ社である。同社はイスラーム金融のコンサルティングを行っているが、バハレーンに本部があるイスラーム金融機関会計監査機構（AAOIFI）が策定したイスラームに基づく金の取引基準に則り、GOLDX に認証を与えた。つまり、マレーシアの金融監督官庁であるマレーシア中銀や証券委員会、あるいは食品・医薬品等のハラール認証を行う首相府イスラーム開発局（JAKIM）による認証ではない、という点は承知しておくべきだろう。

　ハローゴールド社によれば、GOLDX は富裕層向けではなく、一般の人びとが気軽に金を保有・運用する商品としており、スマートフォン用のアプリでの取引が可能である。マレーシアでの運用に加え、近年中にはタイでの取引開始を目指しており、さらには中東への進出も検討している。中東では、金での資産運用が好まれているため、イスラームに適った金ベースの暗号資産はこのニーズに応えられると、同社はみているようである。

中東における暗号資産

　イスラーム金融と暗号資産をめぐっては、スクークが暗号資産を用いて決済される事例も報告されている。UAE で発行されたスクークが、ブロックチェーン技術を用いて決済された。これはイスラーム金融の歴史上初めての試みとなった。

UAE に本店があるアル・ヒラル銀行の幹部によると、同銀行の扱うスクークの一部が 2018 年 11 月に個人投資家に売却された際、暗号資産が決済で用いられた。これは、2018 年 9 月に発行された満期 5 年のスクークで、発行総額は 5 億米ドルである。この取引がブロックチェーン技術に則ってトランザクションされた。ただし注意すべきなのは、この取引は発行市場ではなく流通市場で行われたという点だ。すなわち、スクークの額面の通貨単位はあくまでも米ドルで、暗号資産であったわけではないということである。

アル・ヒラル銀行幹部は、フィンテックとスクークを結びつけたものを「スマート・スクーク」と名付け、新しい可能性を拓くために今回の取引を実施したとしている。ブロックチェーンでの決済は、記録の改竄（かいざん）が困難であること、手数料が安価であること、などのメリットが指摘されている。UAE は、今後もスクークなどイスラーム金融においてフィンテックを積極的に活用していく方針であり、今回はその一つの試みと位置づけられる。

モバイル決済

スマートフォンの進化がフィンテックと結びつくことで広く普及したのが、モバイル送金やモバイル決済だ。スマホ一つあれば、現金やクレジットカード、デビットカードを持たずに、また銀行に行くことなく家族・友人に送金したり、店頭で支払いしたりできる。

このようなサービスを提供する「○○ Pay」が、近年次々と誕生している。これらは、事前にチャージが必要なものと必要ないもの、スマートフォン本体を認識するものとバーコードや QR コードを生成するもの、銀行口座やクレジットカードに紐づけるものと紐づけないものなど、非常に多岐にわたる。

マレーシアでもこの分野でのサービスが進展しているが、イスラーム銀行もまた例外ではない。2019 年 7 月にバンク・イスラームが記者会見したところによると、インドネシアのモバイル決済である BerryPay と、マレーシアの電子マネーである KiplePay に対してそれぞれ覚書を結び、バンク・イスラームの口座保有者がこれらプラットフォームを利用できるようにした。

具体的には、BerryPay に対しては個人間の送金、特に口座をもつ外国人労働者が本国の家族へ送金できるような仕組みを構築する。他方 KiplePay に対しては、QR コードを利用することで、店舗等での決済が行えるようにする。記者会見から同年いっぱいまでかけて、マレーシア北部大学（Universiti Utara

様々な決済アプリが使用可能（撮影：舛谷鋭氏）

Malaysia）をはじめ、複数の大学で実験を行った。

　これらはいずれも、バンク・イスラームの銀行口座とアプリを紐づけることによって、決済サービスの利用が可能となる。しかしながら前述のように、東南アジアや中東では地域や性別によっては銀行口座の保有率が低い事例もある。その場合は、クレジットカードや銀行口座を経由せず、コンビニ等でプリペイド・カードを購入してアプリにチャージする手法のほうが、アプリの普及がはやいとする見方もできる。決済アプリの普及が中東や東南アジアでの銀行口座の普及に繋がるか、あるいは逆に銀行離れを招くか、関心が集まっている。

キャッシュレス化と宗教

　ところで、こうしたアプリを用いた決済や送金は日本の宗教界にも及んでおり、さまざまな課題が指摘されている。2019 年から 2020 年にかけての年末年始の寺社の様子を、毎日新聞や産経新聞、日本経済新聞などが詳しく報じている。イスラームとの比較の意味で、ここで取り上げてみよう。

　日本の宗教界では、「かつての寄進は農作物中心だったので、現金にこだわる必要はない」「お賽銭箱を外に設置しているが防犯上危険だ」「ビジネスマンや外国人観光客など現金・日本円を持たない参拝者が増えた」など、デジタルお賽銭を歓迎する意見もある。他方、「情報漏洩が起きると、信仰に関する個人情報が第三者に知られる」「宗教行為が収益事業とみなされるようになる」「財務状況が明らかになってしまう」といった理由から、キャッシュレス化に慎重な立場もある。

　実際の対応としては、例えば四国八十八箇所霊場の一つのお寺がデジタルお賽銭を採用した。しかしながら利用者は年間で 100 人未満にとどまり、全体の 1% にも満たなかった。また、ポストカードやお土産などを扱う売店でのみ、キャッシュレス対応をとる寺社もある。

　キャッシュレス化と宗教という組み合わせは、イスラーム世界でも対応に追われている分野であろう。2018 年 6 月にマレーシアの地元 IT 企業がモスク

内に QR コードを設置、スマートフォンで読み取ることでイスラーム銀行にある同モスクの口座に送金し喜捨が完了するシステムを導入したが、これがマレーシア初の事例とされている。また、バンク・イスラームが 2018 年 12 月に SnapNPay という決済アプリを発表した。このアプリは、モスクに喜捨したり、クラウドファンディングに出資したりすることができる。

　イスラームには、資産や所得に応じて課されるザカート（制度的喜捨）と、任意の寄付であるサダカ（自発的喜捨）という二種類の喜捨制度があるが、このシステムはサダカに対応している。こうした動きはイスラーム諸国に広がりつつあり、手軽な喜捨行為が進む気配をみせている。

5　コロナ禍への対応

　現代において人類が直面する喫緊の課題として最大のものが、コロナ禍への対応である。新型コロナウイルス感染症の蔓延により人の交流や経済活動の縮小が余儀なくされるなか、人びとの経済・社会活動の復興に対して、イスラーム金融やハラール産業はどのような役割を担えるのであろうか。ここでは、マレーシアやインドネシアの事例をみながら検討していきたい。

マレーシア──流行初期

　どのような経路を経てコロナウイルスの被害が拡大していったのかは、国や地域によって異なる。マレーシアの場合は、その初期段階で特に影響が大きかったのが、イスラーム団体による大規模集会であった。2020 年 2 月 27 日から 3 月 1 日までクアラルンプール郊外においてタブリーグ・ジュマアト（Tabligh Jumat）というイスラーム団体が集会を実施した結果、クラスターが発生し、南アジアから東南アジア諸国にかけて感染を拡大してしまった。

　タブリーグ・ジュマアトは、20 世紀初頭に北インドのマウラーナー・ムハンマド・イリヤスによって提唱されたスンニ派の宣教運動であり、信仰実践の推進活動である。現在は南アジアから東南アジアを中心に、全世界で 2 億 5,000 万～ 3 億人の構成員がいるとされる。同団体は定期的に各地で大規模集会を実施するのが特徴だが、上記の通り 2020 年 2 月から 3 月にかけて、クアラルンプール郊外にてマレーシア国内外から 1 万 6,000 人が参加する大規模集会を実

施した。

　2020年2〜3月というコロナウイルスの感染拡大の初期段階において、このような宗教的大規模集会が実施されたことに対して、なぜ政府が厳しく取り締まらなかったのかという批判もあった。ところがこの時期マレーシアでは、与野党の政権交代劇が起きており、特に2月24日から3月10日までの間、保健相が実質的に不在の状況であった。肝心な時に政権交代劇を演じて対策が後手に回ったことに対して、政治不信が国民のあいだで起きた。

　コロナの感染拡大に対して、マレーシア政府は都市部でロックダウンを実施するなど、厳しい社会経済活動の制限を行った。このことはマレーシア経済の停滞を招いたが、他方で一部産業ではコロナを契機として活況を呈した。例えば、マレーシアは天然ゴムの原産国で医療用ゴム手袋の一大供給国であり、世界市場のシェアの3分の2を占めている。コロナ禍において医療用ゴム手袋の需要が世界的に高まったことから、この分野の生産・販売増となった。しかしながら2020年11月、世界のシェア26%を誇るゴム手袋製造企業の工場において、従業員数千人規模の感染が発生、工場の操業をストップせざるをえなくなった。これによりゴム手袋の供給が2〜4週間にわたって遅延し、世界的な医療用ゴム手袋の品不足と価格高騰を招いてしまった。またこの工場をめぐっては、外国人労働者の劣悪な労働環境が明るみとなり、強い批判を浴びた。

　ほかにも、コロナによるマレーシアの社会経済に対しては、観光や出張など人の移動の阻害や、中国国内での製造の停滞がモノの移動を減速させており、大手企業だけでなく中小企業や個人もこの影響を被っている。マレーシアも例外ではなく、毎年4月に開催されるハラール産業の見本市である2020年のMIHAS（マレーシア国際ハラール・ショーケース）が延期になった。

マレーシア──コロナ対策とその影響

　こうしたコロナ禍において、多くの従来型銀行とイスラーム銀行が2020年2月中旬以降相次いで各種対策を打ち出した。失業した者、給与が減額された者、給与未払が発生した者、および中小企業などを対象とする銀行ローンの6か月間の返済猶予や返済計画の再考などである。

　コロナ対策は、金融サービスだけではなく金融機関の支店運営にもおよび、一部の金融機関では支店を訪れる従業員・顧客・訪問者に対して体温チェックを行った。この措置について金融機関側は、「顧客と従業員の安全を守るため」

だと説明している。さらには、金融機関が主催する行事やイベントの中止、あるいは特定地域への出張の制限など、コロナ対策は多岐にわたった。

　3月より、マレーシア政府による行動制限令でビジネス活動に大幅な制限がかかり始めた。銀行は休業規制の対象外であったものの、従業員や利用客の安全のため営業停止や営業時間の短縮を行う支店が相次いだ。マレーシア中銀も同じく3月、個人や中小企業の経済負担を軽減させるため、銀行に対して借入金の返済を6か月間猶予するよう通達した。

　こうした一連のコロナの金融への影響と政府・中央銀行による金融政策の効果は、マレーシア中銀の「月例統計報告」（Monthly Statistics Bulletin）を通じて明らかになっている。コロナ禍発生前の2019年1月から2021年12月までの3年間の融資残高の動向をみてみたい。まず、ある月の融資残高は「前月の融資残高＋当月の新規の融資額−従前の融資に対する当月での返済額」を意味する。そのため新規の融資額とその月の返済額を比べて、前者が大きければ当月末の融資残高は増加する一方、後者のほうが大きければその月の融資残高は減少することになる。図1-1はイスラーム銀行全体の融資残高を、図1-2は家計部門に対する融資残高を、そして図1-3は自動車購入を目的とした融資の残高を、それぞれ表している。

　時系列でみていくと、上述のようにコロナの発生によってローンの返済猶予が政府から指示された2020年3月からおよそ半年程度は、融資残高が部門によっては頭打ちか、あるいは減少している。特に顕著なのが自動車ローンで、同月の自動車の新車の売上は6割減少する一方、自動車ローンの返済猶予も行われたため、結果的に自動車ローンの残高はわずかに減少した。自動車ローンが2割ほどを占める家計部門も、融資残高が伸び悩んだ。

　その後、各種の金融緩和策が期限を迎えたため、融資残高は従来のペースで増加した。とりわけ自動車ローンについては、年間を通じて最も売り上げが良いとされるラマダーン月（2021年の場合は4月ごろ）までローン残高が増加していった。ところがその後は、反動で売上が伸び悩んだため、融資残高も減少した。自動車ローン残高が回復に転じたのは、国内での感染拡大防止のため州をまたいだ移動の制限が緩和された2021年10月以降となる。

図 1-1　イスラーム銀行の融資残高

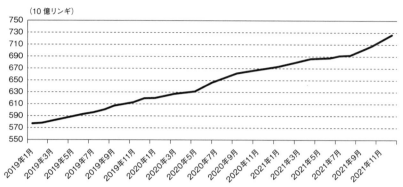

出典：バンク・ヌガラ・マレーシア「月例統計報告」をもとに筆者作成

図 1-2　イスラーム銀行における家計部門への融資残高

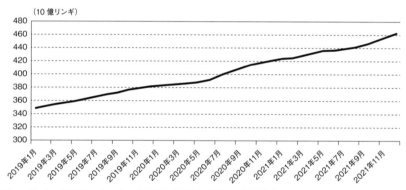

出典：バンク・ヌガラ・マレーシア「月例統計報告」をもとに筆者作成

図 1-3　イスラーム銀行における自動車ローンの残高

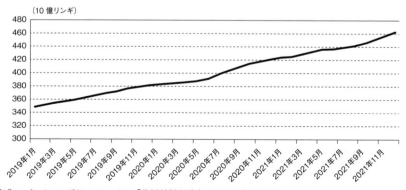

出典：バンク・ヌガラ・マレーシア「月例統計報告」をもとに筆者作成

マレーシア──政府のコロナ対策への反発

　ムヒディン首相は 2020 年 7 月 29 日にテレビ演説を行い、コロナ対策の一環として 4 月から 6 か月間実施してきた銀行ローンの返済猶予措置が 9 月末で終了することについて、失業者や給与が減少した者に限り、3 か月間延長することを明らかにした。ザフルル財務相も、「6 か月に及ぶ猶予措置を行ってきたのは世界でもマレーシアだけ」と自信を示した。

　他方、2020 年 3 月の政局で下野した野党各党、特に財務相経験者などの政治家からは強い批判が出た。批判の声を上げているのは、前政権で財務相を務めていたリム・グアンエン前財務相だ。リム前財務相は、今回発表された措置は中小企業対策が十分ではないと問題点を指摘している。彼によれば、現在の猶予措置では 24 万 5,000 社に上る中小企業が恩恵を受けている一方、銀行に生じた損失は 64 億リンギとしている。しかしながら、銀行業界は 2019 年の税引き後利益が 320 億リンギに達していたため、それに比べればこの負担額は小さいものだと指摘している。

　また 1990 年代の第 1 期マハティール政権で財務相を務め、同じく下野した人民正義党のアンワル・イブラヒム元副首相も、今回の政府発表を批判する野党政治家の一人だ。アンワル元副首相によれば、マレーシアの労働者の 5 人に 1 人は自営業者であり、3 月からの行動制限で自営業こそ大きな打撃を被ったため、今回の返済猶予延長の対象に含めることで恩恵を受けさせるべきだと主張している。

　なお、マレーシア銀行協会とマレーシア・イスラーム銀行金融機関協会は声明を発表し、加盟する銀行・金融機関は、猶予期間終了後の 2020 年 10 月以降もケースバイケースとしながらも、中小企業等のローンの借り換えや返済計画の見直しに応じることを明らかにした。

マレーシア──政策に対する銀行の対応

　この返済猶予期限が 2020 年 9 月末に迫るなか、バンク・イスラームとバンク・ムアーマラートは、通常ならば閉店している週末にも支店を臨時営業する措置を取った。まずバンク・イスラームは、国内の 10 支店について 9 月 12 日と 19 日の両土曜日を開業し、猶予措置の書類申請を受け付けた。同様にバンク・ムアーマラートは、すべての支店のうちクランタン州とトレンガヌ州を除く各州で 12・13 日と 19・20 日の土日に開店した。またイスラーム色が強い

ためもともと金・土を定休日としているクランタン州とトレンガヌ州の支店では、11・12日と18・19日を営業日とし、同じく書類申請を受け付けた。

　この土曜日の臨時開業は効果があったようで、バンク・イスラームの場合は9月15日までにおよそ1万件の申請を受け付けた。バンク・ムアーマラートにおいては、ムヒディン首相による発表以来、すべての借り手のおよそ30%に当たる13,000件が猶予措置の対象になるとして、申請を行うよう連絡をとった。しかしながら9月10日時点でわずか17%しか反応がなかった。その後反応する顧客が増え、9月22日の報道によれば、8,000から9,000件の反応があったという。

　この猶予措置の延長は、失業や給与の減額など状況に応じて、3か月から6か月間ローン返済の猶予が再び与えられることになる。

　コロナ対策が世界各地で講じられているなか、国連補助機関である国連開発計画（UNDP）が2020年4月23日に公式ブログを更新し、イスラーム金融などイスラーム式の経済・金融システムや慈善活動が、コロナ対策を支援するのに有効であると説いた。

　まず、短期的な緊急支援とその財源としてザカートを挙げている。収入や保有資産の一定割合を寄付することはムスリムにとっての義務であり、またそれを有効活用することがムスリム社会の発展にとって重要である。UNDPは、インドネシアやUAE、あるいは国際的なフォーラムとパートナーシップ関係を結び、ザカートを活用した開発プログラムを実施している。

　中期的な支援としては各種の設備や機材、車両の調達が課題となるが、この分野に長けているのがイスラーム銀行である。イスラーム協力機構の傘下にあるイスラーム開発銀行は、2015年からUNDPと協力関係をもち、イスラーム金融のノウハウを提供している。また民間イスラーム金融機関のアル・バラカ・バンキング・グループ（本社：バハレーン）は、2018年からSDGsを実現するため、6億米ドルを上回る資金調達ポートフォリオの運営を担っている。

　コロナ禍の影響とその対策が長引くにつれて重要となるのが、長期にわたる安定的な資金供給である。これを可能にする手段として、UNDPはスクークを挙げている。例えば2018年には、SDGsのプロジェクトのためインドネシア政府は12億5,000万米ドルのスクークを起債し、安定的な財源としている。またイスラーム世界の伝統的な喜捨形態であるワクフも、長期的なプロジェクト実施には向いているとしている。

UNDPはこのように、イスラーム金融を活用している従来の取り組みを紹介しつつ、今目の前の危機であるコロナ対策の必要性を訴えている。

インドネシア──コロナ禍の金融界への影響

　インドネシアでは、フラッグシップ・キャリアであるガルーダ・インドネシア航空が2020年4月に、同社が2015年に発行した満期5年のスクークが償還日を迎えるにあたり、返済の目処が立たないため、返済猶予を債権者と金融当局に申し立てた。

　同社のウェブサイトに残る2015年のプレスリリースによると、このスクークは2015年6月に起債され、発行額は4億9,680万米ドル、リターンは年率5.95%である。販売先も明らかにしており、中東が56%、アジアが32%、ヨーロッパが12%、などとなっている。調達した資金は、イスラーム金融からの既存の債務の返済や通常の運転資金に使用するとしている。また起債に際しては、ドバイ・イスラーム銀行や欧米の銀行が業務を引き受けた。

　「インドネシア企業として初の国外で発行される米ドル建てのスクーク」「5億米ドルの募集に対し、19億米ドルの買い注文が来たため、リターンを当初の6.25%から引き下げた」などの華々しい踊り文句がプレスリリースを飾っていたが、満期目前である2020年になって思わぬ形で経営に打撃を受けてしまった。報道によれば、2020年の第1四半期の売上は対前年同期比で31.9%減少した。また従業員に対する給与の遅配も予定されている。

　そこで同社は、2020年4月29日に債権者に対して状況説明の書簡を送るとともに、5月19日には3年間の返済猶予を提案するとの声明を発表した。同社は6月10日までに債権者からの承認を取り付けたいとしている。

　パンデミックの拡大防止のためにも、人の移動を大幅に制限するのが有効な手段とみられている。そのため人を運ぶ航空産業の被害は大きく、このことがスクークの償還といった形でイスラーム金融にも影響が及んでいる。また、人の移動の制限は、ムスリムの観光にも大きな影響を与えている。コロナとハラール産業については、第6章で検討する。

シャリーア・フィンテック

　コロナがもたらす景気停滞からの回復の場面で、イスラーム金融がはたす役割として、シンガポールのオンライン・メディア『シンガポールTODAY』

が、インドネシアのイスラーム法に則ったフィンテックとしてシャリーア・フィンテックに注目して興味深い分析を行った。

　同メディアによれば、イスラーム式であるシャリーア・フィンテックには三つの特徴があるとしている。一つ目は、利子の代わりに利益共有モデルを採用しているため、プロジェクトの業績によっては出資者に従来型銀行の利子以上のリターンが期待できること。二つ目は、イスラームに基づくビジネスを行う企業が対象となるため、ムスリム投資家にとっては投資しやすいこと。そして三つ目が、シャリーア・フィンテックを通じて低所得層や支援が必要な人びとのためのプロジェクトに出資できることである。

　1億7,800万人のインターネット、スマートフォン利用者をかかえるインドネシアであるが、同時に人口の35%は銀行を利用したことがない。その人口が銀行のアプリを利用すれば、彼らの資金がGDPを2〜3%引き上げると見込まれている。また、GDPの40%はハラール・ビジネスに由来しており、2014年から17年にかけて13%拡大している。

　金融監督庁（OJK）によれば、登録されているフィンテック企業は195社あるが、そのうちシャリーア・フィンテック企業はわずか9社にとどまっている。大統領を議長とする国家シャリーア金融委員会（KNKS）は、この分野の企業に対する投資を拡大する予定であったものの、新型コロナウイルス対策の煽りを受け、予算が60%近く削られてしまったという。シャリーア・フィンテックには、機能的な特徴と市場拡大の可能性が十分ある一方で、コロナ禍の影響を受けてしまった産業の一つといえる。だからこそ、コロナ禍で日常生活が崩れてしまったムスリムのサポート役への期待は大きいだろう。

コロナ・スクーク

　コロナからの復興政策の資金調達手段として、インドネシア政府とマレーシア政府が相次いでスクークを起債した。

　インドネシアで「SR013」と名付けられたスクークは、発行額が5兆ルピア（3億4,200万米ドル）にのぼる。満期は3年で、リターンは年6.05%に設定されている。2020年8月28日から9月23日にかけて、インドネシア国内の金融機関などで発売された。特に若い国民からの出資を促進するため、最低購入額が100万ルピア（約68米ドル）と低価格に設定された。

　同スクークは、発行者が資金需要者から動産・不動産を購入し、さらに需要

者が発行者に対して当該物件のリース料を支払うことで、出資者への配当に充当するスクーク・イジャーラ形式（→67頁）が採用されている。スクークの形態としては、イスラーム各国で行われている非常にポピュラーな方法である。

　他方、マレーシア政府は、2020年6月5日にムヒディン首相が経済復興プランの中で示した「私たちの心配事」政策の財源としてスクークを起債、これを「スクーク・プリハティン」と名付けた（→104頁）。8月18日から9月17日にかけて、メイバンクをはじめ国内の金融機関で発売された。額面額は5億リンギ（1億2,000万米ドル）、満期は2年間、配当は年4回、年利2%に設定されている。マレーシアのスクークも、インドネシアと同様幅広い出資を募るため、18歳以上のマレーシア国民なら誰でも購入でき、また最低購入額は500リンギとなっている。

　スクーク・プリハティンの仕組みは、発行主体が短期間に物品の売買を行い、購入額と売却額、および支払いと受け取りの時期をずらすことで資金の獲得と配当を行うムラーバハ・ベースのスクーク・タワッルク（→66–67頁）という手法が用いられる。これは、マレーシアでは比較的よく用いられる方法だ。また、満期時には償還を受け取る代わりに、全額を寄付できるオプションも準備された。

経済回復にむけて

　コロナ禍でグローバル経済が停滞した2020年は、イスラーム金融にとっても2019年の成長と比べて大きな試練となった。今後どのようにすればイスラーム金融が復調していくことが可能か。多くのメディアや研究者が指摘しているのは、①フィンテックの成長、②基準の統一、③M&Aの活発化の3点である。

　コロナの拡散によって外出・移動が大幅に制限された結果、ECサイトやオンライン取引といったインターネットでの商取引に人びとの関心が向かった。そのため、イスラーム金融でも既存の支店網よりもオンライン・バンキングが加速すると考えられる。なかでもクラウドファンディングや暗号資産といったフィンテックが、従来にはない資産運用としてさらに普及するとみられている。

　2点目は、イスラーム金融に関する基準の統一である。インターネットは国境を簡単に越えられるため、イスラーム金融に関するグローバルなルール・基

準の整備が必要となる。ある国で認められる手法・商品が他国では認められないのであれば、インターネットを活用するメリットが損なわれる。もとよりイスラームでは、統一的な教義を編纂するための機構が存在せず、多様性が認められる。ただ、実務上必要とあれば、統一ルール作りに向けた動きも起きてくるだろう。

そして3点目だが、国境を越えたビジネスが活発化すると、フィンテックのようなイノベーティブな部門では新興企業が誕生する余地がある一方、既存のイスラーム金融機関のあいだでは生き残りをかけた競争が熾烈になる。そこで起きるのが合併や買収である。2020年のインドネシアにおける3行合併の事例を始め、2020年は1億米ドルを超える合併が数件行われた。

コロナ禍での経済停滞よりも、むしろこれを奇貨としてイスラーム金融やハラール産業のさらなる発展に期待が集まるところだ。

こうした状況のなか、2021年5月12日、イスラーム銀行の業界団体であるマレーシア・イスラーム銀行金融機関協会（AIBIM）は声明を発表し、国内イスラーム銀行はコロナによってローン返済が困難になった個人や中小企業に対して、再度特別支援を行うことを明らかにした。声明によれば、すでにマレーシア中銀主導による返済の猶予や返済額の減額などの支援が行われており、3月26日現在で160万件以上の申請のうち95%が支援対象となっている。今回のさらなる措置では、顧客は銀行にコンタクトをとるだけでアドバイスや支援を受けることができると、同協会は強調している。

同協会の声明を受けて、各イスラーム銀行はさっそく具体的な対応策を発表している。例えば政府系開発金融機関の人民銀行は、コロナや行動制限の影響で解雇されて以来新しい仕事が見つかっていない者、給与補償がないまま自宅待機を命じられている者、給与が減額された者などに対して、今回の措置の対象としている。またMBSB銀行は、具体的な対策として3か月の支払猶予や返済額の月額50%減を実施すると明らかにした。他のイスラーム銀行も同様の措置をとった。

以上のように、コロナによって社会経済の停滞や、観光をはじめとする人の移動の遮断が生じた。こうした状況に対して、イスラーム金融やハラール産業自身も負の影響を受けている一方で、独自の貢献の仕方もみえてきている。大きな現代的課題といえよう。

第⑥章　観光ビジネスとイスラーム

盛り上がるマレーシアの観光フェア（撮影：舛谷鋭氏）

　ムスリム消費者に対してイスラームに即した商品とサービスを提供する産業であるハラール産業のうち、特に近年日本で注目を集めているのが、観光産業である。主に外国人ムスリム観光客が訪日することに対して、日本国内の観光産業がどのように商品・サービスを提供すべきかという点だ。

　コロナ禍以前の 2019 年までは、訪日外国人観光客は主に中国・韓国・台湾といった東アジアが全体の 4 分の 3 を占める一方、東南アジア諸国を中心に訪日するムスリム観光客は、全体の 1 割程度とみられる（詳細は次章）。割合としては低いものの、100 万人以上の訪日ムスリム観光客を取りこぼさないためにも、ビジネスとしても重要視されている。

　本章では、イスラームに準拠した観光の特徴を明らかにすることで、ビジネスがどう変わることが可能かを検討していく。観光客としてのムスリムは、観光中であってもイスラームの実践を欠くことはない。ムスリム観光客の渡航先や渡航目的をめぐっては、①宗教上の義務ないしは権利として聖地に訪問する聖地巡礼と、②目的地や理由は必ずしもイスラームに則る必要はないものの、観光プロセスがイスラームに準拠している必要がある一般的な観光とに分けて考えられる。そこではじめに、宗教における聖地巡礼を含めた観光を類型化したうえで、イスラームに準拠した観光とはどのようなものかを分類、なかでも

イスラームの代表的な聖地巡礼であるメッカ巡礼、すなわちハッジとウムラ、それから各地の聖者廟参詣（ズィヤーラ）について検討する。次に、宗教的に動機づけられてはいない一般的な観光が、イスラームにおいてはどのように規定されているかを検討する。またこれらがハラール・ビジネスとどのように関連しているかをみていく。

　他方、視点をムスリム観光客に移し、彼ら・彼女らにとって適切な渡航先と観光中に行うイスラームの実践を検討する。その際、アメリカとシンガポールの情報会社の調査データを基に検討する。

1　イスラームの聖地巡礼

宗教と観光の類型化

　聖地巡礼とは、いささか厄介な概念である。というのも「宗教とは何か」と「観光とは何か」という2点について、宗教学も観光学もそれぞれ決定的な定義を提示するに至っていない。二つのあいまいな概念をあわせもつため、聖地巡礼もまた多義的な概念となっているからである。さらに近年は、映画や漫画、アニメなどの舞台（とされる場所）をファンが訪れるコンテンツ・ツーリズムの一形態もまた「聖地巡礼」と呼称されており、議論を複雑なものとしている。

　宗教における信者／非信者と聖地／非聖地への巡礼・渡航をめぐっては、以下の四つに類型化することができる。

　一つ目は、ある宗教の信徒がその宗教的義務ないしは権利に基づいて自ら信仰する宗教の聖地を巡礼する行為である。すなわち、信仰する宗教の教えに従って聖地巡礼を行うことであり、これを完遂することで信者としてのステータスや階位が上昇し、死後天国に行けると確約される、といったような行為である。このような宗教実践を求めている宗教においては、聖地に立ち入れるのは信徒のみで、非信徒への門戸を閉ざしているのが一般的である。また一般信徒の訪問は認めず、聖職者などヒエラルキーの上位にある者のみ訪問を認める聖地もある。以上、この類型は、「狭い意味での聖地巡礼」と呼ぶことができる。

　二つ目は、当該宗教に熱心ではない信徒、あるいは別の宗教を信仰する者が、当該宗教の聖地を巡礼する行為である。信仰心の発露というよりも、世界遺産に選出されているような著名観光地ともみなされている、聖地への物見遊

山的な色彩も強い。ただ、この巡礼を通じて熱心な信者へと転じる可能性もある。そのため当該宗教側も、熱心な信徒だけではなく消極的な信徒、さらには信者でない者であっても、聖地への立ち入りを禁じるものではない。この例として指摘できるのが、キリスト教カトリックにおけるスペインで実践されるサンティアゴ・デ・コンポステーラの巡礼路や、日本の神道に基づく熊野古道である。この類型は、「広い意味での聖地巡礼」と呼べる。

　三つ目は、当該宗教の信者が観光を行う際、訪問地や訪問目的は必ずしも当該宗教によって意味付けがなされていないものの、観光の最中においては当該宗教の規範や規律に従っていなければならない、というものである。聖地巡礼ではないものの、観光全体を通じて特定の宗教に基づいてなされている観光という意味では「宗教実践が伴う観光」といえる。

　そして四つ目は、当該宗教の信徒ではない者が、その宗教の関連施設を訪問することである。これはいわば「○○教体験ツアー」と呼べるようなものである。例えば、宿坊に泊まり座禅や写経、滝行を体験したり、僧侶の講話を聞いたりなどして、その宗教の触りを経験するものである。この場合の訪問地は、必ずしも当該宗教の聖地とはいえないまでも、その宗教にとって意味のある宗教施設ではある。

イスラーム／ムスリムをめぐる観光の類型

　以上四つの類型に対して、イスラームとムスリムにおける聖地巡礼と観光を当てはめてみたい。

　まず一つ目の類型である「狭い意味での聖地巡礼」であるが、イスラームにおいては、ハッジ、ウムラ、ズィヤーラの三つの聖地巡礼がある。詳細は後述するが、ハッジとウムラは、サウジアラビアにあるメッカのカアバ神殿をはじめとする聖地を周り定められた儀式を行う。このうちハッジは義務、ウムラは推奨される行為である。他方、ズィヤーラは、イスラーム諸国各地に点在する、イスラームにおいて重要とされる人物の霊廟を参詣する行為である。

　二つ目の「広い意味での聖地巡礼」であるが、上述の通りメッカは非ムスリムが立ち入ることが禁じられているため、ムスリム以外の者がメッカを聖地巡礼の対象とすることはない。他方、ズィヤーラの対象地のなかには、非ムスリムが訪問可能な場所・施設もある。例えば、バングラデシュにあるバゲルハットは、聖者カーン・ジャハン・アリ（Khan Jahan Ali）のゆかりの地であると

同時に、「バゲルハットの歴史的モスク都市」として世界遺産に登録されている。そのため、ムスリムにとってはズィヤーラの対象地域であると同時に、非ムスリムの観光客を受け入れている。

　三つ目の体験ツアーであるが、これは非ムスリムがイスラームの施設を訪問することを指す。イスラーム諸国で実施されている各種の観光ツアーにおいては、著名なモスクや博物館などをめぐるのが定番となっている。モスクは、このような非ムスリムの観光客を基本的には受け入れるものの、1日5回の礼拝時間、ないしは金曜日午後の集団礼拝の時間帯については入場不可とする対応をとるところも多い。

　そして四つ目の類型である「宗教実践が伴う観光」は、ムスリムが通常行う観光のことである。イスラームにおける宗教実践は六信五行のみにとどまらず、むしろ日常生活とイスラームの実践が分かちがたく結びついている。ラマダーン月の断食など一部の例外を除き、基本的に観光の最中であっても、ハラールの料理を飲食し礼拝することなど、イスラームを実践するのが当然視されている。他方目的地は、他宗教の施設や酒蔵などイスラームに反することに関わる場所でない限り、イスラーム諸国だけでなく日本のような非イスラーム諸国であってもよい。観光ビジネスにおいては、ムスリムが渡航先でイスラームを実践できるようなアレンジが必要となる。

メッカ巡礼──ハッジとウムラ

　ハッジ、ウムラ、ズィヤーラという、イラームにおける狭い意味での聖地巡礼のうち、ハッジとウムラの渡航先はサウジアラビアのメッカである。

　イスラームにおいてメッカが聖地とされている理由は、主に二つある。一つは、イスラームの開祖である預言者ムハンマドの生誕地だからである。もう一つは、カアバ神殿の所在地であるからである。カアバ神殿は、イスラーム以前は様々な宗教の聖地とされ、それぞれの御神体等が設置されていた。しかしムハンマドが630年にメッカを征服した際、それらの御神体をすべて破壊したうえで、カアバ神殿はアッラーに捧げられた。この時以来、カアバ神殿が聖地となっている。

　イスラームには、メッカが聖地であることを象徴する行為が二つある。一つはもちろん、ハッジとウムラという聖地巡礼の渡航先であるが、もう一つはムスリムが1日5回行う礼拝の方角である。ムスリムは、メッカの方向に顔を向

けることで対峙し礼拝を行うが、メッカの方向およびその方向を示す矢印のことを、キブラ（qibla）と呼ぶ。ムスリム対応しているホテルの客室や空港の礼拝所には、必ずキブラが設置されている。また、初めて訪れた場所でも正しい方向に向かって礼拝ができるよう、キブラ・コンパスが存在する。現在は安価で販売されており、スマートフォンのGPS機能を用いたアプリも存在する。

イスラームにおけるメッカ巡礼は、既述の通りハッジとウムラの2種類あるが、両者の違いは主に次の2点である。一つ目は、訪問する時期の違いで、ヒジュラ暦（イスラーム暦）12月7日から13日にかけて行われるメッカ巡礼のみがハッジとみなされる。これに対してウムラは、ハッジの時期以外に行うメッカ巡礼である。

もう一つの違いは、メッカ巡礼を行ったことに対する評価の違いである。ハッジは、ムスリムにとっての義務である六信五行のうち、五行の5番目に位置づけられている。他方、ウムラは義務ではないものの、自ら積極的に行ったほうが良いとされる推奨行為に分類されている。

ハッジが義務という点については、クルアーンの第3章97節で「この聖殿〔カアバ神殿〕への巡礼は、ここに旅する余裕のある限り、人びとにとって神への義務である」と規定されている。このように、ムスリムにとって原則として義務ではあるものの、免除される者もいる。すなわち、ハッジを行うだけの体力や経済力がない者、借金をかかえている者、看病や介護、養育を必要とする家族・親族がいる者である。これは、もしもこのような人物に対してもハッジが義務として課されると、残された家族・親族が困窮する事態を招いてしまうからである。また、ハッジを行うに際しては、その費用を借金で用立ててはならないとされている。これも義務を果たすことを優先した結果、借金を負ってしまいその後の生活が困窮するような事態を招くのを避けるためである。

したがってハッジは、日頃から敬虔であり、渡航費用を自ら賄うことができ、また家族・親族との関係も良好で健康を維持できていることの証明となる。そのためハッジを行った者に対しては、男性ならば「ハッジ」、女性ならば「ハッジャ」との敬称が与えられ、周囲から尊敬が集まる。

メッカ巡礼をめぐって

メッカ巡礼は、カアバ神殿を訪問するだけでなく、アラファト山での投石など一連の儀礼が定められている。この旅程には、ミナーと呼ばれる渓谷での野

営が含まれているが、国内外から200万人以上が同時に、無秩序に野営を行うと治安が守れなくなる。そこで現在は、政府が設営するテントが整然と並んでいる。テント内は空調やシャワーが設置されるとともに、食堂や礼拝所、郵便局なども設けられており、別名「テント・シティ」とも呼ばれている。後述するメッカ巡礼ツアーに参加すると、自分のテントが指定されて、そこで寝泊まりすることになっている。

　メッカ巡礼に欠かせない存在が、ムッタウィフ（muttawif）と呼ばれるメッカ巡礼を専門とするツアー・コンダクターである。その業務は、外国人巡礼者に同行してメッカ内での諸手続きを代行したり、巡礼方法をレクチャーしたりすることなどである。ムッタウィフはサウジアラビア政府によって任じられる職業であり、イスラームに詳しいことはもちろん、メッカ内の諸手続きに習熟しているとともに、外国人巡礼者を相手とするためアラビア語のみならず各国の言語を身に付けて、食事の好みなど外国人の慣習を熟知していなければならず、高度な職業とみなされている。

　巡礼者は男性だけでなく女性もいるため、女性のムッタウィフも存在する。女性が就ける職業が少ないサウジアラビアにおいては、数少ない貴重な女性の働き口となっている。ムッタウィフは、伝統的に特定の家柄によって独占されていたが、1930年代になり六つの企業に編成され今日に至っている。様々なスキルを要する高度な職業であるため、その報酬もまた高いとされ、数日間同行することで800から5,000米ドル程度の収入が得られるという。

　ハッジに連動して行われるのが、イード・アル＝アドハー（Eid al-Adha）と呼ばれる祭典である。イスラームにおいてはこのイード・アル＝アドハーと、ラマダーン月の断食が明けたことを祝うイード・アル＝フィトリ（Eid al-Fitri）をあわせて二大祭と呼んでいる。イード・アル＝アドハーは「犠牲祭」と訳されるが、ヒジュラ暦12月10日と11日に行われ多くのイスラーム諸国で祝日となっている。

　これは、クルアーンの第37章102–117節にある、イブラーヒームがアッラーの命に従い息子を犠牲に捧げようとした逸話に由来する。ちなみにこの記述は、旧約聖書「創世記」第22章の「イサクの燔祭」に類似した内容となっている。なおクルアーンでは、イブラーヒーム（アブラハム）が捧げようとした息子の名前は明記されていないため、スンニ派はイスマーイール（イシュマエル）、シーア派はイスハーク（イサク）が捧げられようとした息子だとみなして

おり、両派の解釈は異なっている。またクルアーンのこの文言に則って、イード・アル＝アドハーにおいては、羊を屠り親族で分けて共食するとともに、貧者に施しを行うのが習わしである。

2000年以降のメッカ巡礼の傾向

　グラフは、近年のハッジの巡礼者の推移を表している。これによると、2000年前後は年間200万人前後で安定的に推移していた。しかしその後、交通機関の発達による旅行費用の低価格化、ムスリムの所得水準の向上等を背景に、巡礼者が増加する傾向にある。特に2000年代後半は右肩上がりに増加し、2012年の316万人を最多としている。

　しかしながら、2013年からは人数が200万人前後と元の水準に急激に戻っている。これは、増加する巡礼者に対応するためメッカやその周辺の各種工事が実施されたためで、この工事期間中は人数を制限した。工事がおおむね終了した2017年以降、再び230万から250万人前後で推移している。

　その後、2020年にコロナが発生、ハッジはサウジ在住者のみに限定され、ハッジ・ビザは発給されなかった。また巡礼者数はサウジ国籍者が3,000人、外国籍者が7,000人の合計1万人となった。2021年も、同じくサウジ在住者のみに限定され、前年と同様サウジ国籍者30%、外国籍者70%の割合となったが、合計人数は6万人まで拡大された。報道によれば、1000年以上の歴史が

ハッジによるメッカ巡礼者数

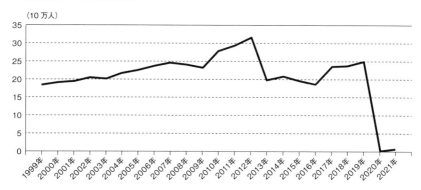

出典：サウジアラビア政府
https://www.statista.com/statistics/617696/saudi-arabia-total-hajj-pilgrims/
https://datasource.kapsarc.org/explore/dataset/domestic-and-foreign-pilgrims/information/?disjunctive.indicator
https://www.stats.gov.sa/sites/default/files/haj_40_en.pdf

あるハッジにおいて、疫病の流行や戦争などを理由としたハッジの中止や大幅な制限は、これまでに40回程あったという。

　メッカ巡礼のために外国人がサウジアラビアに入国するには、陸路と空路の二つの方法がある。陸路は、サウジアラビア周辺国より自家用車やバスで入国するのが一般的である。他方、空路の場合は、必ずジェッダにあるキング・アブドゥルアジーズ国際空港に設けられた、ハッジ専用のターミナルで入国審査を受けることになっている。

　同空港からメッカまでは、バスやタクシーなどでの移動方法もあるが、2018年にハラマイン高速鉄道が開設された。空港からメッカまでの距離94kmを、最高時速300kmにて数十分で移動できる。料金は、60サウジ・リアル（約2,000円）である。

　このようにハッジやウムラに対しては、サウジアラビア政府は一元管理を行おうとしている。これによって管理や手続きの簡素化ができるとともに、巡礼者の移動がスムーズとなる。また外国人が、メッカ巡礼を隠れ蓑としてサウジアラビアに不法残留して違法労働者となることを防止するためにも、一元管理は有効な手段であると考えられている。

ハッジ・クォータ

　ハッジの希望者は年々増加する一方、サウジアラビア国内のキャパシティ問題もあるため、同国政府は外国人巡礼者の人数を厳密に管理している。これは、ハッジ・クォータと呼ばれる方法で、ハッジを行うために専用のハッジ・ビザを取得させ、なおかつ国ごとにハッジ・ビザの発給件数を割り当てる。そのため、各国にあるサウジアラビア大使館にビザ取得を申請しても、割り当て数以上のビザは発給されない仕組みになっている。

　ハッジ・クォータは、1988年にイスラーム協力機構（OIC）で導入が決定された制度であり、基本的にその国のムスリム人口に応じて、1,000人に1件の割合でハッジ・ビザが毎年発給される。これは例えば1人のムスリムが20歳から70歳までの50年間に毎年申請を行っても、実際にハッジを行えるのは20人に1人の割合になる計算である。上述のように、十分な資金の蓄えのない者や本人ないしは家族が健康を損ねている者はハッジが免除されるため、誰しも50年間にわたって常に申請可能な状態にあるとは限らないが、近年の人気を考えれば狭き門といえる。

また、ムスリム人口 1,000 人につき 1 件という割合は、その国とサウジアラビア政府との関係によって変動することがある。すなわち、サウジアラビア政府に対して批判的な立場の国には発給が減らされる一方、好意的な国には発給件数を上積みすることがある。したがってサウジアラビア政府は、ハッジ・クォータを通じてイスラーム諸国との関係に影響を与えている、との見方もある。実際、各国首脳がサウジアラビアを訪問してハッジ・ビザの割り当てが増えると、それが外交の成果として各国で大きく報じられることもある。ちなみに東南アジアの主要な国のハッジ・ビザの発給件数は、年によって上下することはあるものの、インドネシアが 21 万 1,000 件、マレーシアが 3 万 1,000 件、タイが 1 万から 1 万 2,000 件、シンガポールは 1,000 件弱、などとなっている。

送り出し国側の対応──マレーシアのタブン・ハッジ

　ハッジとウムラのメッカ巡礼に対しては、巡礼者の送り出し側となるイスラーム諸国でも通常の観光とは異なる体制づくりが行われている。ここではマレーシアのタブン・ハッジ（Lembaga Tabung Haji）の事例を検討してみたい。

　タブン・ハッジは、マレーシア人ムスリムが行うハッジやウムラに関する国内外業務を取り仕切るマレーシア政府系公社のことである。1963 年に前身となる組織が設立されたが、現在は 1995 年タブン・ハッジ法に基づいて運営されている。

　タブン・ハッジの仕組みであるが、ハッジを希望するムスリムは、まずこのタブン・ハッジにて口座を開設する。その後、自身による振込や勤務先の給与からの天引きなどの方法を用いて、口座に預金していき、一定金額に達した時点でメッカ巡礼のビザ申請が行える。とりわけハッジに関して、在マレーシア・サウジアラビア大使館は原則としてタブン・ハッジからのビザ取得の代行申請しか受け付けない。したがって実質的に、マレーシア人がハッジを行うならば、タブン・ハッジに口座を持っていなければならないことになる。タブン・ハッジによれば、現在 900 万人以上のマレーシア人ムスリムが口座を設けている。

　マレーシア人がタブン・ハッジを経由してハッジを行う場合の費用について、2020 年の例をみてみたい。2020 年は先述のように、サウジアラビア政府は国外からの巡礼を一切受け付けなかったため、この例は実際には実行されなかった。もちろん、コロナが発生しなければこの計画に沿ってハッジは実施さ

れていたものである。

　一人当たりの費用は、2万2,900リンギである。まず初めてのハッジの場合、マレーシア政府より1万2,920リンギの補助金が支給されるとともに、ビザ取得の際の費用が全額免除される。この結果、本人負担額は9,980リンギとなる。マレーシア政府によれば、実質本人負担額は2013年以降据え置きとなっている。他方、2回目以降の場合は、政府からの補助金は支給されず、またビザ取得費用2,200リンギも本人負担となる。この結果、本人負担額は2万5,100リンギとなる。なお、この年、マレーシア政府は初回巡礼者のための助成金として、4億リンギの予算を割り当てていたものの、結果として用いられることはなかった。

　タブン・ハッジは、メッカ巡礼希望者の管理だけではなく多様な業務を行っている。まず、サウジアラビア国内に病院や救急車を保有しており、現地で急病や体調を崩したマレーシア人巡礼者がいれば、この病院がマレーシア語で対応・治療を行う。他方、国内においては、子供たちに対する宗教教育の一環として幼稚園や小学校を対象としてメッカ巡礼の体験学習を行っている。大きな公園にカアバ神殿を模した高さ2メートル以上のオブジェを設置して、子供たちが巡礼衣装を身にまとってその周りをまわったり、投石儀礼を試してみたりすることで、ムスリムとしての自覚やハッジの重要性を知る学びの場を提供している。

　タブン・ハッジには、900万人以上が預金口座を設けているため、扱う資金額も膨大である。そこでこれらの資金の運用が行われている。例えば、国内でホテルを経営して、誰でも利用できる宿泊サービスを提供している。また、イスラームに準拠したサービスを行っている以上、その資産運用もまたイスラームに準拠すべきであるという発想から、従来型ではなくイスラーム式の債券（スクーク）や投資信託などの金融商品を投資対象としている。そのためマレーシアにあってタブン・ハッジは、イスラーム式のタカフル保険会社と同様、大規模なイスラーム機関投資家としての側面ももっている。

ウムラ・パッケージ・ツアー

　ビザの発給制限数による入国制限や、実施時期が限定されていることなど、ハッジには様々な制約が課されている。他方、同じメッカ巡礼でもウムラの場合には、スケジュールや現地での混雑具合、ビザ発給制限、旅行会社の選択な

どで、ハッジよりも自由度が高い。ただ、ウムラについても個人手配が困難な者のために、旅行業者がウムラ・パッケージ・ツアーを主催している。これは、特に東南アジアで利用者が多い。

ウムラ・パッケージ・ツアーには、本国とサウジアラビアの往復の航空券、サウジ国内移動の費用、宿泊代、食事代、ムッタウィフの手配料、その他各種手数料等が含まれるのが一般的である。ツアーによっては、帰路の途中ドバイやエジプト、トルコなどで観光するものもある。

ツアー内容と同様、ツアー価格もまちまちである。例えば、飛行機はビジネス・クラス、ホテルは五つ星クラスなど、年配の富裕層向けの高額ツアーもあれば、格安航空会社やドミトリーを利用することで価格を下げ、若者でも気軽にウムラができるようにしたツアーもある。マレーシアの場合、2019年に観光省が示した10泊12日のモデルケースとして6,900リンギ（約20万円）が最低価格と定められている。

ズィヤーラ（聖者廟参詣）

イスラームにおける聖地巡礼の第3の類型は、ズィヤーラ（ziyarat）である。ズィヤーラとは、アラビア語で「訪問」という意味だが、イスラームの文脈においては「聖者廟参詣」という行為を指す。

参詣の対象となる廟の主は、主にムハンマドの親族、各地の王朝の統治者、歴代カリフ、イマームやムフティーなどのイスラーム法学者、聖者（wali）、神秘主義者（sufi）などである。このうち聖者と呼ばれる者は、イスラームの教えや現世利益をもたらすべく各地で宗教実践を行い、時には自然現象を超越した奇跡を行った人物とみなされている。キリスト教カトリックにおける聖者や福者のような、ヴァチカンの列聖省からの審査をへて列聖や列福されるような仕組みはイスラームには存在せず、各地・世代を越えて支持を受けていき、やがて聖者として扱われるようになる。

聖者を聖者たらしめる要因が、霊的な力（barakah）である。アラビア語のもともとの意味は「神の祝福」であるが、これは病気を治癒したり現世利益をもたらしたりするなど、超自然的な力を指す。聖者が存命中は、この霊的な力は本人が保持しているが、死後もその力は消失することなく本人の霊廟に宿るとされる。そのため聖者が死亡した後でもなお、その霊廟に参詣し願掛けなどを行うことにより、その霊的力に浴することができ、現世利益が得られると考

えられている。

　ズィヤーラでは、聖者が眠る廟を訪れて供物を提供したり願掛けが行われたりするが、このことが様々な行為・活動を生み出す。まず、その聖者の名声に応じてムスリムが周辺地域から、場合によっては国境を越えて集まることになる。ムスリムが個々人で訪問する場合もあれば、ウムラ・パッケージ・ツアーと同様に、ズィヤーラ・パッケージ・ツアーなどが企画・実施されることもある。とりわけ、メディーナにある預言者ムハンマドとその親族の霊廟がある預言者モスク（Al-Masjid an-Nabawi）とジャンナト・アル＝バキー墓地（Jannat al-Baqīʿ）をはじめ、サウジアラビア国内の聖者廟については、ウムラ・パッケージ・ツアーにこれらを参詣することが含まれることもある。いずれの対象地も、来訪者が増えれば増えるほど聖者廟の周辺に市がたつなどして、様々なビジネスが誕生する。このように、宗教活動、経済活動、観光活動が結びついた形でズィヤーラが実践される。

　ズィヤーラはイスラーム諸国各地で実践されてはいるものの、訪問対象となる聖者廟が存在するためには、その地域に聖者と目される人物がいなければならない。聖者は地域によって偏在しているため、結果的にズィヤーラの実践も、地域によって偏りがある。

　東南アジアの場合、ズィヤーラがとりわけ積極的に行われているのはインドネシアである。インドネシアにイスラームを伝えたとされる 9 名の聖者であるワリ・ソンゴ（Wali Songo）にゆかりがあるジャワ島の各地を訪問するズィヤーラや、ジョグジャカルタに 16 世紀末に興ったイスラーム王国であるいわゆる新マタラム王国のスルタン一族ハメンクブウォノ家の霊廟、イモギリ陵墓を巡るズィヤーラなどが著名である。他方、マレーシアやシンガポールでは聖者と目される人物がいないため、両国では、ズィヤーラ・パッケージ・ツアーが実施されている。

　南アジアにおいては、バングラデシュの地方都市バゲルハットがズィヤーラの対象地となっている。ここは、15 世紀に作られた聖者カーン・ジャハン・アリにまつわる都市群があり、彼が眠る霊廟が中心となっている。なおこの一帯は、1985 年に「バゲルハットのモスク都市」としてユネスコの世界遺産に登録されている。このことにより、ムスリムによる聖地巡礼だけでなく、非ムスリムによる観光も行われている。

聖遺物

　イスラームにおいても他の宗教と同様、聖遺物（relic）が存在する。聖遺物とは、当該宗教の開祖や聖者の遺髪や遺骨、歯といった本人の遺体の一部、生前本人が使用した道具や衣類、およびこれらを模したものを指す。キリスト教ではキリストの遺体を包んだとされるトリノの聖骸布、仏教ではブッダの歯である仏牙、あるいはブッダの足跡を石に刻んだ仏足石などが著名である。

　預言者ムハンマドが使用したものが、聖遺物として現代まで伝わっている例がある。パキスタンのラホールにあるバードシャーヒー・モスクには、預言者ムハンマドが使用したとされる帽子、マント、錫杖が収蔵されている。イスラームにおいては、こうした聖遺物にも生前の持ち主の霊的力であるバラカが宿るとされているため、その力に浴しようとムスリムが数多く集まる。同モスクは、1993年にパキスタン政府により世界遺産の暫定遺産リストに登録されており、バゲルハットの事例と同様、ズィヤーラを目的とはしていない非ムスリムによる観光客も受け入れている。

ズィヤーラの位置づけと批判

　イスラームにおけるズィヤーラの位置づけに対しては、イスラーム法学者によって見解の相違がある。ハディースによれば、預言者ムハンマドは「私の墓を訪れる者は私からの執り成しを受ける権利がある」と語ったと伝えられており（アフマド・バイハキー、カーディー・アイヤード）、預言者ムハンマドやその親族の墓所を参詣することは、多くのイスラーム法学者によって推奨行為であると位置づけられている。

　これに対して一部のイスラーム法学者からは、ズィヤーラに対しての批判的な見解が示されている。まず、死者が神と現世に生きる者の間の執り成しを行うのはおかしいというもので、ここからさらに、執り成しを行うという理由で聖者を神聖視したり聖者を神と同様に崇拝の対象としたりするのは間違っているとしている。また、ズィヤーラはイスラーム以前の伝統的な信仰の名残であるか、あるいは他の宗教の慣行がイスラームの実践に混交することで生まれたものであると批判している。

　13世紀末から14世紀前半にかけて活躍した著名なイスラーム法学者であるイブン・タイミーヤは、ズィヤーラに関するハディースはいずれも捏造であるとして、ズィヤーラを禁止すると主張した。結果的にこの主張は、イスラーム

法学の主流派の考え方には至らなかったものの、ズィヤーラに対して否定的な考え方が存在することを示す事例である。

　こうしたイスラーム法学上の解釈に対して、ズィヤーラを行うムスリムは、少なくとも自らはイスラームに則してズィヤーラを行っていると考えている。そのため少なくともズィヤーラは、ムスリムの間で観察される、イスラームに基づいたとされる宗教行動とみなすことが可能であろう。

2　イスラームと観光

ムスリムにとって観光とは？

　イスラーム／ムスリムをめぐる観光の類型のうち、ムスリムにとっての聖地巡礼は先に指摘した通り、ハッジ、ウムラ、ズィヤーラである。いずれも、ムスリムが聖地とされている場所、あるいは聖なるものが存在する場所を宗教的動機づけによって訪問する活動であり、これを行うことによってムスリムは来世で天国へ至るか、現世利益を得られる行為である。

　これに対して、必ずしもイスラームにとって重要な位置づけがなされている目的地ではなく、また渡航のきっかけやモチベーションがイスラームに基づかないものの、一連の観光行動はイスラームに反してはいないムスリムの一般的な旅行について、ここではみていきたい。

　まず、イスラームにおける巡礼と観光の違いであるが、巡礼とは行き先および渡航目的がイスラームに義務づけられたツーリズムのことである。先の類型でいえば「狭い意味の聖地巡礼」に相当し、具体的には上述のようにハッジ、ウムラ、ズィヤーラを指す。これに対して観光とは、渡航先や渡航目的には宗教的な意義は存在しないものの、一連の旅程にイスラームに反する要素が含まれていないものである。同じく先の類型でいえば、四番目の「宗教実践を伴う観光」となる。

　なお一般的に観光とは余暇時間に行うものであり、また居住地を出発して比較的短期間でまた居住地に戻ってくる一連の活動を指す。現地に暮らすことを前提として移動する移住、あるいは余暇活動ではなく現地での就労を目的とした移動である出稼ぎは、観光とはみなされない。このことは、イスラームにおいても同様である。

　クルアーンには観光への言及が非常に少ない。そのなかで著名なのが、第6

章11節の「地上を旅せよ。そして、審理を拒否した者の最後が、どうであったかを見なさい」との記述である。このうち「審理を拒否した者」とは、終末において天国か地獄への身の処遇を決める、神による最後の審判を拒否した者のことで、端的にいえばムスリムではない異教徒を意味する。この章句が言わんとするところは、イスラームに基づかない異教徒のコミュニティがいかに堕落し、神から歓迎されざる状況にあるかを知るためにも、ムスリムは旅行せよ、ということであり、イスラームの教えとそれに基づきムスリムが暮らすウンマがいかに素晴らしいかを説いていることになる。今日においては、この章句のうち後段よりも前段のほうが強調され、ムスリムは観光すべきだという主張の根拠になっている。

　なお余談ではあるが、日本語における「観光」の語源は、中国の『易経』にある「観国之光利用賓于王」に由来する。これは「国の光り輝く優れたところを見ることで、その土地の治世を知ることができる」といった意味である。他所の土地を見ることで人生の糧とする、という考え方が中東・中国・日本で共通しているのは、大変興味深い。

観光の構成要素

　イスラームに則った観光とは、本質的にはイスラームに則った食品と考え方は同じである。食品の場合には、マレーシアの認証基準であるMS1500：2019によれば、イスラームで飲食が禁じられているアルコールや豚由来の成分等を含んでいないこと、またアルコールや豚由来の成分を含んだ調理器具を使用していないこと、食品添加物などを過剰に使用していないこと、流通経路においてアルコールや豚由来の成分を含む食品と一緒に運んだり陳列したりしないこと、といった条件を満たせば、ハラール食品であるという認定であるハラール認証を取得することができる。飲食物に関して、原材料から消費者の口に至るまですべての過程・要素にイスラームに違反する要因が含まれていないことが確証されて初めてハラール認証を取得することができるのである。

　イスラームに準拠した観光も、ハラール食品と同様、観光を構成する要素にイスラームに反するものが含まれていないことが条件となる。そこで問題となるのは、①観光の構成要素とは何かという点と、②各構成要素について、何がどのようになっていればイスラームに準拠しているか、イスラームに反していないといえるか、という点である。すなわち、観光のどういったところにイス

ラームに反する要素が入り込む可能性があるかという問題である。

　観光の構成要素、すなわち観光客が観光を行っている際に何と接し、何が関与するのかという点について、様々な研究者や官公庁、研究機関がそれぞれの立場から、多様な定義を提示している。例えば、伝統的な業界用語として用いられる「あご（食事）・あし（交通手段）・まくら（宿泊）」、1973年発刊の雑誌『るるぶ』のタイトルの由来となった「見る・食べる・遊ぶ」、デービッド・アトキンソンが『新・観光立国論』で挙げた「自然・気候・文化・食事」などがよく知られた定義といえよう。

　ここでは、観光の構成する代表的な要素である①趣旨、②目的地、③交通手段、④宿泊施設、⑤食事、⑥体験・活動、⑦買い物、⑧観光に持ち込まれる日常、の計八つが存在するものとし、これらがシャリーアに抵触する可能性のある点を検討していく。

　まず一つ目の趣旨とは、なぜ観光を行うのか、何のために観光に行くのかという目的、動機、モチベーションを指す。メッカ巡礼であれば、それを行うことでムスリムとしての義務を果たせる、という宗教上意義がこれにあたる。これに対してムスリムの観光は、宗教上の義務を果たす行為ではない。したがって、イスラームに関係ないことを目的とした観光、すなわち観劇やスポーツ大会への出場、ボランティア活動への参加、バケーション、食べ歩き、温泉巡り、あるいは物見遊山や自分探しなど、余暇活動として観光を行うこと自体は、イスラーム法上問題ない。他方、他の宗教の行事への参加、あるいは本国では飲酒できないため、アルコールを飲むことを目的として非イスラーム諸国へ観光することなど、イスラームに違反することを目的とした観光は、イスラーム法に違反すると考えられる。

　趣旨が明確な観光の一つが、医療観光（メディカル・ツーリズム）である。技術や法律、金銭上の制限により自国ではできない手術や投薬、治療を受けるため、海外に渡航する行為を指す。もともとイスラームにおいては、預言者の医療（Prophetic medicine）と呼ばれるカッピング（患部に吸い玉をあてがうことで血流を促進する治療方法）や焼灼（出血している患部を熱した鏝やナイフで焼くことで止血する治療方法）、ハチミツの飲用などが伝統的に行われてきた。しかしながら現在は、西洋近代的な医療が一般的となっている。なかでもUAEやイランなど一部のイスラーム諸国は、最先端や専門分野の治療・施術を希望する

外国人を積極的に受け入れている。このうち、婚姻関係のない男女間の非嫡出子を許容しない半面、「結婚は信仰の半分」と呼ばれるほど結婚とそれに基づく嫡出子の出生が強く望まれるムスリム社会では、「妊活」が先進国以上に盛んで、不妊治療を受けるため海外に渡航する夫婦もいる。

　二つ目の目的地とは、国や市町村といった地域・行政区分を指す場合もあれば、美術館やレストランといった施設、スポーツ大会への参加や観戦といったイベント・行事なども指すことがある。目的地は、一つ目の趣旨と密接に関わるが、ムスリムがイスラームに違反する場所を目指す観光はありえない。例えばキリスト教の教会を見学したり礼拝に参加したりすること、あるいは酒蔵やワイナリー見学ツアーなどを、イスラームに反する観光の目的地とみなすことができる。

　ただ、近年の東南アジアのムスリム向け訪日観光パッケージ・ツアーをみると、京都散策などの一環で金閣寺や清水寺が含まれていることもある。宗教施設である寺社については、礼拝は行わない、拝殿には上がらないなどの線引きを行うことで、宗教施設の宗教的側面ではなくあくまでも観光の範囲での訪問にとどまるようにしている。ほかにも、ディズニーランドやUSJのようなエンターテインメント施設が、ムスリム向け訪日ツアーから避けられる傾向があるが、近年は含めるものも登場している。ただこうしたエンターテインメント施設に関しては、どこまでが許容されるのか、見解が分かれている。この点については、次節で検討する。

　三つ目は交通手段である。自動車や鉄道のような陸上交通、クルーズ船のような海上交通、そして飛行機による航空交通などが存在するが、基本的にこれらはいずれもイスラームに反するところはないとみられる。ただ、2015年12月にマレーシアでラヤニ航空（Rayani Air）が、シャリーアに準拠した初の航空会社と称して創業したことがあった。機内食はハラール食品のみでアルコールは提供しない、フライト中に礼拝時間をアナウンスするなどして、シャリーアに準拠したサービスを実施した。しかしながら、同社に追従する他の航空会社が現れなかったため、ハラールである航空サービスとは何かが洗練されることもなく、また頻繁に遅延を繰り返したことなどで評判を落として、最終的には倒産に至ったため、ハラール航空産業の確立には至らなかった。第1章でも触れたように、ハラール産業として他の産業と一線を画すためには、一社だけでなく複数の企業群が商品・サービスを提供する状態となることが必要であ

る。したがって航空会社は、基本的にハラール産業とはみなせないものの、ニーズに応じてムスリム対応を行っていることになる。

　四つ目は宿泊施設である。これは、ホテルに限らず旅館、民宿、カプセルホテル、あるいはホームステイや民泊なども含まれる。宿泊施設をめぐっては、イスラームに則ったホテルのあり方が近年議論の対象となっている。第1章で取り上げたマレーシア基準局が掲げるハラール認証基準のなかでも、MS2610：2015は「ムスリム・フレンドリー・ホスピタリティ・サービス」と称し、旅行会社やツアー・ガイドとともに、ホテルを対象とするハラール認証基準を提示している。これによると、判定対象となるのは、①客室内の礼拝スペースの確保、②客室内やテナント、自動販売機でのアルコール飲料の提供の有無、③会議室やプール、ジムなどでの男女別の取り扱いの実施、④ホテル内に礼拝スペースが設置されていること、などである。これらの基準を満たすことで、ホテルは首相府イスラーム開発局（JAKIM）よりハラール認証を取得することができる（詳細は第7章で解説）。

　五つ目は食事である。観光時に行う飲食は、すべて対象となる。すなわち、ホテルの食事だけでなく、観光地のレストラン、観光地や宿泊先のそばにあるコンビニやスーパーマーケットで買ったお菓子やおにぎり、さらに土産物のお菓子などを指す。こうしたものがハラールであるか否かは、既にハラール食品のところで検討しているが、ハラール食品産業は、観光産業の文脈においてもハラールであるかが関心の対象となる。

　六つ目は体験・活動である。スポーツ観戦や観劇といった活動から、食べ歩きや温泉巡りといった一つ目の趣旨に密接に関わる部分でもある一方、移動中にトイレを利用するといった日常に関する行為、間食をするためコンビニで購入しそれを飲食するなど、五つ目の食事や七つ目の買い物に関連するものなども含む。これには多様な活動・行為が含まれるが、それに応じてホストが様々な商品・サービスを提供することになる。これらがシャリーアに抵触するようなものであれば、ムスリムにとって利用しにくいことになる。

　七つ目は、買い物である。2010年代に中国人観光客が日本で行ったいわゆる「爆買い」のように、買い物自体が最大の目的の旅行もあれば、ちょっとした記念となる土産の購入、あるいは旅中の空腹を紛らわすためにコンビニでスナックやおにぎりなどを購入することも指す。買い物は物品が欲しいからこそ行われる行為であるが、買い物自体も立派な観光の一部であり、旅の思い出

となる。買い物という行為自体が、イスラームにおいて問題視される要因はないものの、購入される物品がイスラームに反しているか否かは重要な問題となる。イスラーム諸国にはないアルコール飲料をお土産として購入することは、イスラーム法上適切とはみなされない。

　そして八つ目は、観光の最中にもたらされる日常である。観光は、日常生活の場所と時間から離脱することで紡ぎだされる活動とみなされる。しかしながらイスラームにおいては、日常生活と信仰実践が分かちがたく結びついており、これは旅行中であっても同じである。例えば、女性のファッションは旅行中だからといって隠すべき身体の部位（アウラ）を隠さなくてもよい、あるいは旅先では豚肉やアルコールの飲食は認められる、といったことにはならない。ただ、礼拝は通常ならば1日5回のところを旅行中ならば3回でかまわない、またラマダーン月に旅行している者は断食が免除され、後日同じ日数分断食するか、貧者に施しをすればよい（クルアーン第2章184節）など、観光については一部の信仰実践が緩和される例もある。

　以上八つの構成要素の組み合わせによって、イスラームに準拠したムスリムに適した観光が構成される。例えばこの一例として、以下のようにまとめることが可能であろう。

　「休暇を利用して家族で旅行をする。旅先で珍しいものを見、体験する。ただし、食事やホテルでの対応はすべてイスラームに基づいて行われる。また、ツアー中であっても礼拝の時間になればツアーを中断して礼拝を行える。特に金曜日の午後には、旅先のモスクで集団礼拝に参加する。他宗教の施設は見学しない。」

　このようにムスリムにとっての観光は、個人旅行でも団体旅行でも、その構成要素がいずれもイスラームの影響を受けることになる。

観光産業のハラール・ビジネス

　ムスリム観光客は、観光中であってもイスラームを実践する。日常生活とイスラームの信仰実践とが分かちがたく結びついており、観光に関して特別な規定がある事柄を除けば、旅行中であろうと日常であろうと、同じようにイスラームを実践する必要がある。したがって、ムスリムが観光中に接する商品・サービスは、イスラームに反していないものを利用する必要がある。

そもそも観光業、あるいは観光産業は、国土交通省の『国土交通白書2021』に「旅行業、交通産業、宿泊業、飲食産業、アミューズメント産業、土産品産業、旅行関連産業等幅広い分野を包含した産業」と定義されているように、多様な産業を含む総合産業である。パッケージ・ツアーを企画する旅行業者と、そのパッケージ・ツアーの販売を行う旅行業者代理業者が中核を担うとともにそのパッケージ・ツアーには、①ホテル、旅館、民泊といった宿泊施設、②飛行機、鉄道、バス、タクシーなどの交通機関、③商業施設、博物館、テーマパーク、公園などの観光スポット、④レストラン、弁当屋、ケータリングなどの飲食業者、⑤土産物屋などの小売業者、そして⑥ガイドブック、ウェブサイト、ミニコミ誌といった情報産業などが関与することで総合産業たる観光産業が成立する。

ハラール産業の相互連関

　上述のようにムスリム観光客を相手にするハラール・ビジネスを行うのが、ムスリム・フレンドリー観光業者であるが、このことを産業側・企業側からみた場合は、一つのビジネスがハラール産業内の複数のカテゴリーにまたがることがある。

　例えば飲食店を挙げると、マレーシアでは食品加工業や畜産業と同じくMS1500：2019を認証基準としている。その意味では、飲食店も食品加工業も同じハラール食品産業であるといえる。他方、飲食店の利用客の一部でもムスリム観光客であるならば、飲食店はムスリム向け観光産業の一翼を担っていることになる。同じくマレーシアのハラール認証基準であるMS2610：2015は、飲食店を認証基準の対象とはしていないものの、ツアーを認証の対象としており、ツアーを組成するならば、ハラール認証を取得したレストランを組み込むと規定している。そうした観点からみれば、飲食店は、ムスリム向け観光産業の一部を形成しているといえるだろう。ハラール・バリューチェーンやハラール・エコシステムと呼ばれる、イスラームの価値観によって各産業が相互に連関することの実例といえよう。

　他方、利用客がすべてムスリム観光客であるとも限らない。例えば、航空会社の利用者のなかには観光客もいるが、観光客ではない出張・通勤客もいれば、ムスリムではない利用客もいる。ハラール食品産業であるならば、当初よりムスリムを消費者と想定し、イスラームに反しないような食品が作られてい

る。そのため、ムスリムを想定していない非ムスリム向けの食品産業では、商品作りの時点から区別されている。これに対して観光産業の場合は、ムスリム専用ホテル、ムスリム専用パッケージ・ツアーは存在するものの、観光施設やホテル、交通機関の大半は、ムスリムと非ムスリムの利用客が同時に利用することが多い。その意味では、ハラールの産業とノン・ハラールの産業は、概念上は区分できるものの、現場での対応では分かちがたい側面もある。

ムスリム・フレンドリー・ツアー

　海外旅行を行う場合、一般的には三つの手配方法がある。すなわち、①旅行会社が主催する団体ツアーへの参加、②同じく旅行会社による航空券と宿泊のセット販売である個人旅行パッケージの利用、および③インターネット等を通じて自分でフライトやホテルを予約する個人手配である。このうち①の団体ツアーについては、メッカ巡礼と同じく旅行会社が趣旨や訪問地などを消費者の関心を惹くようアレンジして販売する。もちろん高額でラグジュアリーであることを謳うツアーもあれば、価格を抑えることで若者でも参加しやすいものもある。いかに消費者ニーズに応えるツアーを組成できるかが、旅行会社の腕の見せ所になる。

　このうち、ムスリム消費者を対象とするムスリム・フレンドリー・ツアーが、イスラーム諸国で販売されている。これは、ウムラ・パッケージ・ツアーやズィヤーラ・パッケージ・ツアーなどと同様に、先述した八つの旅行の構成要素について、すべてイスラームに違反する要素を排除することにより、ムスリムがそのツアーに参加してもイスラームに反しないようにアレンジされたツアーである。これまで指摘してきたように、このツアーは各国の旅行会社等でムスリム・ツアー、ムスリム・フレンドリー・ツアー、ハラール・ツアー、シャリーア・コンプライアント・ツアーなど様々な名称が用いられているが、いずれも意味するところは同じである。そのため本書では、ムスリム・フレンドリー・ツアーで表記を統一する。

　ムスリム・フレンドリー・ツアーは、渡航先・目的地が必ずしもイスラーム諸国ではある必要はない。聖地巡礼においては、イスラームの聖地でない限りは聖地巡礼とみなされないが、通常の観光においては、その目的地は必ずしもイスラーム諸国でなくても構わない。したがってムスリム・フレンドリー・ツアーは、非イスラーム諸国を対象とすることも可能である。ただ、渡航先も

含め、旅行の構成要素のどこかにイスラームに違反するものが含まれていると、それをムスリム・フレンドリー・ツアーと呼ぶことはできない。したがってムスリムを利用者とする企業が、ムスリム観光客のためにイスラームに反しないような対応をとる確証が必要である。

3　ムスリムの誘客をめぐって

市場規模

　観光産業は、多くの産業との関わりをもつ総合産業である。観光客が家を出てから帰宅するまでの間、様々な商品やサービスを利用することで一連の旅程が成り立つ。これら一つ一つの商品・サービスは、交通、土産物屋、飲食店、小売、ホテルの各産業で産出されるものを適宜組み合わせていることになる。これはあたかも、自動車が電子、ゴム、皮革、鉄鋼、ガラスなどの各産業が製造した部品によって成り立っているのと同じ構造だといえる。また観光産業は、日本においても割合が年々高まっており、基幹産業の一つといえる。産業別名目GDPにおいては、自動車産業はおよそ3％から4％である一方、観光産業は10％ほどで、日本経済における観光業の重要性が高まっている。

　ムスリムは年間で何名が観光を行い、いくら費用を費やしているのかという点については、アメリカの情報会社であるディナール・スタンダード社（Dinar Standard）の「State of The Global Islamic Economy Report」とシンガポールの情報会社クレセント・レーティング社（Crescent Rating）の「Global Muslim Travel Index」が詳しい。両レポートの各年版を参照しながら、ムスリム・フレンドリー・ツーリズム市場の傾向についてみていきたい。

　2015年には、およそ1億1,700万人のムスリムが海外旅行を実施した。この時点での5年後の2020年の予想として、年平均で7.5％拡大していき、旅行者は1億6,800万人に達するとともに、市場規模は2,000億米ドルに達するとの推測が行われていた。従来は中東湾岸諸国の富裕層による観光が中心であったが、近年は旅行層の裾野が拡大している。

　ムスリムによる観光の増加の背景には、いくつかの理由が考えられている。一つ目はムスリム中間層の拡大である。所得水準の向上により、家族で海外旅行に行ける余裕が出てきた世帯が増加した点が挙げられる。

　二つ目は旅行費用の低価格化である。旅行費用のうち大きい部分を占める航

空券が、マレーシアで創業されたエア・アジアが先鞭をつけたLCC（格安航空会社）の登場によって低廉化してきており、旅行が行いやすくなってきている。

　三つ目は、海外旅行が好ましいレジャーであるという認識が広まった点である。家族と仲良くともに楽しい時間を過ごす手段として、海外旅行への人気が高まっているということである。

　そして四つ目が、日本・韓国・台湾といった非イスラーム諸国も積極的にムスリムを誘客するようになった点である。従来のムスリムの人気渡航先といえば、中東・北アフリカのムスリムにとってはヨーロッパであり、東南アジアのムスリムにとっては近隣アジア諸国であった。これが先に挙げたように、旅行コストの低価格化によってより遠くの観光地への渡航が容易となった。これに加えて、ムスリムの観光市場に注目しはじめた東アジアの非イスラーム諸国が積極的にムスリム観光客を呼び込みはじめた。この結果、ムスリム観光客に選択肢が増えたことで、観光市場が拡大していった。

　コロナ発生以前の2019年のムスリムの観光市場をみてみると、ムスリム観光客はおよそ2億30万人であり、1,940億米ドルの消費を行った。これは、2015年の段階での2020年の予想値にほぼ近い数値であり、当時の予想より1年前倒しで実現したことになる。また、この年のムスリム観光客の消費額は、世界全体の観光市場（1兆6,600億米ドル）の12%を占めた。

　ムスリムにとっての人気渡航先、すなわちムスリムのインバウンド観光客数が多い上位5か国とムスリム観光客数は、①トルコ（640万人）、②UAE（620万人）、③ロシア（560万人）、④マレーシア（530万人）、⑤フランス（500万人）であった。上述のように、欧州への人気がある一方で、近隣イスラーム諸国への渡航も大きな人気になっている。

　他方、ムスリム観光客による海外旅行の支出を国別でみた場合、すなわち国別のアウトバウンドの規模であるが、上位5か国をみてみると、①サウジアラビア（243億米ドル）、②UAE（172億米ドル）、③カタール（142億米ドル）、④クウェート（130億米ドル）、⑤インドネシア（112億米ドル）となっている。これによると、中東湾岸諸国の富裕層が積極的に観光に費用を掛けているなか、インドネシアのように経済発展を背景に観光客層の裾野を広げている国もある。

　しかしながら2020年の第二四半期に新型コロナウイルス感染拡大の影響が

顕在化し、人の移動が大幅に制限された。このことは観光業にまともに影響を与えた。2020年のムスリム観光客の市場規模は589億米ドルとなり、ムスリム観光客も70%減少した。その後の予想としては、コロナの収束とともにムスリム観光客が観光地に戻ってくるものの、2019年の水準に回復するのは2023年になるとみられている。

ムスリムに適した渡航先の評価

　ムスリム観光客にとってイスラームに反しないような形で観光が楽しめる国はどこか、上述の「Global Muslim Travel Index」のうち、2021年版による評価をみてみたい。同レポートでは、ハラール・フレンドリー旅行と称し、ACES Model 3.0という独自の基準を掲げて、各国の評価を数値化しOIC加盟国・非加盟国・世界全体の三つのカテゴリーで数値とランキングを公表している。最新版である2021年版は、全部で140か国を評価の対象としている。これは、全ムスリム観光客の渡航先の95%がこの140か国であるからだとしている。140か国の内訳は、OIC加盟国が42か国に対して、非加盟国が98か国、地域別としてはアフリカ34か国、アジア38か国、南北アメリカ26か国、ヨーロッパ39か国、およびオセアニア3か国である。

　評価基準は、レポートによって毎年若干の変更が加えられているが、2021年度版で用いられているACES Model 3.0の場合、四つの分野およびそれぞれにサブカテゴリーが設定され、コロナ禍の状況を考慮しつつ100点満点で点数化されるとともに、国ごとのランキングが行われる。一つ目の分野は「アクセス性」で10%のウエイトが与えられている。これはムスリムが現地に渡航しやすいかどうかを判断するもので、さらに接続性と交通手段のインフラ整備という二つの観点から数値化を行っている。また2021年版の場合、コロナの状況を導入して、従来重視してきたビザの取得要件が基準から外れる一方、コロナによる入国制限の程度が考慮に入れられている。

　二つ目の分野は「コミュニケーション」で、20%のウエイトを占める。これはゲストであるムスリム観光客とホストである渡航国とが、旅行前や旅行中にいかに関係を構築できるかという点を評価している。ここにはさらに三つの基準が存在する。まず、コミュニケーションの習熟度で、英語やアラビア語などムスリム観光客のなかでも話者の多い10の言語について、渡航先でどの程度通じるのかを数値化している。次は現地でのマーケティングで、オンライン

で視聴できるデジタル・コンテンツ、ムスリム観光客のためのガイドブックの発行、またマーケティングのアウトリーチがどの程度活発なのかといった点が評価される。特にガイドブックの作成については、非イスラーム諸国による取り組みを積極的に評価している。そして最後が、ステークホルダーの認識である。これは、ムスリムの観光市場の存在を渡航国側がどの程度意識しているか、またムスリム観光客を迎えるための意識をどのように高めているのかを評価する。

　三つ目の分野は「環境」で、全体の30%分のウエイトが置かれている。ここでいう環境とは、いわゆる自然環境だけではなく、ムスリム観光客を取り巻く社会環境も含んでいる。具体的には、身の危険を感じるかという安全性、渡航先でイスラームを実践できるのか、あるいはドレスコードやイスラーム恐怖症などの存在によって何らかの信仰実践が制限されるか、ムスリムを含め観光客がどのくらい訪れているか、および観光に適した気候であるか、といった点である。

　そして四つ目の分野が「サービス」で、ウエイトが40%ともっとも重視されている項目である。これは、ムスリム観光客がホストに対して信仰に基づいて求める事柄のうち、ハラール食品と礼拝施設というコア・ニーズと、空港やホテルにおけるムスリム対応であるコア・サービスからなる。これらはレストラン・ホテル・空港といった、ゲストとホストが触れ合う時点であるタッチポイントにおいて、どのように対応がなされているのかを測定するものである。なお例年はこのカテゴリー内に、その地域でなければ経験できないという固有の経験という項目が存在していたが、コロナ禍の影響を考慮して削除された。

ムスリムに適切な渡航先ランク

　表1は、ACES Model 3.0に基づいて140か国のスコアを算出しランキング化したものである。このうち左がOIC加盟国の上位9位10か国、右がOIC非加盟国の上位8位11か国である。またOIC加盟・非加盟を問わず全体の順位も、あわせて記してある。

　これによると、まずOIC加盟国上位10か国のうち、東南アジア諸国ではマレーシアとインドネシアの2国がランクインしている一方、中東、特にアラビア半島の国々としてはサウジアラビア、UAE、カタール、バハレーン、オマーンがベスト10入りしている。このうちマレーシアは、毎年発表されている

本ランキングにおいて1位を維持している。マレーシアは外国人観光客受け入れに積極的であり、ハラール・レストランやモスクが多数あり、国内でイスラームを実践するのも容易である。また、中東からの観光客にとってマレーシアは、砂漠の国よりも気温が低く、雨が降り自然も豊かということで人気の観光地である。また他の中東・湾岸諸国も、近代化が進み経済・所得が高く、またイスラームの実践も困難を伴うことがない国々が高いスコアを獲得している。

　他方OIC非加盟国の上位8位にランク付けられた11か国をみてみると、1位はシンガポールで、こちらもマレーシアと同様、非イスラーム諸国のランキングでは長らく1位の位置を占めている。またシンガポールは140か国全体のランキングで上位10か国に入った唯一のOIC非加盟国である。東南アジアでランク入りしているのは、他に4位のタイと8位のフィリピンである。いずれも、マレーシアやインドネシアと比べてムスリムは国内で少数派であるものの、ローカル・ムスリムが数％から十数％程度在住している国であることは確かである。2位は台湾で、近年は「サラーム台湾」と称してムスリムの誘客キャンペーンを積極的に展開している。同じく東アジアからは、5位の香港と7位の日本がトップ10入りとなっている。東アジアは、中国を除けばローカルのムスリム人口はごくわずかである一方、観光立国としてムスリム観光客の積極的な集客を行っている点が共通している。なお日本に関しては、次章で分

表1　ハラール・フレンドリー観光の渡航先ランク

（OIC加盟国）

順位	国名	全体順位	スコア
1	マレーシア	1	80
2	トルコ	2	77
3	サウジアラビア	3	76
4	インドネシア	4	73
5	UAE	5	72
6	カタール	6	69
7	バハレーン	8	68
7	イラン	8	68
9	ヨルダン	10	67
9	オマーン	10	67

（OIC非加盟国）

順位	国名	全体順位	スコア
1	シンガポール	6	69
2	台湾	25	57
2	イギリス	25	57
4	タイ	29	55
5	香港	30	54
6	南アフリカ	32	51
7	日本	35	48
8	フランス	36	46
8	ドイツ	36	46
8	フィリピン	36	46
8	アメリカ	36	46

出典：Global Muslim Travel Index 2021

析する。

　欧米諸国でランク入りしたのは、台湾と同点2位のイギリス、同点8位のフランス、ドイツ、アメリカである。これらの国々は、ムスリム移民を受け入れてきたため、人口比で数％程度のムスリム人口をかかえている。また、ムスリムに限らず各国からの観光客にとっての人気観光国である。とりわけフランスは、先に触れたようにムスリム観光客が5番目に多い国である。ただこうした欧米諸国ほどイスラーム恐怖症の傾向が強いため、東アジア諸国よりも、順位が低くなっている。

　なお、ランクインしていない国々の傾向としては、オセアニアなどムスリム観光客に馴染みのうすい地域であること、自然環境や社会情勢、交通アクセスが悪く観光地として人気のない国、イスラーム恐怖症の傾向が強い国などである。

ムスリム観光客が渡航先に望むこと

　同じく「Global Muslim Travel Index」では、ムスリム観光客に対して渡航先でのイスラームの実践や旅行中に信仰に基づいて必要となるものに関するアンケート調査を実施している。これは八つの項目について「とても重要（strongly agree）」「どちらかというと重要（somewhat agree）」「どちらでもない（neutral）」「どちらかというと重要ではない（somewhat disagree）」「まったく重要ではない（strongly disagree）」の5段階評価をつけるもので、ムスリム観光客が旅行においてイスラームに関連する事柄をどの程度重視するかを知ることができる。ホストによるムスリム観光客への適切な対応を検討するうえで、重要な指標といえよう。

　次頁のグラフは、アンケート結果を表している。以下、重要度に応じて三つのカテゴリーに分けて分析していく。

必要性があるもの：食事、礼拝施設、水洗トイレ、現地の人びとに差別意識がないこと

　まず「とても重要」と「どちらかというと重要」の合計全体の4分の3を占める項目を「必要性がある（Need to Have）」とみなしている。これに該当するのが、「ハラールの食事」「礼拝施設」「水洗トイレ」「差別意識がない」の四つの項目である。

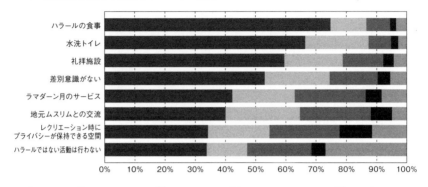

ムスリム観光客が旅先で期待するムスリム対応

出典：Global Muslim Travel Index 2021

凡例：■とても重要　どちらかというと重要　■どちらともいえない　■どちらかというと重要ではない　■まったく重要ではない

　このなかでも、「とても重要」のみで74%となった項目が「ハラールの食事」
である。旅行中であっても日常と同様に信仰に基づいて行われるべき行為の最
たるものであり、これがイスラームに則っているかどうかが、ムスリムの観光
の旅程において最大の関心事になっている。したがってムスリム観光客を迎え
入れようとするならば、ホスト側がまず取り組むべき課題は、ムスリム向けの
食事を提供するレストランや小売店の質と数を向上させることにあるだろう。
　食事と同程度に重要視されているのが、「礼拝施設」「水洗トイレ」「差別意
識がない」の三項目である。まず礼拝施設は、モスクだけではなく、空港や
ショッピング・モールなどに設置される簡素な礼拝スペース（ムサッラ）も指
す。礼拝スペースでは、礼拝の際にムスリムが顔を向けるメッカの方向を示す
矢印（キブラ）が掲示されているとともに、床に敷く礼拝用絨毯（サジャーダ）
の設置が必須となっている。また礼拝に際しては、事前に手足を洗い清める
ことが必要であるため、ウドゥーのための水道施設が礼拝施設に併設される。
また、ホテルの客室内に礼拝用絨毯が敷けるだけのスペースとキブラ、そし
てシャワールームがあれば、そこで礼拝を行うムスリム観光客も多い。実際、
MS2610：2015においても、ホテルのハラール認証の条件として、客室内の礼
拝環境が整えられていることを定めている。
　「水洗トイレ」については、MS2610：2015におけるホテルの認証において
も細かい規定が定められており、ムスリム観光客にとっては観光地の適正を判
断するうえで重要な点になっている。イスラームでは、用を足した後に左手で

拭くことが求められているため、手を清潔に保つためにも個室に水道施設が設置されていることが重要である。例えば東南アジアでは、トイレに水瓶と手桶が置いてあり、用を足した後は手桶で水を掬って手を洗う。このような習慣があるため、トイレに水瓶・手桶、あるいは水道がないと、自らの身体を衛生的に保てないと感じるムスリムも多い。

　実際、訪日外国人観光客に対し TOTO が 2018 年に行ったトイレに関する意識調査では、観光地における洋式トイレに温水洗浄便座（ウォッシュレットなど）の設置を望む声が、特に東南アジアからの観光客に多いという結果が出ている。宗教をふまえた衛生観念を満たすことも、ムスリム観光客への対応として無視できない重要な点となっている。

　次に「差別意識がない」、つまり渡航先にイスラーム恐怖症の意識をもつ人びとが存在しないことが、ムスリム観光客にとって快適な観光を楽しむうえで重要である。イスラームやムスリムに対する嫌悪感・忌避感、あるいは恐怖感をいだくことで、その発露がムスリム観光客に向かうことがある。もちろんこうした差別意識は、ムスリムよりも非ムスリムで、イスラーム諸国よりも非イスラーム諸国において顕著となる傾向がある。ムスリム観光客に対して露骨な差別を行ったり、罵声や暴力を浴びせたり、街中でムスリム女性がヴェールを着用することがはばかられることが、イスラーム恐怖症に基づく差別的言動とされる。このような差別意識にさらされると観光が楽しめなくなるため、ムスリム観光客は、渡航先のイスラーム恐怖症の存在を強く気にしている。

あればよい：ラマダーン月のサービス、地元ムスリムとの交流

　八つの質問項目のうち、「とても重要」と「どちらかというと重要」の合計が全体の3分の2程度を占めていることから、「あればよい（Good to Have）」とみなされているのが、「ラマダーン月のサービス」と「地元ムスリムとの交流」である。まず、ラマダーン月のサービスであるが、ラマダーン月においては、ムスリムは日中、すなわち太陽が昇ってから沈むまでの間は飲食を行わない。したがって日の出前の食事（サフール）と日没後の食事（イフタール）が重要視される。このような食事は、家庭で準備され家族や親族あるいは知り合いや近所の人たちと共に取るのが、伝統的なあり方である。それが近年、特にマレーシアやシンガポールにおいては、ラマダーン・ブッフェと呼ばれるメニューを提供するレストランやホテルが増えており、自宅ではなく外食で済ませるライ

フ・スタイルが増加傾向にある。

「あればよい」に分類されるもう一つの項目が、「地元ムスリムとの交流」である。同レポートによれば、これはイスラームに関する歴史遺産・観光地への訪問や、地元のムスリム・コミュニティとの交流などの活動を指す。観光においては、自らが信仰するイスラームに関連する施設や歴史・文化遺産への関心は高い。ただ、これらへの訪問は日常の中でのイスラームの実践というよりも、観光の目的に含まれる。食事や礼拝といった宗教実践よりも重要度が幾分落ちると推察される。

あればありがたい：ハラールではない活動は行わない、レクリエーション時に
　プライバシーが保持できる空間
　3番目の分類である「とても重要」と「どちらかというと重要」の合計が半分程度の項目である「あればありがたい（Nice to Have）」に分類されているのが、「ハラールではない活動は行わない」と「レクリエーション時にプライバシーが保持できる空間」である。「ハラールではない活動は行わない」は、レポートには例としてアルコール、ディスコ、ギャンブル・リゾートが挙げられているが、神社仏閣といったイスラーム以外の宗教に関する施設・観光地、あるいはテーマパークなども含まれよう。

　ムスリム観光客として、このような施設・観光地を訪問することについて、約半数は避けたいと考えている一方で、3分の1は「まったく重要ではない」「どちらかというと重要ではない」とみなしている。すなわちムスリム観光客のなかにも、このような観光施設を訪問してもかまわないと考えている者が一定程度いるということになる。近年、ムスリム向け・ハラール対応を謳う日本行きのツアーにも、京都の神社仏閣や千葉・大阪のテーマパークをコースに含めるものが現れている。そのようなツアーの増加は、ムスリム観光客の意識を反映したものといえるであろう。

　もう一つの「レクリエーション時にプライバシーが保持できる空間」とは、クレセント・レーティング社の説明によれば、スイミングプール、ジム、ビーチ、スパ、美容院・理髪店などにおいて男性客と女性客を分ける対応をとること、およびホテルで女性客専用フロアーを設けることなどを指す。トイレや更衣室、風呂、礼拝施設が男女別なのは当然である一方、上記の施設においては、女性が肌や髪を露出する機会が公共空間よりも多い。そのため、こうした

施設において女性専用のスペースを設けることで、ムスリム女性がより活発なレクリエーション活動が行えるようになる。施設の運営管理者によるムスリム女性に対するこのような配慮に対しては、必要と考えるムスリムは半数である一方、「必要はない」とするムスリムが16%、「どちらともいえない」という中立的な立場の者が4分の1という状況であり、他の項目とは異なり独特の傾向を示している。

　本章では、ムスリムの観光はイスラームに則っていること、とりわけムスリム観光客は渡航先もイスラームを実践することが明らかになった。そのため、受け入れ側であるホストには、ムスリム観光客に対して特定の対応が必要である。そこで次章は、観光と金融を中心に、日本と日本企業がこれらのニーズにどのような対応を行っていくべきかを検討していく。

第7章　ハラール・ビジネスと日本

ムスリムによるインバウンド需要への期待は日本でも高い（撮影：舛谷鋭氏）

　前章においては、ムスリム観光客による旅行中のイスラームの実践のあり方や、それに伴う渡航先への要望について検討した。日本のように、ムスリムがマイノリティである国においては、マジョリティの国に比べてイスラームの実践が困難であると考えられる。そのためSDGsを考慮したうえで多文化共生社会を実現しようとするならば、イスラームの実践が行いやすい社会づくりが必要となってくる。ただ、ムスリムに対する適切な対応とは、ムスリムが在住者かそれとも観光客なのか、といった特性の違いによって異なる。また、ムスリム対応を行う主体は、企業のみならず自治体や学校など幅広い。

　そこで本章は、ムスリムに対して、イスラームに起因する事柄を理由として、ムスリムではない者とは異なる対応をとることを「ムスリム対応」と呼ぶこととし、日本でムスリム対応が必要な人びとと対応の内容について検討していく。まず、日本と関わりのあるムスリムを類型化し、どのくらいの人数がいるのか確認していく。次に、ムスリムが日本で観光したり社会生活をおくるにあたり周囲がいかにサポートするのか、すなわちイスラームを実践するにあたって社会の適切な対応のあり方について、場面ごとに応じて検討していく。

1　日本とムスリム

　日本においてムスリム対応が必要とされるムスリムは、その特徴によって大きく三つに分類することができる。すなわち、日本在住の外国人ムスリム、日本人ムスリム、訪日外国人ムスリム観光客である。本節では、それぞれの特徴とその人数の推移をみていく。

在日外国人ムスリム

　1番目の日本在住の外国人ムスリムとは、在留外国人でありかつムスリムである者を指す。在留外国人をめぐっては、日本政府は当該人物の性別や国籍、在住地などは把握している一方で、信仰する宗教の調査は行っていない。したがって、在留外国人のうちムスリムは何名いるか正確な数字はわからない。ただ国籍別の人数は発表されており、また国ごとのムスリム人口比率もある程度判明しているため、日本在住の外国人ムスリムの推計値を算出できる。

　2019年末における在留外国人の総数は、293万3,137名で、過去最多であった。東日本大震災後からコロナ禍以前は右肩上がりで上昇し、2019年が頂点であったものの、新型コロナウイルス感染拡大の影響が顕在化した2020年からは減少傾向に転じている。このうち、イスラーム協力機構（OIC）加盟国の傾向をみてみると、もっとも人数が多いのはインドネシアで、6万6,860名が在留資格を得たうえで日本に在住している。同国のムスリム人口比率が87.2%であるため、日本在住のインドネシア人ムスリムは5万8,302名であると推定できる。同様に2番目に多いのはパキスタンの1万7,766名で、ムスリム人口比率は96.5%であるため、日本に暮らすパキスタン人ムスリムは1万7,144名とみられる。そして3番目はバングラデシュで、1万6,632名が日本に暮らしており、ムスリム人口比率が88.4%であることから、1万4,703名がバングラデシュ人ムスリムであるとみられる。

　以上の計算を、OIC加盟国だけではなくムスリム移民の多い欧米、ムスリムがマイノリティである東アジアや南米諸国も対象として行った結果、各国の推計値の合計は17万3,686名となった。上述のように在留外国人の総数は293万3,137名であるため、ムスリムは日本に暮らす外国人の5.92%を占めていることになる。

世界の総人口に占めるムスリム人口の割合が5分の1といわれているなかで、日本に暮らす外国人の5%程度というのは、相当低い割合であると感じられる。低比率となった理由の一つとして考えられるのは、日本に在留する外国人の出身国が偏っており、特にムスリム人口比率の高い中東・北アフリカ出身者が少ないという点である。在留外国人のうち人数の多い上位5か国である中国、ベトナム、韓国、フィリピン、ブラジルの出身者のみで、すでに全体の4分の3を占めている。そのため結果として、ムスリムの比率が世界的な水準よりも低くなったと考えられる。

　なお、国によっては民族や宗教ごとに所得格差が存在し、そのことが日本への渡航や在住の機会の有無に影響を与えている可能性がある。したがってこれはあくまでも推計値であり、現場での感覚と乖離が存在する可能性もあるという点には、留意が必要だろう。

日本人ムスリム

　日本で暮らすムスリムのうち、2番目の分類が日本の国籍保有者でありなおかつムスリムである日本人ムスリムである。これには、自らの意思でムスリムになった者、外国人ムスリムとの結婚を機会に改宗した者、およびその2世・3世、という三つのパターンが含まれる。

　自らの意思でムスリムになった者とは、イスラーム諸国への留学や仕事での現地在住経験、あるいは敬虔なムスリムと接した経験を通じてイスラームに関心をもち、ムスリムに改宗した者を指す。

　外国人ムスリムとの親交が深まるなかで、結婚に至る日本人もいる。イスラーム法では、ムスリム同士以外の結婚は認められない。そのため、外国人ムスリムがムスリムではない日本人と結婚する場合は、結婚に先立ち日本人がムスリムに改宗する必要がある。興味深いことに、イスラーム諸国出身の在日外国人はその多くが男性である。例えば2019年の場合、在日インドネシア人のうち男性は4万5,519名、女性は2万1,341名である。同様にイランの場合も、男性3,316名、女性854名で、男性が女性を大幅に上回っている。そのため日本で出会い、結婚を機にムスリムに改宗する日本人は、必然的に女性が多い。

　外国人ムスリム男性と日本人ムスリム女性が結婚して夫婦となり子供をもうけた場合、その子が日本国籍であれば、日本人ムスリム2世といえる。このパターンに当てはまる日本人ムスリムは何名いるのか、やはり正式な統計はな

く、またこれらを推計する根拠となりうるデータも乏しい。以上に該当する日本人ムスリムは、多く見積もっても2〜3万人程度であろう。

訪日外国人ムスリム観光客

　3番目の分類が、短期滞在の外国人ムスリム、すなわち外国人ムスリム観光客である。2019年には年間3,000万人を超えた外国人観光客のうち、果たしてムスリムの人数、割合はどの程度なのか、この点についても確かな統計データは存在しない。外国人が日本に入国する際には、外国人用出入国カードを提出しなければならないのだが、性別や渡航目的を記載する欄はあるものの、信仰する宗教は何かを問う項目は存在しない。したがって、外国人観光客の信仰を法務省は把握していない。ただ、主要国からの入国者数は日本政府観光局によって毎月公表されているため、先述の在日外国人におけるムスリムの推計と同じ方法を用いることで、訪日外国人観光客に占めるムスリムの人数や割合を推計できる。

　グラフは、ビジット・ジャパン事業が始まった2003年から2021年までの、外国人ムスリム観光客の人数の推計値と、全観光客に占める割合を表している。全般的な推移をみていくと、ビジット・ジャパン事業が始まった2003年の外国人ムスリム観光客はおよそ19万8,000名で、全外国人観光客に占める割合は3.8%程度であったと推計される。その後推計値は、リーマンショック

外国人ムスリム観光客数と全外国人観光客に占める割合の推移

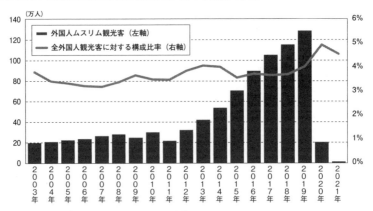

出典：日本政府観光局　「訪日外客数」をもとに筆者作成

の影響が表れた 2009 年と東日本大震災が発生した 2011 年を除き、2019 年まで右肩上がりの増加を続けた。特に 2013 年から 16 年にかけての増加は著しく、わずか 3 年で倍増し、2017 年には 100 万人を超えた。

　この間の全外国人観光客に占めるムスリムの割合は、おおむね 3% から 5% の間で安定的に推移している。外国人観光客全体の人数が増加傾向にあるなかで、構成比率が一定であるのは、外国人ムスリム観光客の傾向は、外国人観光客全体の傾向と軌を一にしているということを意味する。すなわち、ムスリムだけ訪日が特別に増加しているわけでもなく、かといって日本がムスリムから忌避されているわけでもない。訪日観光客増加に向けたビジット・ジャパン事業の各種取り組みが、ムスリムも含めて各国の観光客に対してまんべんなく奏功したとみなすことができよう。

　2020 年は、コロナ禍が発生する 2 月までは順調に外国人観光客を集めたものの、3 月からは一転して大幅な入国規制がかけられた。この結果、ムスリム観光客も対前年比で 6 分 1 となる 20 万 3,000 名程度まで落ち込んだ。なお、構成比率は 4.93% と微増したため過去最多となったが、これは例年訪日外国人観光客の最大多数派である中国において、他の国よりも早く海外旅行が中止を余儀なくされたため、相対的にムスリムの比率が上がったと考えられる。翌 2021 年は、さらに外国人観光客が減少して、総数が 24 万 5,862 名であったため、ムスリム観光客も約 1 万 1,206 名（4.56%）で 2003 年以来過去最低となった。

日本のムスリムの総数の変化

　日本のムスリムについて、三つの分類ごとに人数を推計してきた。近年のコロナ禍以前の最盛期であった 2019 年の状況をみてみよう。まず、ムスリムである在留外国人は 17 万 3,686 名と推計される一方、日本人ムスリムは正確な統計がないものの数万人程度とみられる。そして外国人ムスリム観光客であるが、年間の入国者数は 128 万 6,600 名と推計できる。外国人観光客の日本での平均宿泊日数が 10 泊であるため、外国人ムスリム観光客は、およそ 3 万 5,300 名が常に日本に滞在していたことになる。以上 3 点を鑑みれば、2019 年の段階で日本に存在していたムスリムは、1 日あたりおよそ 22 ～ 23 万人前後であったことになる。

　日本において 20 万人超という人数規模は、市町村人口でいえば神奈川県厚

木市（225,089名）、広島県呉市（224,922名）、東京都文京区（221,489名）、群馬県伊勢崎市（213,628名）などの市民の数に相当する（いずれも総務省2019年）。これだけの数のムスリムが、日本の各地で信仰生活を保ちながら、短期ないしは中長期で日本に滞在していたことになる。

しかしながらコロナ禍により状況は一変した。2021年末の時点で日本にいる在留外国人は、276万635人に減少した。先に論じた通り2019年は293万3,137名だったため、2年間で5.88%減少したことになる。このうちムスリムも同じ割合で減少したと仮定すれば、2021年の在日外国人ムスリムは約16万3,473名だったことになる。

また、2021年の訪日外国人観光客数は、2019年と比べて実に99.2%減少の24万5,900名となった。このうち外国人ムスリム観光客は、上述のように1万1,206名であった。例年通り平均宿泊日数が10泊だとすれば、日本に滞在している外国人ムスリム観光客は、1日あたりわずかに307名であったと推測される。

コロナ禍にあって在日外国人ムスリムと外国人ムスリム観光客が減少する一方、日本人ムスリムの増減には影響ないと仮定すれば、2021年の1日あたりの日本のムスリムは、およそ18万名となる。これは2019年と比べて1日あたり4万人、割合にして約2割減少したことになる。

コロナ禍は、外国人観光客の大幅減少と在日外国人の一部の帰国という現象を引き起こした。このことが結果的に、日本における早急なムスリム対応の拡大に対して、小休止を与えているとみることができる。日本国内のムスリムの増加ペースに、企業や地域のムスリム対応が追いつかなければ、ムスリムの間から不満が漏れる。ムスリムが減少・頭打ちになっている現状だからこそ、各店舗や自治体がじっくりとムスリム対応に向き合う良い機会と位置づけることができる。

2　ムスリムに対してとるべき対応

次に、日本にいるムスリムに対して、企業や自治体、観光協会などが非ムスリムとは異なる対応をとるとき、どのような対応をとるのが適切か、またその対応の根拠はどこにあり、イスラームとどの程度関連するかについて検討していく。図1は、日本にいるムスリムが当該行為を行う際、多くの非ムスリムや

図1　ムスリムへの対応とイスラームによる要因

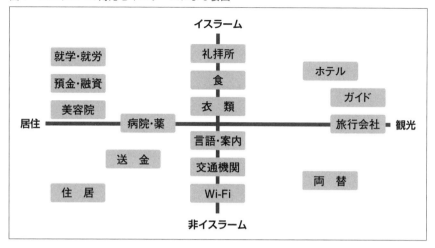

日本人には困難が伴わないのに対して、主に外国人やムスリムが何らかの困難を感じる行為と、その原因にイスラームがどの程度影響しているのかを表している。本節と次節ではこの分類に基づき議論を行う。

居住者と観光客

　図1の横軸（X軸）は、日本にいるムスリムのうち、短期滞在の観光客か、あるいは出稼ぎ、留学、結婚などで中長期にわたって滞在している居住者かで大別している。これは、短期滞在者と中長期滞在者とで行動が異なることに着目した分類である。礼拝、食事、衣服の着用などは観光客であれ、居住者であれ、いずれもイスラームに従って行われる行動であり、このことに日本での滞在期間の長短の差が行動の差を生むことはない。

　他方、ホテルや旅行会社、ツアー・ガイドの利用は、観光客向けのビジネスであるため、ムスリム居住者に比べてムスリム観光客のほうが利用の頻度は高いと考えられる。

　そして、観光客が行うことは想定されにくく、むしろ居住者ならではの行為・活動に対するムスリム対応が考えられる。このサービス業の典型例が、理髪店や美容院で、外国人ムスリム観光客相手ではないものの、ムスリム対応が必要な代表的な産業といえよう。

イスラームの影響の強さ

　縦軸（Y軸）は、ムスリムが行う行為について、確かにムスリムではない日本人とは異なる対応が必要かもしれないものの、その行為の背景にイスラームがどの程度影響しているのかを表している。より上方（プラス）に位置すれば、ムスリムが行うその行為についてはイスラーム的な特徴が色濃く出ていることになる。これに対して下方（マイナス）に位置すれば、ムスリムだけでなく外国人全般に同様の対応が必要な事柄である。言い換えれば、ムスリム対応とは、イスラームに基づく行為に対する対応という意味であって、ムスリムがとるすべての行動に対する対応という意味ではない。

　まずプラスの方向は、イスラームの影響を受けているがゆえにこれに則ったムスリム対応が必要となる行為を指す。礼拝や食、衣類、就業・就学、金融、理髪、観光、ホテルなど多岐にわたる。これらの行為においては、イスラームに適っているかムスリム自身が気にかけて規範に従おうとする分野である。そのため、ムスリムの信仰を妨げないような商品・サービスを提供することが、ホストがムスリムの観光客や居住者を迎え入れるうえで重要となってくる。

　プラスマイナスゼロ（X軸上）は、ムスリムであれ非ムスリムであれ利用するが、とりわけムスリムに対してはイスラームの要素を加味した商品・サービスを提供する必要があるものである。これに該当するものは、一つは観光客が利用する旅行会社であり、もう一つは主に居住者が利用する病院や医療、医薬品である。

　他方、マイナス方向は、ムスリムの観光客や居住者は行うが、それへの対応の根拠には必ずしもイスラームが主要な要因として関わっていない行為・活動を指す。この典型例が街中でのWi-Fiの利用である。外国人観光客向けにWi-Fiは必要であるかもしれないがムスリム向けである必要はない、ということになる。したがってこのような対応は外国人観光客向け対応と呼ぶべきものであり、本書でいうところのムスリム対応には含めない。

観光客向けだけではないムスリム対応

　図1のうち、近年の外国人ムスリム観光客の増加に対応するムスリム対応として取り上げられているのが、第1象限（右上のカテゴリー）に関わる事柄である。急激なムスリム観光客の増加によって、日本の現存のファシリティでは対応が追いつかずその数を増やすことが急務とされている。

もちろんこの観光客の増加に対しては、第4象限（右下のカテゴリー）のようなイスラームとは直接関係ないものの、ムスリム観光客に向けた対応も必要である。しかしながら日本では、マイノリティであるムスリムが日常で感じる不便さへの対応という意味で、第2象限（左上のカテゴリー）である日本に中長期滞在している外国人ムスリム、さらには日本人ムスリムへの対応もまた欠かすことができない。ムスリム対応は、観光の文脈で語られる観光産業のみを対象としたものではなく、日本社会やコミュニティ全体に関わる問題として向き合うべき課題といえる。

ムスリム対応の難しさ──正解を推し量れないホスト

　ムスリム対応は、ゲストであるムスリムがイスラームを実践するうえで必要なことや自ら準備できないもの、足りないものをホスト側が提供したり、あるいはイスラームに反する要因をホスト側が取り除くことである。したがってムスリム対応の要諦は、ゲスト側であるムスリムが実践しようとするイスラームがどのようなものかを、ホスト側がいかに理解しているかにかかってくる。

　ホスト側もムスリムであるならば、お互いにイスラームの実践のあり方とそれに必要なものを理解できるため、ムスリム対応は比較的容易である。しかし日本のようにムスリムがマイノリティの国にあっては、ホスト側にムスリムの知見が蓄積されておらず、非ムスリムがイスラームの価値観を把握していないため、適切なムスリム対応の実施が難しい。

　非ムスリムにとってみれば、イスラームの価値体系を体得しそれに基づいて生きているわけではないため、そのような自分たちとは異なる人びとの行動を理解するのは難しい。そのため、一体どのようなムスリム対応を行うのが正しいのか、正解であるのかがわかりにくい。言い方を変えれば、自分たちのあずかり知らないところに正解が存在しそれを理解しなければならない点に、難しさが起因する。

　自分たちの知らない宗教の中に正解・不正解が存在するということ、そしてその内容が具体的にどのようなものであるかを、現在の日本での日常生活での体験を通じて学ぶ機会はまだ乏しいといえる。今後、ムスリム観光客や在日ムスリム外国人との対話やコミュニケーションを通じて、ノウハウを蓄積していく必要がある。

ムスリム対応の難しさ——正解が一つではないムスリム対応

　非ムスリムによるムスリム対応の難しさの原因の一つは、上述のようにホスト側がゲストであるムスリムの振る舞いとその背景を把握しきれていない点にある。しかしながら、ゲストであるムスリム側にも、ホストの正解・不正解の判断を迷わせる、あるいは正しい判断に絞らせない要因がある。それはイスラームが内包する多様性のことであり、端的にいえばイスラームは一つではない、ということである。すなわちホストのあるムスリム対応が、あるムスリムにとっては最適だったとしても、他のムスリムにとっては不適切となる可能性がある。

　ムスリム側に唯一絶対の正解が存在しない理由として、イスラームでは多様性が許容される点が挙げられる。第1章でファッションについての地域間の差異とその背景を指摘したが（→33–34頁）、改めて整理すると、①地域による気象環境の違い、②クルアーンやハディースの解釈の違い、③イスラーム布教以前の文化とその残存の違い、④欧米など非イスラーム地域からの文化の受容の違い、⑤国内・地域内でのイスラームに即した商品・サービスのあり方の変容、⑥解釈を統一させる組織の不在、の6点がファッションの地域差を生んでいる。もちろん、各地のムスリムは「自分たちのファッションこそイスラームに適っている」として身に着けているわけである。

　これらに加えて、イスラーム以外の要因が影響を与える。とりわけレストランなど食の選択において顕著となることであるが、例えば豚肉料理か牛肉料理かの選択であるならば、ムスリム消費者による判断基準はイスラームであるが、牛肉料理か鶏肉料理かという選択でならば、イスラーム法上はどちらを選んでも問題ない。その場合、ムスリムがいずれを選ぶかは個人の好みといえる。普段暮らしている地域と同じような味付けの料理を好むか、あるいは旅先だからこそ普段とは違うものを選ぶのか、あるいは年齢、性別、体調といったイスラーム以外の要素が、料理を選択のうえで決定要因としてはたらいている。こうした点は、ムスリムではない日本人にとっても理解しやすいだろう。

　イスラーム以外の要素のうち何が食選びに大きな影響を与えるかは、人によって、あるいは状況によって様々であろう。上述のように個人の好み・嗜好も影響することもあれば、TPOが判断の根拠ともなりうる。気心の知れた家族や友人だけで食事を行う場合と、ビジネス・ランチやフォーマルな食事の場合でも食の選択は異なるし、そこにはムスリムのみがいるのか、あるいは非ムス

リムと食を共にするのかも、選択に変化をもたらす要素となりうる。

　そしてもう一つ重要な要素となるのが、非ムスリムのホストがムスリムのゲストに食事を提供するという関係性である。外国人ムスリム観光客への対応が本格化する 2010 年代よりも以前は、外国人ムスリム観光客のあいだで「日本ではハラールである食事を口にすることは困難である」ということがよく知られていた。したがって外国人ムスリムは、①日本へ渡航しない、②困難であってもハラールの食事を探す、③あきらめてハラムの食材・料理を口にする、といった選択を行わざるをえなかった。もっとも、観光客ではなく日本在住ムスリムの場合には、ハラール食品で自炊するという選択肢が加わるため、観光客に比べればハラールの食事を日本で口にする機会が豊富であった。

　それが 2010 年代に入り、官民を挙げてのムスリム対応の取り組みが外国人ムスリムのあいだでも知られるようになった結果、「日本でもハラール食品が食べられる機会が増えた」という認識が広まった。日本でハラール食品を入手することが容易であると聞いて訪日した外国人ムスリム観光客であれば、日本のハラール食品が質量とも見劣りするものであれば、不満に思う者もいるだろう。

　そのため、日本ではイスラーム諸国と同等のハラール食品の提供がまだ難しいという現状に対して、「対応がまだ不十分なのは致し方ない」と許容するムスリムもいれば、ムスリム対応と称する以上は、本国と同じレベルでなければ納得がいかない外国人ムスリム観光客もいると思われる。あるいは、イスラーム恐怖症が広がる欧米と比べて、非ムスリムである日本人が、外国人ムスリム観光客に寄り添おうとする姿勢に感銘を受けるムスリムもいる。このように、食品を介したムスリムと非ムスリムの対話・交流によっても、ムスリムの言動が変わってくる可能性もある。

すれ違いを解消するために

　日本企業や各地の観光協会のようなムスリムではないホストにとって、ムスリム消費者がイスラーム法に則って何を望むのかが理解しにくい一方で、ムスリムであるゲストも必ずしも全員が一律同様の行動をとるわけではない。このようなホストとゲストの認識・実行の不一致が、「唯一絶対の正しい、理想的なムスリム対応のあり方が存在する」という思い込みを生み出してしまう。そのため日本でムスリム対応を行うためには、両者の思い込みを解消しギャップ

を埋めることが重要となるだろう。

　ムスリムのニーズや、イスラーム法への準拠を明確にしたものとして挙げることができるのが、ハラール認証制度である。食品など各分野の専門家やイスラーム法学者らを中心にルールが整備されるとともに、ルールに従っているかを確認する審査を行うハラール認証制度は、イスラームに準拠しているか否かに主眼が置かれているため、イスラームの多様性やムスリム消費者の個別のニーズに対応しているわけではない。そのため、ハラール認証を取得しているからといって、飲食店や学生食堂、社員寮などで毎回同じ食材が使われたメニューが提供されているのであれば、信仰に則っているものの、栄養価が高く多様性のある豊かな食生活とはいえないであろう。認証制度に従いつつ、多くの食材・料理を積極的に提供することが必要だろう。

　他方、認証制度に従わず認証ロゴを取得していなかったとしても、ムスリムによっては飲食をいとわない者もいる。もちろん何をどの程度許容するのかは、ムスリム個々人によって異なる。そのためホスト側で「このメニューは、以前来られたムスリムが召し上がったので、こちらのムスリムのお客もきっと召し上がるだろう」、「お酒を飲むのだから豚肉料理も召し上がるだろう」、「他のムスリムは召し上がらないのに、こちらのムスリムは召し上がる。この方はちゃんと信仰を実践していない不真面目なムスリムだ」などと、ムスリムではない者が思い込むのは早計である。

　むしろ、ホスト側が多様な選択肢とそれに関する情報を明示したうえで、ムスリム自身に選択と判断の余地を与えるのが、適切なムスリム対応といえるだろう。信仰を実践するかどうかはムスリム自身が判断する問題であり、実践すると判断した場合、それに必要なサポートを有償ないしは無償で提供することが、ムスリム対応の本質といえよう。

3　場面別のムスリム対応

　図1でみた、ムスリムが日本で直面する課題と、ホスト側である日本の各企業や自治体などが実施可能なムスリム対応について、場面別に検討する。上述のように、ムスリムのなかにも日本人／外国人や観光客／在住者といった属性の違いがある。この属性の違いによって、直面する問題の種類も変わってくる。またこうした問題が、イスラームに起因する場合もあれば、ムスリム／

非ムスリムを問わず外国人に共通して発生する問題という場合もある。本節では、図1にしたがってムスリムが直面する事柄を挙げ、その事柄で問題をかかえるのはどのような人びとであるかを指摘したうえで、ホスト側である日本による対応のあり方を検討していく。

ホテル・宿泊施設

　外国人ムスリム観光客が日本に訪れた際、その多くが利用するのがホテルなどの宿泊施設である。もちろん、日本人ムスリムや日本在住の外国人ムスリムも、家族で日本国内を旅行したり、仕事で出張する際に利用したりすることもある。したがって、ホテル・宿泊施設によるムスリム対応といった場合、それは観光客だけでなく在住者も対象となる。

　ホテル・宿泊施設でのムスリム対応として参考になるのが、マレーシアのハラール認証基準である「MS2610：2015」である。これはホテル、ツアー会社、およびツアー・ガイドを対象とする認証基準であるが、このうち第5章−2は、ホテルに関する認証の規定が設けられている。これによると、ホテル・宿泊施設は「客室」「飲食物」「礼拝スペース」「トイレ」「各種施設」の五つの設備・サービスが、イスラームに適う必要があると定めている。

　まず客室については、必須事項として①清潔に維持すること、②礼拝時に顔を向ける方角であるメッカの方向を示す矢印（キブラ）を設置すること、③客室は礼拝が行えるほどの広さがあること、④トイレにビデ、ハンドシャワー、マレーシア式の水道ホースを設置すること、⑤トイレの床を清潔に維持すること、⑥歯ブラシや歯磨き粉といったパーソナル・ケアのアメニティ製品がハラールであること、⑦ミニバー（冷蔵庫に備え付けの飲食物）でアルコールを提供しないこと、の7点を挙げている。

　また、必須ではないものの適切に実施・提供されるのが望ましい推奨事項として、①客室で礼拝する際に必要となる礼拝用絨毯（サジャーダ）、女性用の礼拝用衣装（トゥルクン）、クルアーンが、客室内に常備されているかフロントで貸し出されることと、②礼拝時間を利用客に案内すること、の2点を挙げている。必須事項ではないため、対応できるホテルのみ行えればよいということになるだろう。

　なお同基準は、ムスリムであるか否かを問わず、障害のある利用客に対してはフレンドリーなサービスを提供することを推奨している。

2番目はホテル・宿泊施設で提供される飲食物とその施設である。ミニバーのように客室に関する規定に含まれるものもあるが、これはホテル・宿泊施設内で営業するレストランについての規定である。認証取得の条件は、①レストランの厨房がハラール認証を取得していることと、②ラマダーン月においては日の出から日の入りまでの時間帯でムスリムは飲食を行わないため、日の出前（サフール）と日没後（イフタール）の時間帯に営業していること、が挙げられている。

　3番目は、公共の礼拝スペース（ムサッラ）の設置である。宿泊客は客室で礼拝を行うのを基本とするが、カプセル・ホテルのように客室で礼拝ができない場合や、会議室やボール・ルームの利用者など宿泊客ではない者を対象として、ホテル・宿泊施設の内部に礼拝スペースを設けるよう求めている。また礼拝スペースの設置に際しては、以下の条件を満たすよう定めている。すなわち、①ホテル・宿泊施設の建物・敷地内の適切な場所に設置したうえで、わかりやすいよう看板を設置すること、②適切な換気・照明がなされ、清潔に維持・補修がなされていること、③キブラを掲示すること、④礼拝スペースが男女別であること、⑤礼拝用絨毯を準備・提供すること、⑥礼拝時間を掲示すること、⑦女性用の礼拝用衣装を提供すること、⑧礼拝前に手足を浄めるためのウドゥー施設が男女別であること、である。

　4番目はトイレである。客室内のトイレについては、上記「客室」で規定されているが、宿泊客以外が使用するトイレについても同様の規定がある。すなわち、①ビデ、ハンドシャワー、マレーシア式の水道ホースが設置されていること、②床が清潔に維持されていること、③アメニティ製品はハラールのものを提供すること、の3点である。

　そして5番目は、プール、トレーニング・ジム、スパ、会議室などの各種施設についての規定である。すなわち、①これらのトイレにはビデかハンドシャワーが備え付けられていること、②清潔に維持されること、③サービスはムスリム・フレンドリーなものとして提供されること、の3点である。このうち③について、どのような対応がムスリム・フレンドリーといえるか詳細な規定はないものの、利用の際は男女別であること、アメニティ製品がハラールであること、イスラームに反するような調度品を使用していないこと、などが想定される。

　これらの規定はマレーシアのハラール認証基準であるため、すべてを日本の

ホテル・宿泊施設が遵守することは、決して容易ではない。そうした状況のなか日本でも、困難を乗り越え本格的なムスリム・フレンドリー・ホテルが、2016年7月山梨県富士河口湖町で開業した。ハラールである食事や礼拝スペースや礼拝用絨毯の提供が行われていることに加え、客室内から富士山が見える好立地であることから、国内外のメディアで広く報じられた。このような対応を行うホテルが増えることで、ムスリムによる宿泊の増加を促すだろう。

ツアー・ガイド

　訪日外国人観光客に対応するツアー・ガイドは、日本国内の観光地・観光事情に精通していることはもちろん、利用客である観光客のニーズを把握し、ゲスト・ホストともに満足のいく関係が構築できるよう仲介を行うことが仕事である。したがってムスリムを接遇するにあたっては、適切なムスリム対応をとる必要がある。

　前述のMS2610：2015には、ツーリスト・ガイド（tourist guide）の業務に関する規定（第5章−4）が定められている。ツアー・ガイドの業務範囲については、国によって制度やルールが異なるが、マレーシアの規定では日本でいう観光名所の案内を行うツアー・ガイドの業務範囲と、旅程やスケジュールを管理し訪問先等との連絡調整を行うツアー・コンダクター（旅程管理主任者の有資格者である旅行添乗員）の業務範囲が、ツーリスト・ガイドの業務となっている。

　MS2610：2015によれば、関連する資格や語学能力を有することや、倫理規定や法令の遵守といった一般的な規定とともに、イスラームに関する知識やムスリムを尊重する態度も必要であるとしている。まず服装に関して、状況に応じたドレス・コードに沿った服装を着用し、特にムスリム女性のツアー・ガイドには、ヘッドスカーフの着用を強く推奨している。また業務中の立ち居振る舞いについても、イスラームの価値観に従って礼節ある行動をとらなければならない、としている。

　次に、ツアー・ガイドが観光客に対して提供すべき情報・サービスを「ムスリム・フレンドリー・サービス」と称し、少なくとも以下の5点で対応できなければならないとしている。すなわち、①ムスリム観光客の求めに応えられるだけのイスラームの基本的な知識を有すること、②観光客に対して礼拝時間を常に提供すること、③ツアーにおいて礼拝を行うのに十分な時間を確保するこ

と、④ツアーに組み込まれているすべての飲食店がハラール認証を受けていることを確認すること、⑤ハラール食品がない場合は近隣のハラールの飲食店のリストを提供すること、である。

　これは、専業として行っているツアー・ガイドのみならず、例えば取引先を接待する一般の会社員や、外国人ムスリム留学生を受け入れた大学が寮やキャンパス周辺を紹介する際にも、同様の対応が行われるのが理想である。したがってこのMS2610:2015の規定は、旅行業界のみならずムスリムを接遇するすべてのホスト側担当者に示唆を与えている。

旅行会社

　旅行会社が組成する海外発日本行のムスリム観光客向けパッケージ・ツアー（募集型企画旅行）の主たる利用客は外国人ムスリム観光客であるが、はとバスツアーのように日本国内を発着地とする国内ツアーにおいては、日本に留学しているムスリム学生などが利用することもある。したがって、旅行会社が主催するツアーの利用者のすべてが、観光目的で来日した外国人ムスリムとは限らない。

　インバウンド観光における手配方法の実態は、観光庁『訪日外国人の消費動向　訪日外国人消費動向調査結果及び分析』が詳しい。表1は、2019年の観光・レジャー目的でのインバウンド観光のうち、旅行手配方法に関して三つの方法の割合を国・地域ごとに示している。一般的な傾向として、欧米豪からは個人手配の割合が8割を超える一方で、東アジア諸国では団体ツアー参加や個人旅行パッケージの割合が比較的高くなる傾向にある。東南アジアのイスラーム諸国では、団体ツアー参加の割合がマレーシアで18.1%、インドネシアで9.0%となっており、他の東南アジア諸国と比べると、20%を超えるタイ、ベトナムと、1割に満たないフィリピン、シンガポールの中間に位置している。

　旅行会社が主催する、ムスリムが利用するのに適切なパッケージ商品の組成について、同じくMS2610：2015はハラール認証の基準を示している（第5章−3）。これによると、上述の宿泊施設に加え、「観光地・活動」「旅程」「利用する施設」「飲食物」においてムスリムに対する対応が必要であると定めている。そこで、この点について検討してみたい。

　まず、パッケージ・ツアーの組成においては、①酒類や豚肉に関連する製品の製造・販売、②ギャンブルやゲーム、③ポルノグラフィ、④イスラーム法に

おいて許されていないエンターテインメント、⑤教会や寺社などイスラーム以外の宗教の施設、⑥その他、シャリーアによって許可されていないと考えられる活動、の六つを含めてはならないとしている。この基準を日本に当てはめるならば、酒蔵やワイナリーの見学や試飲体験、神社仏閣や教会の見学などが抵触すると考えられる。

次に旅程について、1日5回ないしは3回の礼拝の時間をスケジュールに組み込むことを求めている。また、ラマダーン月に行われるツアーでは、ムスリムは日中断食するため、食事が可能な日の出前（サフール）と日没後（イフタール）に食事ができるよう、場所と時間をスケジュールにあらかじめ組み込んでおくことを求めている。

表1　観光・レジャー目的での旅行の手配方法（国籍・地域別）

	団体ツアー	個人旅行パック	個別手配
全国籍・地域	20.2%	7.3%	72.6%
韓国	13.0%	3.6%	83.4%
台湾	27.5%	9.6%	62.9%
香港	9.5%	12.6%	77.9%
中国	30.3%	7.3%	62.3%
タイ	22.4%	10.1%	67.5%
シンガポール	6.0%	3.8%	90.3%
マレーシア	18.1%	4.0%	77.9%
インドネシア	9.0%	7.1%	83.9%
フィリピン	7.4%	5.0%	87.7%
ベトナム	50.7%	4.6%	44.7%
インド	18.6%	5.5%	75.9%
イギリス	8.2%	9.8%	82.0%
ドイツ	4.5%	5.0%	90.5%
フランス	5.8%	6.2%	88.0%
イタリア	9.6%	10.4%	80.0%
スペイン	9.0%	7.5%	83.5%
ロシア	8.9%	2.8%	88.3%
アメリカ	6.8%	5.1%	88.1%
カナダ	6.1%	6.7%	87.1%
オーストラリア	10.3%	7.2%	82.5%
その他	5.7%	5.2%	89.1%

出典：観光庁『訪日外国人の消費動向　訪日外国人消費動向調査結果及び分析　2019年報告書』

次に施設とは、宿泊施設や観光地・活動、飲食店など、ムスリム観光客が旅程の中で訪問するすべての場所・建物を指す。これらにおいては、礼拝所（ムサッラ）や手足を洗い清める施設（ウドゥー施設）を利用できることを、旅行会社があらかじめ確認しておくことを求めている。

食事に関しては、パッケージ・ツアーに含まれるすべての食品や飲料が、権威あるハラール認証団体より認証を受けていることを、旅行会社は確認しなければならず、もしもこの要件を満たさない食品や飲料の提供をツアーに含める場合は、ツアー参加者が主体的に選べるよう、近隣のハラール認証レストランの一覧を提供しなければならない、と定めている。

以上の要件は、首相府イスラーム開発局（JAKIM）から認定を受けるためのものであり、「イスラームに準拠している」と銘打ってお客を募集するからこ

表2　マレーシアの旅行会社主催「ムスリム向け東京・富士山4泊6日ツアー」

1日目：　クアラルンプール　→　東京 マレーシア発、羽田空港着 東京のホテルに宿泊
2日目：　東京　→　富士山（新幹線）　朝昼夕付 朝食後、新幹線で富士山エリアへ移動、地元レストランで昼食、忍野八海を観光 富士山エリアのホテルで夕食・温泉・宿泊
3日目：　東京　朝昼夕付 御殿場プレミアム・アウトレット・モールで買い物、東京に移動 浅草寺、仲見世、東京スカイツリー、皇居外苑、秋葉原を見学 東京のホテルに宿泊
4日目：　東京ディズニーランド　朝昼夕付 ホテル発、終日東京ディズニーランド 東京のホテルに宿泊
5日目：　東京、離日　朝昼付 ホテルにて朝食後、チェックアウト 築地市場、明治神宮、新宿、お台場見学 羽田空港発
6日目：　帰国 マレーシア着

出典：マレーシアの旅行会社のウェブサイトをもとに筆者作成

そ、厳密さが広範囲に及ぶ。これに対し海外の取引先から迎えたムスリムを接待する場合や、大学担当者が外国人ムスリム留学生を各地に案内する場合などでは、ムスリム一人ひとりのニーズに合わせていけばよいだろう。ただその際、どのような要素・言動がイスラームの問題となるかは、このMS2610：2015が参考になる。

　パッケージ・ツアーのなかには、ムスリム・フレンドリー・ツアーやハラール・ミール・ツアーといった名称で、日本各地を対象とするものが数多く企画販売されている。一般的にパッケージ・ツアーは、旅行会社や添乗員が出発前や現地訪問中に手厚く参加者をケアするため、そのぶん一人あたりの料金は高くなる傾向にある。そのためこれらのツアーの参加者は、富裕層や高齢者、あるいは海外旅行初心者の割合が高いとされている。

　ムスリム向けの訪日パッケージ・ツアーは、内容や料金がまちまちであるため、一般化するのは困難であるが、一つの事例を通じて実態を検討してみたい。表2は、コロナが感染拡大する前の2020年にマレーシアの旅行代理店で販売された、訪日パッケージ・ツアーのスケジュールである。「東京と富士山を散策する4泊6日コース」と銘打たれた本パッケージ・ツアーは、マレーシア発で東京と富士山周辺を周遊する内容となっており、料金は出発日にもよるものの、約6,200リンギ（約25万5,000円）に設定されていた。

　このうち注目すべきは、浅草寺や明治神宮といったイスラーム以外の宗教の

施設がツアーの対象になっている点である。先述のMS2610:2015では違反行為となっているため、建物を外から眺めるだけなのか、あるいは敷地内に入って参拝するのかは記載されていないものの、各自の判断によって選択できるのであろう。また富士山についても、解説で「神聖な山として崇拝されていた（worshiped）」と表記されており、信仰の対象であることが示されている。このように神社仏閣や自然を宗教関連施設とみなすか、あるいは観光対象とみなすかは、そのような施設の当事者の思惑とは別に観光客のまなざしに依拠する。

　いずれにせよ、ムスリムを引率する際に訪問先をどのように選定するかは、ムスリムの判断を介在させたほうが、問題が発生する可能性はより低くなるであろう。

礼拝所

　礼拝所とは礼拝を行う場所のことをいうが、このうち集団礼拝を行う常設の施設をモスク（mosque、アラビア語ではmasjid）、学校やショッピングモール、ホテルなどに簡易的に設置された部屋を、ムサッラと呼ぶ。

　礼拝所を利用するのはムスリムであるが、旅行者であるか在住者か、日本人であるか外国人であるかは基本的に問われず、誰でも利用可能なのが原則である。ただし、礼拝の方法がスンニ派とシーア派で異なる、あるいは金曜日の午後の集団礼拝において、イマームによる説教（フトゥバ）がどの言語で行われるのか、といった点で信徒やモスクの間で相違がある。したがって、誰しも等しく同じように礼拝を行う場所ではあれども、共に祈りをささげるには困難な場合もある。

　日本には、東京ジャーミーや神戸モスクをはじめ、数十のモスクがある。これらは、ムスリム在住者の多い大都市圏や工業地帯、あるいはムスリム留学生の多い大学

立教大学池袋キャンパスに設置されているユニット型礼拝室。靴を脱いで右から入り、中で礼拝する（撮影：筆者）

周辺に偏在しているとみられる。他方、外国人ムスリム観光客が多く集まる空港の国際線ターミナルや主要駅といった公共交通機関、あるいは観光地、商業施設に、簡易の礼拝所が設置される例が増えている。また、国際イベントが開催される会場にも仮設の礼拝スペースが設置されることがある。さらには、大学のなかにはキャンパス内に礼拝所を設置している例もある。例えば立教大学では、国際化戦略の一環としてイスラーム諸国からの教員や留学生を受け入れるための環境整備として、日本製のユニット型礼拝室を 2016 年 4 月に池袋キャンパスに設置した。

ただ、外国人ムスリム観光客の増加に応じて、モスクや礼拝所が十分確保できているとはいえない。東京オリンピックにおいては、プレスセンターに礼拝所がないことが外国人記者によって指摘されるなど、まだ不手際が生じているようである。

モスクの建設については、近隣住民からの不安の声が上がることで、計画通りの建設が進まない事例もある。他方で、地域の観光協会などが地元モスクの関係者と意見交換を行い、外国人ムスリム観光客への対応についての助言を求めるなど、観光街づくりに寄与する例もみられる。礼拝所・礼拝スペースの設置は、ムスリム受け入れにとって欠くことのできない最重要のポイントの一つといえよう。

食

食は、現世での生にとってもっとも重要な行為の一つである。だからこそ、信仰と強く結びつく。食は、レストランや社員寮・学生寮の食堂のみならず、弁当屋の弁当やスーパーマーケットの惣菜といった「中食」、自炊、さらにはコンビニの菓子、観光客向けの土産物なども含む。これらのなかからどれを選択して口にするかは、ムスリム自身の判断による。したがって、適切な判断ができるような情報が、店舗や商品パッケージ、成分表示などで正しく提供されていれば、ムスリムがより正確に判断する際の助けとなるだろう。

食品・料理に使用している原材料等の表示に関する規定として、日本には食品表示法と景品表示法がある。前者はアレルギーの原因となるアレルギー物質の有無の表示に関連するものであり、後者は商品・サービスやその取引内容を適切に表示するよう定めた法律である。ムスリム対応を検討するうえでは、これらの法令にも関わってくることになる。

まず、食品表示法の食品表示基準に基づくアレルギー物質の表示について、容器包装された加工食品および添加物に使用している場合、その旨を表示することが義務づけられている「特定原材料」として、えび、かに、小麦、そば、卵、乳、落花生（ピーナッツ）の7品目が挙げられている。また、表示義務はないものの表示することが推奨される「特定原材料に準ずるもの」として、アーモンド、あわび、いか、いくら、オレンジ、カシューナッツ、キウイフルーツ、牛肉、くるみ（2022年度中に表示推奨品目から表示義務品目に変更される見通し）、ごま、さけ、さば、大豆、鶏肉、バナナ、豚肉、まつたけ、もも、やまいも、りんご、ゼラチンの21品目が挙げられている。

　他方、対面販売や店頭で量り売りを行う場合や、レストランなど飲食店で提供される料理については、表示義務は課されない。加工食品のような厳密なアレルギー物質の検査を、レストランなど店頭で一品ずつ行うことが不可能だからだ。

　ただ消費者からの要望が高いため、飲食店によっては独自に情報開示を行っている事例もみられる。例えば日本マクドナルドは、ウェブサイト上ですべての商品について、表示義務7品目と表示推奨21品目が原材料として使用されているか、調理用揚げ油に含まれているか、加工工場の製造ラインや店舗の調理過程において共有・接触が行われているか、といった情報を公開している。

　飲食店にはアレルギー物質の表示義務が課されていないものの、消費者に対してアレルギー物質の使用の有無の情報をどのように伝えるべきかについて、東京都福祉保健局は「食物アレルギー事故防止の3か条」を示している。これによれば、①使用食材について最新で正確な情報を提供する、②質問に対してあいまいな回答をしない、③アレルゲンの混入に注意し、混入の可能性について必ずお客様に伝える、の3点が重要であるとしている。また、この3点を正しく実行するためには、飲食店が事前の準備、調理時の対応、接客時の対応を定めておくべきとしている。

　次に景品表示法では、食品を含めた様々な商品・サービスの取引に関して、事実とは異なる事柄を表示してはならないと定めている。これは、品質の悪い商品を品質が良いイメージがある産地の商品であると偽った表示を行うような優良誤認表示と、販売実績のない高い金額を「通常価格」と称し「セール期間中につき通常価格よりも安価で販売」などと表示して安くみせかけるような有利誤認表示とに分けられる。

同法とハラール食品との関連としては、客観的な事実がないにもかかわら
ず、「ハラール食品である」「ハラール認証を取得している」「豚肉やアルコー
ルは使用していない」「ムスリムに適している」などと商品やパッケージ、店頭
やウェブサイトに表記すれば、優良誤認表示とみなされる可能性がある。ムス
リム消費者にとっては、ハラールである商品・サービスをより好ましいものと
考えており、その表示を信じて商品を購入するからだ。

　以上二つの法律に基づき、現在実施されているアレルギー対応等を参考にし
ながら、日本の飲食店の現場において実施可能なムスリム対応を検討してみた
い。まず1点目は、日本の法律では飲食店においてハラールの食材を使用した
食品・料理である旨を表示する義務はない、という点だ。食品のなかでも、ム
スリムにとって特に重要となるのが、豚とアルコール成分の有無であるが、豚
肉に関しては表示推奨21品目の一つになっている。そのため、豚肉に関して
は使用の有無の表示は基準に準拠していることになる。ただし、アレルギー物
質であるタンパク質を除去した「精製ラード（豚脂）」は、食品表示法のいう
「豚肉」には該当しない。よって、同法に基づき豚肉使用の表示がないからと
いって、豚由来成分がまったく含まれていないというわけではない。

　食品表示法は、アレルギー源となる成分の有無の表示を問うている。これに
対してムスリムは、豚に由来するあらゆる要素の含有の有無に関心を示してい
る。同じ「豚肉」の表記であっても、このように両者の認識が異なるため、食
品表示法に基づいた表示ルールを、そのままムスリム用に使うことはできな
い。ムスリムに合わせるのであれば、食品表示法に基づく「豚肉」の定義を変
える必要がある。さらに踏み込むならば、アルコールも食品表示法の表示義務
の対象となるのが、ムスリムにとっては理想的といえるだろう。

　2点目は、正確な情報を提供することを心がけるという点である。これは
「食物アレルギー事故防止の3か条」においても指摘されている点でもあるが、
ムスリム消費者が欲している情報は何かをふまえたうえで、それに関連する情
報を正確に提供することが重要である。

　そして3点目は、ムスリムからの求めには誠意をもって応じることである。
日本にあってイスラームに反する食材の使用の有無を明示することは、法律上
の義務ではなくまた罰則規定もない。また、アレルギー物質の摂取によるアナ
フィラキシーのような、明確で身体的な健康被害が発生するわけでもない。そ
れでもなお、ムスリムの利用客からの要望に応えることは、店舗経営者や従業

員など当事者の善意に基づくものである。間違ったことや事実と異なることを伝えるなどおざなりな対応ではなく、事実を正確に伝えること、もしも事実関係がわからないであれば正直に「わからない」と答えるなど、誠意をもって適切な情報の提供に徹するべきであろう。

衣類

　ムスリムが着用する衣類は、イスラームの教えが反映される。他方、第1章でみたように、①気候や②イスラーム以前の文化の残存、③イスラーム法学派、および④近代化の受容といった点の差異が地域ごとのファッションの違いを生んでいる。ただ、こうした違いがあるにせよ、衣服を身にまとうこと自体は、外国人ムスリム観光客であれ、在日ムスリムであれ、イスラームに準拠する行為といえる。

　日本は、砂漠の中東や熱帯の東南アジアとは異なり、地域や時期による寒暖の差や気候の変化が大きい。近年特に夏場における関東地方の気温の上昇は特筆するものがあり、時には中東や東南アジアよりも気温が高いこともある。しかも、同じ関東地方が冬場には氷点下となって降雪するなど、中東や東南アジアとはまったく異なる様相を呈する。

　中東や東南アジアにおいては、日常的にコートやセーターを着用する機会がないため、このような衣類は洋服屋にはなく、スーツケースや変圧器など旅行グッズを取り扱う店舗で購入するのが一般的となっている。日本在住のムスリムであれば、冬服を日本で購入することに何ら困難はないが、観光客が来日前に購入することが困難な場合もある。

　他方、ムスリムが好む服装、特に女性が髪を隠すためのヴェールは、日本で購入することが難しい。ただ、近年はこの分野に力を入れているファッション・ブランドも登場してきている。その一つがユニクロ（株式会社ファーストリテイリング）で、「ハナ・タジマ・コレクション」という名称でヴェールなどの商品展開を行っている。これらの商品は、東南アジア各国の店舗で販売されているが、日本の一部店舗やECサイトでも購入が可能だ。日本にやってきた外国人ムスリム観光客が日本土産として購入してもよいし、また日常使いも可能である。

病院・薬

　現代医療をムスリムの信仰実践とムスリム対応という観点からみた場合、検討すべきことが2点ある。一つは、医薬品がハラールであるか否かという点である。例えば、じつは内服用のカプセル剤には、豚由来のゼラチンを使用したものが多く流通している。そのためムスリムのなかには、カプセル剤の服用をためらう者も多く、円滑な治療に支障をきたすことがある。そこで、豚由来ではなく他の動物に由来するゼラチンを使用したカプセル剤を製薬会社が開発しており、ムスリム用として供給している例もある。

　もう一つの問題点は、病院に入院している時期が、ラマダーン月に重なった場合、断食を優先するあまり食事や薬を口にしようとせず、適切な治療に支障が出ることである。病気療養中の者や妊娠中の女性はラマダーン月の断食は免除されると解釈するイスラーム法学派が多いが、自身がそれほど重病ではないと思い込んでいるムスリムは、断食を実践しようとする。

　慢性疾患や急な病気、ケガで病院にかかったり、薬を服用したりすることは誰にでも起こりうる。この点は、日本在住のムスリムや外国人ムスリム観光客も変わりはない。イスラーム諸国ならば、先に指摘した医薬品と断食の問題についての対応が、医師や医療機関側で十分検討・実践されているだろうが、日本ではそのような経験のある医師医療機関が少なく、適切な対応のノウハウが練られていないため、今後も問題化する可能性は十分あると考えられる。

就学・就労

　日本の企業に就職する、または日本の学校に進学・留学するムスリムは、短期的な観光客ではなく中長期的な在住者である。日常の食事などは観光客とも共通であるが、ムスリムが就学・就労にすることで独自の課題が発生することがある。

　在日ムスリムや日本人ムスリムが、通学や勤務することで発生する課題とその対応については、すでに様々な取り組みがなされている。例えば宮城県では2022年に、公益財団法人宮城県国際化協会が『教育現場におけるイスラム圏児童・生徒の受入に関する事例集』という冊子を作成し、教育現場で発生する課題と対応例をまとめている。具体的には、礼拝、食事と断食、制服やヒジャブなど着衣に関すること、体操や水着など体育に関すること、節分などの学校行事・年中行事、修学旅行や宿泊研修、宗教と科学といった授業内容に関する

ことが紹介されている。

　他方、ムスリム従業員を雇用する場合、礼拝の時間や場所、ヴェールの着用、ラマダーン月の就業時間などの点で、ムスリムではない従業員とは異なる就業規定を整備する必要がある。もちろん、ムスリム従業員を雇用することで、レストランやホテルでのムスリム対応のサービスを充実させるメリットがあるが、ムスリムであるという属性を活かせる特定の業種に就いていなかったとしても、ムスリム従業員に対する対応は重要である。

　これらは、ムスリム／非ムスリム、大人／子供、雇用者／顧客を問わず、当事者や周囲の人びとがイスラームをどのように理解し、また当事者間で納得のいくルールや慣習をいかに確立していくかにかかる問題といえる。

預金・融資・保険

　日本に暮らすムスリムは、現金を預けたり融資を受けることで銀行を利用したり、日常生活でのトラブルに備えて保険会社を利用する。問題は、ムスリムが日本で従来型金融商品を利用する点である。日本では、銀行法施行規則（17条3「銀行の子会社の範囲等」）に基づいて銀行の子会社がイスラーム式での融資を行うことは可能である。しかしながら現在、日本でイスラーム式の金融商品を提供する金融機関は存在しない。そのため、在日ムスリムが金融商品を利用できず日常生活に支障が生じることがある。

　とりわけ大きな課題となるのが保険である。本人の命に関わる生命保険などはもちろん、社会生活の中で発生するトラブルに対応する損害保険も、従来型の保険であれば避けるムスリムも多い。なかでも問題なのが自動車保険で、対人・対物無制限の任意保険に未加入であれば、大きな金銭問題に発展することにもなる。

　このような現状にあるため、例えば自動車保険に関しては、日本では他の選択肢がないことから、法律や社会生活を重視して従来型の保険に加入するムスリムもいる。他方、従来型保険に加入したくないため、自動車の運転を諦めるムスリムもいる。

　イスラーム式の金融商品・サービスの存在は、ムスリムの日常生活に幅を与え、またムスリムではない日本人と同様の生活が可能になることに繋がる。このような商品・サービスは観光客ではなく、在住者向けへの課題といえる。

美容院

　美容院や理髪店へ髪を整えに行くのは、多くは旅行中ではなく日常生活の中で行われるだろう。もちろん、海外旅行で現地の最新、あるいは伝統的なファッション・髪型を試してみるのも、旅行の醍醐味のひとつとする者もいるかもしれない。ただやはり、店舗側からみれば、利用客は観光客よりも在住者の方が多いであろう。

　ムスリム女性への散髪やそのサービスをめぐっては、これまで言及してきたように、家族ではない異性がいる場で髪を露にすることへの禁忌にいかに触れないかが課題となる。これは、「女性が髪を自由に切ってはいけない」「髪を誰にも見せてはいけない」というわけではなく、むしろ女性だけの閉じた空間や人間関係の中で、いかに自分の髪型をアピールするかに、彼女たちのファッションセンスが問われる。

　髪を切るためにヴェールを外すことになるため、イスラーム諸国の美容院は店舗外から散髪している姿が見えないよう、店舗をガラス張りしないなどの工夫を凝らしている。日本にも、「ムスリム女性に対応します」と謳う美容院が、2014年に東京に初めて誕生して以来わずかながら存在する。ムスリム女性への接客のあり方や、イスラーム諸国各地での髪型の流行などについての知識の普及が、ムスリム女性対応の美容院の増加に必要となるだろう。

　ムスリム男性に対応する理髪店については、ムスリム男性は口髭や顎髭を豊かに蓄えるため、これを整える技量が理容師に必要となる。髭を蓄える男性の割合は、日本よりもイスラーム諸国の方が圧倒的に高いため、日本でムスリム男性に対応する理髪店においては、この技量や流行に関する知識を磨く必要があるだろう。

　なお、一部のイスラーム諸国においては男女の割礼に際して、包皮の切除等を理髪師が行う場合がある。これは、理容師が宗教上特別な位置づけにあるというわけではなく、刃物の取り扱いに慣れているという理由によるものである。割礼の実態については、男女や地域で差があるが、医学的見地から危険性が指摘されていること、「イスラームに基づく」と称して実践されながらも、クルアーンには明確な記載がないことなどから、現在は批判的にとらえられることもある。

両替

　外国人観光客にとって切実な問題となるのは、現地通貨である日本円の入手である。従来の現金、トラベラーズ・チェック、クレジット・カードに加え、近年はスマートフォンを用いたQRコードなどによる電子決済が普及しており、外国人でも利用しやすくなってきてはいる。しかしながら、現金以外の決済手段の普及率が低く、また偽札をつかまされることがほとんどない日本では、現金はいまだに有力な決済手段である。

　外国人観光客が両替を通じて日本円をいかに入手するかであるが、日本で外国通貨を両替する場合、街中では両替所が普及しておらず、また海外発行のキャッシュ・カードやクレジット・カードによるATMからの日本円引き出しも限定的であるため、銀行の窓口で両替を行うのが一般的である。そのため、日本に来る前に自国で日本円を入手した方が確実ともいえる。

　このように両替による日本円の入手は、日本にやってくる外国人すべてに共通する課題である。そのため、この問題はイスラームという宗教に起因するものではない。ただムスリムの多い中東・北アフリカ諸国の通貨は、日本で両替が難しい傾向にあるため「ムスリム観光客は両替で苦労する」という言い方は決して間違いではない。ただ、この困難さはイスラームという宗教に起因するわけではなく、外国人観光客への対応の一環と位置づけられるべきである。

言語・案内

　観光やビジネスなどで、その土地に初めて訪れる、という機会は誰しもある。近年はGoogleマップなど、GPS機能を活用したスマートフォン向けアプリで現在地の特定や、目的地へのルート案内などが簡単に利用できるようになっている。

　観光客が観光地を訪れた場合に必要となる情報は、観光スポット、飲食店やホテル、土産物店、公衆トイレ、およびバス停やタクシースタンド、駅など公共交通機関の場所であろう。これらに、地元の観光協会や商店街ならではの情報が加えられた案内掲示板や地図、リーフレットなどがあれば、当地を訪れる人びとにとっては有益となる。

　ムスリムの場合は、これらの情報に加えて、モスクや礼拝可能な場所、飲食店ごとのムスリム対応の内容、土産物店でのハラールの商品の販売状況などを欲している。非ムスリムにとっては重要ではないが、ムスリムには極めて重要

な情報であるため、これらの情報の集約と提供そのものがムスリム対応といえる。

　このような情報を提供する案内板や地図、リーフレット等を作成する場合、課題となるのが、どの言語で表記するかという点である。日本人を対象とするものならば、日本語での表記でも十分適切であるが、外国人が主たる対象ならば、日本語ではなく外国語、特に出身国の母語である英語・中国語（簡体字・繁体字）・韓国語がまず必要となる。さらに外国人ムスリムを対象とするのならば、英語に加えてインドネシア語・マレーシア語・アラビア語・ペルシャ語・トルコ語などにニーズがあるだろう。もちろん、各言語のバージョンを作成するにあたっては、翻訳作業に手間や費用がかかるのも確かである。そのため、各観光地にはどの国・地域からの外国人観光客が多いかをふまえたうえで、ニーズの高い言語のバージョンから作成していくのがよいであろう。あるいは、特定の国・地域へのプロモーションの一環として、その地域の言語のものを作成する方法が有効であろう。

交通機関

　交通機関に関しては、イスラームの観点からみて問題になるのは、付随するサービスの内容に関する事柄である。例えば航空業界においては、機内食がハラール食品か、アルコール飲料を提供するか、といった点である。また、イスラーム諸国の航空会社のなかには、シートモニターに離陸直前に安全なフライトを祈る文言（ドアー）や、地図に搭乗機の位置とメッカの方向を表示するサービスを提供する会社もある。これらは、航空会社ならではのムスリム対応といえよう。

　公共交通機関には人が集まりやすく、また比較的時間にゆとりがある（待ち時間が長い）ため、礼拝スペースを設置する事例も多い。日本においても、国際線が発着する多くの空港や、2017 年 5 月には東京駅にも礼拝スペースが設置された。

　交通機関は、在住者だけでなく観光客も利用するが、ムスリムだけでなく非ムスリムも同時に利用することになる。ムスリム対応がなされることはムスリムにとって快適で利用しやすい環境が整うことになるが、非ムスリムが差別感を覚えないような配慮やバランス感覚が、事業者側には必要であろう。

　なお、ムスリム対応の手段として自動車の車両が開発されるという、珍しい

事例も存在する。2018年7月、（株）YASU PROJECTとオオシマ自工（株）が、トラックを改造した移動式のスペースである「モバイル・モスク・カー」を発表した。トラックのコンテナ部分を展開することで、50平方メートルの空間を確保し、最大50人まで同時に礼拝することを可能としている。また手足を洗い清めるためのウドゥーのための水道施設も備えており、この車両1台で礼拝にかかわる一連の行為がすべて完結できるようになっている。2020年の東京オリンピックをみすえて、大会会場などで不足する礼拝スペースを補うために開発されたという。

　モバイル・モスク・カーのお披露目は愛知県の豊田スタジアムで実施されたが、国内外より300社以上のマスコミが取材に訪れ、世界200局以上のテレビでニュースが放映されたようだ。YouTubeにおいても、イスラーム諸国の各テレビ局の公式チャンネルにて取材の模様の動画がアップロードされている。こうした動画には、一般視聴者からの書き込みがなされているが、その多くは「ムスリムがより快適な生活ができるよう、日本の技術が活用されている」「日本が我われムスリムのために工夫を凝らしている」など、好意的なものとなっている。

Wi-Fi

　家庭や職場ではなく、駅や空港、商業施設などの公共スペースにおけるWi-Fiの使用は、ムスリムに限らず、外国人観光客全般が日本観光時に強く不満をもつ項目の一つとなっている。日本に在住する外国人であれば、日本の通信会社と契約したスマートフォンでインターネットに接続でき、街中でのWi-Fiの利用も比較的容易であろう。また外国人観光客に関しても、外国人観光客向けプリペイド式SIMカードが空港で販売されているので、これを購入すれば同様のサービスを受けられる。ただ、これらの料金が高額であるうえに、無料のWi-Fiを利用するにも、セキュリティ上の懸念から各種の情報登録が必要であったり、そもそも提供している施設が少なかったりすることが、外国人観光客から不興を買っているのである。

　上記の交通インフラと同様、情報通信インフラについても、問題の本質はイスラームに違反する通信手段かではなく、広く外国人観光客あるいは日本在住者に共通する課題としてとらえられる。

　情報通信インフラに関連したイスラーム固有の問題でいえば、問われるのは

通信内容であろう。すなわち、アダルトサイトや酒類を販売するサイトなど、イスラームに適さない内容のサイトへの接続である。例えばイランにおいては、アメリカのサイトへの接続が困難であるとされる。他方、メディアへの監視が厳しいとされるマレーシアでは、1990年代に政府がマルチメディア・スーパー・コリドー計画をはじめIT産業振興政策を立ち上げた際、インターネットの検閲は行わないことを表明していた。しかしながら実際には、フェイク・ニュースを配信するサイトへの取り締まりや、左派系ニュースサイトの運営会社への度重なる強制捜査などを行っている。

　日本国内においては、そのような検閲は行われないため、Wi-Fiやスマートフォンといったインターネット通信の拡充は、結果的にムスリム対応も含めたすべての人びとへのサービス提供といえる。

送金

　預金・融資・保険や両替とともに金融サービスに関連するのが、海外送金サービスである。日本に出稼ぎに行った外国人ムスリムが給料を本国の家族に送金する、あるいは日本に留学している外国人ムスリム留学生に授業料などを送金する場合が考えられる。ただ、送金サービス自体は外国人在住者に共通するものである。

　送金サービスは、近年マネーロンダリングの問題などから、利用の条件が厳しくなっている。他方で、金融機関のグローバル展開の一環で、日本の地方銀行が在住者の多いフィリピンの銀行との提携を結び、送金ネットワークを強化する動きもみられる。またWestern UNIONに代表されるグローバル・ネットワークをもつ送金業者が、日本で支店を増やしている。そのため以前と比べて、海外送金が身近になってきた側面もある。

　なおイスラーム金融においては、ハワーラ（hawalah）と呼ばれる独自の送金システムが存在する。しかしながら、少なくとも日本においてこれを取り扱う金融機関はない。そのため日本在住の外国人ムスリムも、海外送金を利用する際には従来型金融機関が提供するサービスを利用していることになる。このうちムスリムの多いイスラーム諸国への送金サービスの充実が、ムスリムへの対応といえるだろう。

住居、学生寮・社員寮

　図1で示した、ムスリムが日本で困難を感じる事柄のうち、最後に取り上げるのは、日本で暮らす際の住環境である。

　イスラーム法においては、ムスリムが住んではいけない家や住宅に必ず設置しなければならない部屋など、住居の設計・建築方法に関する特段の規定は存在しない。他方、調度品や家具、日用品などについては、「ホテル・宿泊施設」で触れたように、アルコールや豚由来のものを使用しないといった考え方は共通する。これらは、戸建住宅やマンションにおいては、そこに居住するムスリム自身の責任において対応すべき事柄であるが、学生寮や社員寮、あるいはシェアハウスなど、管理責任者がいる施設においては、適切なムスリム対応が行われる必要があるだろう。

　外国人の居住をめぐっては、ゴミの出し方や騒音、人の出入りなどの点で地域のルールが周知徹底していなかったり、あるいは日本人とは異なる感覚があるため、近隣住民とのトラブルを招くことがある。とりわけ外国人ムスリムがアパートや戸建住宅を借りて集団礼拝を行う場合、日本では見慣れない光景から、近隣住民から警察に通報される事例もある。ムスリムをはじめ外国人と日本人住民とが良好な関係を築くためにも、適切なコミュニケーションをとることが必要であろう。

　以上、場面ごとに必要となるムスリム対応について検討してきた。日本人や日本企業、地域の観光協会、行政・官公庁などが実施するムスリム対応は、対象者は必ずしも外国人ムスリム観光客に限定されるわけではない。日本在住の外国人ムスリムや日本人ムスリム、およびその2世・3世も対象となりうる。ムスリム対応については、外国人観光客の増加に伴って注目されるようになってきたが、グローバリゼーションの進展と多文化共生社会やSDGsの実現という観点に立てば、ムスリム観光客だけでなくムスリム在住者に対しても同じように行われてしかるべきであろう。むしろ近年の外国人ムスリム観光客に対する対応の経験が定着することと、コロナ禍における小休止の状態を活用して、在日ムスリムへの対応を充実させていくことが必要だ。

　またムスリム対応は、ハラール産業のようにそれ自体がビジネスとして事業化される一方で、接客の現場ではちょっとした気遣いや相互理解への心がけによって成り立っている場合もある。また、学校教育での場面やムスリム従業員

の労働環境などでは、もちろんビジネス・ベースや個人の気遣いから生まれる対応のあり方に格差が生じないよう、全国において普遍的に実施されることが期待される。

　他方、ムスリムのみを特別視するあまり、他の宗教の信者や非イスラーム諸国からの外国人観光客、あるいは何らかの配慮が必要な社会的弱者との間で、対応に差が生じてしまうことがあるならば、それも社会的に健全な状況とはいえないだろう。日本においてムスリムがムスリムではない人びとと共に社会生活を営むためのムスリム対応であるはずが、かえってムスリムを日本社会の中で孤立させる事態を招きかねない。

　ムスリム対応の対象者と対応の内容について、さらなる検討が今後も求められていくことになるだろう。

おわりに

　本書は、イスラーム金融を事例としてハラール産業の歴史と現状を明らかにすることと、外国人ムスリム観光客や日本在住のムスリムに対して日本社会や企業・行政などが、どのような対応ができるかというムスリム対応を検討することの二つを目的とした。

　これまでの議論で明らかになったことは、イスラームという宗教が1300年以上にわたる歴史を通じて培ってきた価値体系と、それに基づく信仰実践が現代においても引き継がれている一方で、グローバリゼーションや異文化・異民族との接触によって、変化や多様性が生じているという事実である。このなかでも、現在の科学技術に立脚しつつ、イスラームに基づいた商品・サービスを提供しているのが、ハラール産業である。そして、生産される商品・サービスがイスラームに準拠していることを証明するために生まれたハラール認証制度は、ムスリムだけでなく非ムスリムの生産者も市場参入を可能とした。また、ジェンダーやSDGsといった、欧米で生まれた概念や国連主導の取り組みに対しても、ハラール産業に属する企業は柔軟に対応している。

　ただ、イスラームの多様性が、ムスリムすべてが納得するような認証基準を作ることを困難なものとしている。他方で、日本人や日本企業にとっては、ハラール認証こそが唯一の正解であり、これに従っていればすべてのムスリムのニーズに応えられるとの思い込みが生まれている。

　このような消費者と生産者、あるいはムスリムと非ムスリムの間のギャップを埋めるためには、ムスリムと非ムスリムの間でお互いの顔の見える対話・交流が重要になってくる。日本における外国人観光客増加に伴ってムスリム対応に関心が集まったが、本来ならば観光客だけでなく日本に暮らすムスリムに対しても、より幅広い産業・ビジネス・生活の場面で対応が行われるべきであろう。

　最後に、本書が誕生した経緯について、ここに記しておきたい。

　筆者は、マレーシアで発行されている日本語オンライン新聞「マレーシアBIZナビ」に「イスラーム金融の基礎知識」という連載を2013年6月以来現在までもっている。この連載の内容を大幅に加筆訂正してまとめたものが、第1

〜5章だ。また、連載には取り上げられない観光産業やハラール産業全般の議論、および日本のムスリム対応については、本書のために書き下ろして第6〜7章とした。

　本書出版にあたっては多くの方々にご協力いただいた。まず、「マレーシアBIZナビ」への連載の機会を与えてくれるとともに、出版を快諾していただいたアジア・インフォネット社の伊藤祐介氏に感謝申し上げたい。次に、出版をお引き受けいただいた（株）インターブックス社長の松元洋一氏、編集をご担当いただいた伊藤桃子氏、素敵な表紙・装丁を施してくださった上野かおる氏に御礼申し上げる。特に伊藤桃子氏からは、遅筆の筆者を励ましていただき、どうにか脱稿までたどり着くことができた。あらためて感謝申し上げる。

　そして、この度の出版に際して各種の交渉や段取りをつけていただくとともに、素敵なマレーシアの写真をご提供いただいた、立教大学観光学部交流文化学科の舛谷鋭先生に深く感謝する次第である。

　コロナ禍とロシアのウクライナ侵攻がグローバリゼーションを停滞させ、特に人と人との対面での交流が制限されている。そのような現状だからこそ、ムスリムがマイノリティである日本が、ムスリム対応を充実させることに期待したい。新たなるグローバリゼーションに向けて、本書が貢献できれば筆者にとって望外の喜びである。

2022 年 8 月　福島康博

【謝辞】本書は、東京外国語大学アジア・アフリカ言語文化研究所の共同利用・共同研究課題「東南アジアにおけるイスラーム主義と社会・文化要因の相互作用に関する学際的研究——トランスナショナルなネットワークと現地の応答」（研究代表：富沢寿勇）の研究成果の一部である。

グローサリー

5月13日事件　May 13 incident
1969年5月13日にマレーシアのクアラルンプールで発生した、マレー人と華人による民族暴動事件。多数派であり政治的実権を握るマレー人と、少数派ながら経済的優勢をもつ華人の間が緊張関係にあるなか、5月10日に連邦議会選挙が実施され、マレー中心主義に批判的な華人が支持する野党が議席を伸ばした。野党躍進を祝う華人のパレードが5月13日クアラルンプールで実施されたところ、マレー人によって襲撃された。これにより、双方に多数の死者、ケガ人、逮捕者を出す惨事となった。この事件を教訓に、マレー人の経済水準を向上させるブミプトラ政策が1971年に導入された。

アル＝ラフヌ　ar-rahnu
イスラーム式の質業のこと。従来型の質業は、質草を担保として価値に応じて金銭を貸し付け、返済にあたって利子を課すが、この利子がイスラーム法学者より「禁じられたリバー」に該当すると批判されている。そこでアル＝ラフヌは、金銭を無利息で融資すると同時に、質草の価値に応じて保管料を徴収することで、利子を避けつつ質屋に利益を上げている。マレーシアでは、政府系金融機関や民間イスラーム銀行、質業者がこのアル＝ラフヌを行っている。

ウンマ　ummah
アラビア語で「共同体、コミュニティ」の意味。イスラーム法においては、神の言葉である啓典を携えて遣わされた預言者によって導かれる集団のこと。具体的には「モーセのウンマ」はユダヤ教徒の共同体、「キリストのウンマ」はキリスト教徒の共同体、そして「ムハンマドのウンマ」はムスリムの共同体のこと。統治機構を有する具体的な団体や国家というよりも、「信徒たちは皆仲間」といったような抽象的な結びつきを指す。

ザカート　zakat
六信五行の一つである制度的喜捨のこと。1年以上保有した資産に対して、一定割合を拠出することが義務づけられている。どの程度の割合かは、保有した資産が貨幣、商品、家畜などによって異なっており、おおむね2.5%から20%の範囲である。徴収されたザカートは貧者救済などの目的で使用することが、クルアーンで定められている。なお、対象物や割合、使用目的が限定されないサダカ（自発的喜捨）や、所有する財産を公に拠出するワクフ（寄進）とは区別される。

首相府イスラーム開発局　Jabatan Kemajuan Islam Malaysia
マレーシア連邦政府の首相府の部局。マレーシア語の頭文字を取ってジャキム（JAKIM）と呼ばれることもある。マレーシア国外のハラール産業関係者からは、「マレーシアのハラール認証機関」と認識されることも多いが、実際は同国のイスラーム行政を担う省庁の一部局であり、ハラール認証以外にも国立モスクの管理などを行っている。2022年に初めて女性が局長に就任した。

スクーク sukuk
イスラーム式の債券のこと。従来型の債券では、購入額や満期期間に応じて利子を受け取ることができるが、一部のイスラーム法学者から、「禁じられたリバー」に該当するためにイスラームでは発行や売買は禁じられると解釈されている。そのため、イジャーラ契約（→ 67 頁）やムラーバハ契約（→ 66 頁）など伝統的な契約形態に基づいた、利子が発生しない債券としてスクークが考案された。スクークには、従来型債券と同様、国債や社債、私募債などがある。

タカフル保険　takaful
イスラーム式の保険のこと。イスラーム法学者のなかには、従来型保険の契約の根底にある「死亡したらいくらもらえる」「火災に遭ったらいくらもらえる」という考え方に対して、「人がいつ亡くなるか、いつ火事に遭うかは神が定めることであり、神の意思を契約に含めるのは禁じられた不確実性（ガラル）に該当する」と批判している。そこで、タカフル保険の加入者は一つのコミュニティを形成しており、コミュニティ内で困ったことがある人がいればお互いに助け合う、という発想に基づいてタカフル保険が開発された。タカフルとは、アラビア語で「相互扶助」の意味。

タブン・ハッジ　Tabung Haji
マレーシアでメッカ巡礼を管轄する政府系企業。ハッジを希望するマレーシア人ムスリムは、タブン・ハッジに口座を開いて資金を積み立てていく。資産運用の一環でホテルの経営も行っている。また、イスラーム式の資産運用として、スクークやイスラーム投資信託に積極的に投資しているため、イスラーム金融市場における機関投資家としての側面もある。

ハッド刑　hudd
イスラーム法に反すると現世や来世で刑罰が与えられるが、このうち特定の罪に対しては、科される刑罰がクルアーンやハディースで明記されているものがある。これをハッド刑という。例えば、窃盗に対する手の切断、姦通に対する鞭打ちなどである。現代においてはハッド刑を全面的に採用する国は少ないものの、2014 年にブルネイが採用したことをきっかけに、東南アジアでも採用の是非をめぐり議論を呼んでいる。 なお、ハッド（hudd）はアラビア語の単数形であり、複数形のフドゥード（hudud）で表記されることもある。

ハラール／ハラム　halal / haram
イスラーム法では、ムスリムの行動について「行ったとしても罰せられることはない行為」と「行ったことを理由として罰せられる行為」とに大別しており、このうち前者がハラール、後者がハラムである。対象となるのは、食品や金融だけではなく日常生活全般に及ぶ。ハラール産業においては、ハラムの代わりに「ノン・ハラール」との表現が用いられることもある。

ハリラヤ　hari raya
マレーシア語で直訳すると「偉大な日」の意味だが、イスラームの二大祭礼であるアラビア語「イード」を指す。すなわち、メッカ巡礼の犠牲祭であるイードルアドハーはマレーシア

ではハリラヤ・ハジ、ラマダーン月の断食明けの祭りであるイードルフィトリは同じくハリ
ラヤ（・ブカ）・プアサと呼ばれる。なお、後者はインドネシア語ではレバランと呼ばれてい
る。単にハリラヤだけではどちらを指すかは不明であるが、時期や文脈により意味を理解す
ることができる。

バンク・ヌガラ・マレーシア　Bank Negara Malaysia
マレーシアの中央銀行。政府の銀行・銀行の銀行・発券銀行という中央銀行の三大機能を有
する。1959 年設立。本店はクアラルンプール。国内に 5 支店、海外に三つの代表事務所を
設けている。シャリーア助言委員会（Shari'ah Advisory Council）を設けており、従来型金
融だけでなくイスラーム金融も管轄している。なお、本店の裏手にある別館には図書館や博
物館が設置されており、誰でも利用・見学が可能である。

ファトワー　fatwa
「緩和ケアでの医療大麻の使用は可能か」「臓器移植は認められるか」など、ムスリムからイ
スラームの解釈に関する質問を受けたムフティーが、書面で回答したもの。法学裁定。高位
のイスラーム法学者の見解であるため、国内のムスリムにとっては重要なものであるが、ど
の程度拘束力があるかは国や地域、時代などによって異なる。現代マレーシアの場合、ファ
トワーに従う義務はない一方、ファトワーの内容を公に批判することは禁じられている。

ブミプトラ　bumiputera
マレーシア憲法によれば、マレー島とボルネオ島北部に起源をもつ人びと、すなわちマレー
人、マレー半島の少数民族のオラン・アスリ、サバ州とサラワク州の各少数民族は、まとめ
てブミプトラと呼ばれる。ブミプトラは、ブミプトラ政策とよばれるアファーマティブ・ア
クション（積極的差別是正措置）の対象者とされ、大学進学や就職などで一定の優遇措置が
与えられる。また、ブミプトラが経営する企業や、ブミプトラが主要株主となっている企業
は、ブミプトラ企業と呼ばれ、公共事業の受注などで優遇措置を受けられることがある。

ブルサ・マレーシア　Bursa Malaysia
マレーシアの証券取引所。旧名称はクアラルンプール証券取引所。1964 年創設で、その後
シンガポールの証券取引所と分割されるなど何度かの改正をへて、2004 年に現在の名称に
なった。株式市場はもっとも上場基準が厳しいメイン・マーケット、成長性の高い企業を対
象とするエース・マーケット、中小企業・新興企業向けのリープ・マーケットの 3 市場によ
って構成されている。

マドラサ（伝統的宗教学校）　madrasa
地域や時代によって事情は異なるものの、クルアーンなどイスラームの初歩を学ぶ学校のこ
と。モスクに併設され、ワクフ（寄進）によって運営されるのが一般的とされる。植民地期
の東南アジアでは、マレーシアのポンドクやインドネシアのプサントレンのように、宗主国
が施す近代教育を補う存在と位置づけられることもあった。これらは現在も存在しており、
一部は公教育に組み込まれているが、年齢・学年を問わず生徒を受け入れている学校もあ
り、イスラームを学ぶ私塾といえる。

ムフティー mufti

時代や国・地域、王朝・政権、宗派などによって細部は異なるものの、一般的には国など公的機関によって認められた、その国・地域の最高位のイスラーム法学者を指す。ファトワー（法学裁定）を発行できるとされる。現代マレーシアの場合、各州のスルタンによって認定されたムフティーがそれぞれの州にいる。また、各州のムフティーが集まって国家ファトワー評議会を定期的に開催し、ファトワーを発行する。

リバー riba

アラビア語で「増加する」「偉大である」といった意味の動詞 raba'a の名詞形。クルアーンやハディース（預言者ムハンマドの言行録）では、リバーの禁止が定められているものの、具体的に何が禁じられるリバーなのか判然としない。特に近代的な金融制度の利子をめぐっては、全面的に禁止されるとみなし、利子のないイスラーム金融を作り出した。他方、生活を困窮させるほどの高金利でなければ問題ない、などとして、利子のある従来型金融を認めるイスラーム法学者もいる。

六信五行

ムスリムにとって義務でありイスラームの信仰の根源でもある、信じるべき六つの対象と五つの宗教実践のこと。前者は、①神、②天使、③啓典、④預言者、⑤来世、⑥神の予定で、後者は①信仰告白、②礼拝、③喜捨、④断食、⑤巡礼のこと。これらは、一部の例外を除いて、日常生活はもちろん、旅行中も信仰・実践がムスリムとして当然視される。

ワクフ（寄進）waqf

保有する財産を基金として社会に供出すること。当該財産から生まれる利益をモスクやマドラサなどの運営資金に充てる。クルアーンには直接的な記載はないものの、預言者ムハンマドの言行録であるハディースに由来する。現代においては、国やイスラーム団体がワクフを運営することがある。

【著者】

福島 康博（ふくしま・やすひろ）

立教大学アジア地域研究所特任研究員。

1973年東京都生まれ。マレーシア国際イスラーム大学大学院MBA課程イスラーム金融コース留学をへて、桜美林大学大学院国際学研究科博士後期課程単位取得満期退学。博士（学術）。東京外国語大学アジアアフリカ言語文化研究所研究機関研究員ののち、2014年より現職。2014–15年度観光庁「ムスリムおもてなしプロジェクト」委員。観光庁『ムスリムおもてなしガイドブック ムスリム旅行者受入環境の向上を目指して』（2015）の監修。

研究テーマ：マレーシア地域研究。イスラームと経済の関係性：イスラーム金融、ハラール食品、ムスリム・フレンドリー・ツーリズム。

編著書：『Q&A ハラールを知る101問──ムスリムおもてなしガイド』（解放出版社、2018）。『東南アジアのイスラーム』（床呂郁哉・西井凉子と共編、東京外国語大学出版会、2012）

編　集	伊藤　桃子	
校　正	三瓶はるみ	
ＤＴＰ	稲村　大介	
装　幀	上野かおる	

イスラームで許されるビジネス
ハラール産業とイスラーム金融

2022年10月22日　　　初版第1刷発行

著　者　　福島康博
発行者　　松元洋一
発行所　　株式会社インターブックス
　　　　　〒102-0073　東京都千代田区九段北1-5-10
　　　　　TEL 03-5212-4652　FAX 03-5212-4655
　　　　　メールアドレス　books@interbooks.co.jp
　　　　　ホームページ　　https//www.interbooks.co.jp
印刷所　　シナノ書籍印刷株式会社

シンガポールの光と影
この国の映画監督たち

盛田 茂

推薦の辞「祖国のために身銭を切る人たち」より
私が現代シンガポールについて一番知りたかったことは、シンガポール
人は自国に対してどういう帰属意識を持っているのかということである。
どんなふうに国を愛しているか、と言い換えてもいい。 この本はその問
いへの重要な手がかりを与えてくれた。 内田 樹

「多様性に富む生き方」を許容する社会をどのように作り上げるか——シ
ンガポールの映画作品、監督たちの深い問題意識を通して、宗教、教育
制度、LGBT、少子高齢化社会、外国人労働者問題など、日本の将来像
を考えるうえでも重要なテーマを描く。
